普及版

野外博物館の研究

落合知子 著

普及版　野外博物館の研究　目　次

序　章 ……………………………………………………………………… 1

第Ⅰ章　野外博物館研究史 ………………………………………… 5

第1節　南方熊楠の野外博物館—「野外博物館」という用語の濫觴—… 6

第2節　黒板勝美の野外博物館—「博物館学」という用語の濫觴—…… 15

第3節　棚橋源太郎の野外博物館 ………………………………………… 26

第4節　藤山一雄の野外博物館…………………………………………… 37

第5節　木場一夫の野外博物館…………………………………………… 44

第6節　澁澤敬三の野外博物館…………………………………………… 46

第7節　濱田耕作・後藤守一・鶴田総一郎・藤島亥治郎の野外博物館 … 51

　　　　1.　濱田耕作の野外博物館論 ……………………………………… 51

　　　　2.　後藤守一の野外博物館論 ……………………………………… 54

　　　　3.　鶴田総一郎の野外博物館論 …………………………………… 55

　　　　4.　藤島亥治郎の野外博物館論 …………………………………… 56

第8節　新井重三の野外博物館…………………………………………… 58

第9節　網干善教・杉本尚次の野外博物館 ……………………………… 65

　　　　1.　網干善教の野外博物館論 ……………………………………… 65

　　　　2.　杉本尚次の野外博物館論 ……………………………………… 66

第Ⅱ章　野外博物館の歴史 ……………………………75

第1節　北欧の野外博物館 …………………………………… 76
　　1. スカンセン野外博物館の概要―アートゥル・ハセリウス
　　　（Artur Hazelius）と複製展示の理念― ………………… 76
　　2. ノルウェー民俗博物館（Norsk Folkemuseum）
　　　―博物館の歴史― ……………………………… 83

第2節　日本の野外博物館 …………………………………… 87
　　1. 日本民族学会附属民族学博物館 ………………… 87
　　2. 日本民家集落博物館 ……………………………… 94
　　3. 川崎市立日本民家園 ……………………………… 97

第3節　我が国最初の登録野外博物館―宮崎自然博物館の成立― … 100
　　1. 宮崎自然博物館設立の経緯と実践した人々 ……………… 101
　　2. 宮崎自然博物館に関与した博物館学者たち ……………… 109
　　3. 我が国で初めての登録野外博物館の意義 ……………………… 116

第Ⅲ章　野外博物館の概念と分類 …………………… 125

第1節　野外博物館の定義 …………………………………… 126

第2節　野外博物館の分類 …………………………………… 134

第3節　野外博物館の必要条件 ……………………………… 135
　　1. 動態（感）展示 ……………………………………… 136
　　2. 野外博物館の映像展示 …………………………… 145
　　3. 野外博物館の活動 ………………………………… 152

第Ⅳ章　野外博物館の具体例の検討—韓国と比較して— … 165

第1節　日本の野外博物館 ………………………………… 167
1. 原地保存型野外博物館 ……………………………… 167
2. 移設・収集型野外博物館 …………………………… 214
3. 復元・建設型野外博物館 …………………………… 235

第2節　韓国の野外博物館 ………………………………… 245
1. 韓国民俗村（移設・収集型）……………………… 245
2. 安東河回マウル（原地保存型）…………………… 251

第Ⅴ章　野外博物館の展望 ……………………………… 259

第1節　エコミュージアム ………………………………… 260
1. 鉄の歴史村 …………………………………………… 261
2. 生態系博物館（ビジターセンター）……………… 263

第2節　重要伝統的建造物群 ……………………………… 264
1. 伝統的建造物群保存地区 …………………………… 264
2. 公開の現状 …………………………………………… 267
3. 伝統的建造物群に付帯する展示施設 ……………… 268
4. 望まれる博物館の要件 ……………………………… 272
5. 必要とされる博物館の種類と内容 ………………… 275

第3節　道の駅野外博物館 ………………………………… 280
1. 道の駅博物館の提唱 ………………………………… 280
2. 道の駅博物館の分類 ………………………………… 283
3. 道の駅野外博物館の事例 …………………………… 284
4. 道の駅エコミュージアム …………………………… 292
5. 道の駅博物館の問題と課題 ………………………… 295
6. 完成された郷土博物館"道の駅博物館" …………… 298

iv

終　章 ……………………………………………………………… 309

初出一覧 ……………………………………………………………… 315
野外博物館関連文献目録……………………………………………… 316

索引 …………………………………………………………………… 330

序　章

はじめに

　近年、博物館に関する研究は幅広い分野に及んで論及されてきてはいるが、野外博物館に関しては野外博物館を体系付けた新井重三の論にとどまっており、博物館学としての進展が見られないのが現状となっている。このようなことから野外博物館について広い角度から見直しを図り、現代社会における野外博物館の必要性を提言することを目的とする。具体的に本研究の目的とは、

　　①野外博物館の先行研究を纏める。

　　②野外博物館の成立史を北欧および日本の両面から考察する。

　　③野外博物館の意義と分類を試みる。

　　④分類事例の考察。

　　⑤野外博物館関連事例の考察と展望。

である。①の先行研究の纏めは、博物館学的に野外博物館を論じた研究者の先行研究の確認と、「野外博物館」という語の使用の変遷を追っていく。②の野外博物館の歴史は、北欧で発祥した野外博物館とそれを取り入れた我が国の野外博物館の成立過程を確認する。③の分類は①と②を踏まえて独自の分類を確立させることを目的とする。④の事例考察は、③の分類をもとに、これまでの野外博物館の概念には含まれなかった新規の文化財を紹介し、それらについて何故野外博物館としての位置付けが必要なのか、どのような条件が揃えば野外博物館としての機能が果たせるのかを考察していく。⑤の野外博物館関連事項とは、エコミュージアムの再確認と、未研究分野である道の駅博物館の紹介をし、今後の展望を図っていくことである。

　以上が本論文のテーマであり、その中でもオリジナルな分類の確立を第一の目的とし、我が国における野外博物館のさらなる発展の一助としたい。

野外博物館の現状

　野外博物館とは呼称名の如く、我が国では一般的な博物館である建物の中で展開される屋内博物館に対し、野外を展示・教育諸活動空間とする形態の博物館を指す。海外では、Open-Air Museum、Outdoor Museum、Field Museum、Trailside Museum、Freilichtmuseum、Musée de Plein Air 等と呼ばれる博物館に相当する。この野外博物館の研究は、戦後は下火となり、1986年以降はフランスのアンリ・リヴィエールによるエコミュージアムに感化されるようになった。さらに1988年の"ふるさと創生事業"が加わったことにより、全国各地で箱ものとしての博物館が建設され、エコミュージアム構想も盛んに取り込まれた。しかしその結果、理論を欠いた表面的なエコミュージアムが、日本全国で展開されているのが実状となっている。

　リヴィエールが提唱したエコミュージアムの概念が我が国に浸透しなかったもう一つの理由は、1994年度から実施された天然記念物整備活用事業の一貫にエコミュージアム事業が制定されたことにあり、その結果、生態系・自然環境重視の概念が根付いたことが挙げられる。このような現状を踏まえ、これまで野外博物館の範疇に含む傾向が強かったエコミュージアムをその分類から外し、野外博物館の概念の明確化を図る。

　また、如何なる分野の研究においても先ず、先行研究を究めることが必要と考えることから、野外博物館という用語の使用の変遷と野外博物館を博物館学意識のもとに論じた学者の概念を明確にする。さらに、我が国の野外博物館の分類と体系を理論付けた新井重三の野外博物館論以降は大きな論の展開は見られないことから、新井の分類を再考し、ここに新たな分類を試みるものである。

野外博物館の位置付け

　日本人の特性は外来文化を受容した後、それを模倣し、さらに日本人にあった独自の文化、技術を創造してきたのが常であった。これは野外博物館にも言えることで、我が国の野外博物館は北欧圏で発達した野外博物館を基本理念として展開しているが、さらに我が国の歴史と文化に適合した独自の野外博物館を考える時期が到来していると考えるのである。したがって、北欧の移設・収

集型を主とする野外博物館を範とした川崎市立日本民家園や、大阪府の服部緑地公園内にある日本民家集落博物館等だけを対象とするのではなく、風土記の丘構想による遺跡はもとより、重要伝統的建造物群、景観地、世界遺産、近代遺産等を含めて野外博物館と捉えて論じるものである。したがって「まちかど博物館」「屋根のない博物館」「地域まるごと博物館」等も野外博物館と見做し、それらの分類と体系化を試みることにより、これまで不明瞭であった野外博物館概念の明確化を図る。

　時間の経過に従い、あらゆる種類の文化財が増加の一途をたどり、今後も増え続けることは言うまでもない。具体的には登録文化財、近代（化）遺産、景観地等といった新規の文化財を保存し、野外に広範囲に及ぶこれらの文化財を活用するには野外博物館化にすることが得策と考える。野外博物館はそれら地域文化資源の保存と活用の場として、町おこしにもつながっていくであろうし、さらには地域（郷土）博物館の新しい形態としての位置付けがなされるであろう。地域文化資源は原地保存であることが重要であり、その環境と共に展示がなされることに意義があることは言うまでもない。しかし、地域文化資源は単に保存するだけでは野外博物館には成り得ない。それら地域文化資源の情報を発信する核となる博物館施設を併設することにより、初めてそれらは野外博物館と成り得るのである。

　よく言われるところの「博物館」の要素である「もの・ひと・ば」を「野外博物館」に置き換えるなら、「ひと」は勿論学芸員であり、野外博物館においても学芸員は必須条件である。次に「もの」と「ば」であるが、一般の博物館展示は屋内で展開されるのに対して、野外博物館は「ば」を屋外に持ち、屋外を展示室と考えて「もの」を配置する。例えば移設収集型野外博物館であれば、「もの」を移設して展示が展開され、原地保存型野外博物館であれば、「もの」と「ば」は一体化となり環境も保存される。したがって、屋内博物館の基本となる収集行為、つまり環境と切り離すことによる不自然さが伴わない。しかし、ここで重要なことは「ば」が屋外と雖も、野外博物館の情報を伝達する核となる建物が必要ということである。原地保存型野外博物館に関しては、展示施設の核を設け、展示の「ば」と保存の「ば」は線で結ばれて完成された野外博物館となる。重要伝統的建造物群や遺跡、植物群落等も核となる建物を設けるこ

とにより、初めて野外博物館として完成していくのである。当然その施設には情報伝達、資料保存を担う学芸員が必要であることは言うまでもない。

野外博物館の展望

博学連携が盛んに行なわれる現代社会において、野外だからこそ可能な、野外でなければできない教育の実践の場として、今後は子どもから大人まで楽しめる市民の中の地域博物館としての野外博物館も必要となってくるであろう。地域文化資源は当該地域の風土、文化、自然環境等を併せ持った文化財であることから、それら地域文化資源を野外博物館化し、郷土博物館としての機能を持たせることが望ましい。地域住民にとってはふるさとの確認ができる場として、来訪者にとってはビジターセンターとしての役割を果たす場になるのである。さらには、我が国の郷土博物館の活性化を図ることも期待できるのである。

また地域文化資源という特性から、教育の場としての活用のみならず、観光資源としての活用も期待できよう。過疎化が進む地域であれば、地域おこしの一助にもなるであろうし、すでに観光地であっても、博物館を設置することにより、知的レベルの向上が図れるのである。まさに保存と活用の両立が可能なのが野外博物館なのである。

以上のことから、どのような地域文化資源が野外博物館に成り得るのか、それらを野外博物館化にするには何が必要なのかを考察していくことを研究のねらいとする。

さらに現代社会において、郷土の保存、属性の継承を適確に取り込んでいる韓国の野外博物館を取り上げて、我が国の野外博物館の見直しを図る。また、未研究分野である道の駅博物館を取り上げ、今後地域博物館としての役割を担う施設となるように、その方策を考察していく。このような考察が、野外博物館のみならず、すべての博物館施設の意識の向上になることを期待したい。

次章の「野外博物館研究史」は、博物館学的に野外博物館を論じた研究者の先行研究の確認と、「野外博物館」という語の使用の変遷を追うことを目的とするが、多くの事例が野外博物館の嚆矢であるスカンセン野外博物館に関する記述となっている。このようなことからスカンセン野外博物館の概要にふれて、次章の研究史につなげていくこととする。

第Ⅰ章　野外博物館研究史

はじめに

　序章で述べたように世界で最初の野外博物館であるスカンセン野外博物館
が、1891年スウェーデンのストックホルム郊外に開設された。1960年には我
が国でも最初の野外博物館である日本民家集落博物館が、大阪府豊中市服部緑
地公園内に開館した。これらは野外博物館の代表格と言えるものであるが、「野
外博物館」という名称も戸外博物館や路傍博物館等と呼称されているように統
一されてきたわけではなく、野外博物館の概念はとても広い範囲に及ぶもので
ある。しかし、これまでの先行研究においては「野外博物館」の語の変遷を論
じたものは見られない。

　如何なる分野の研究においても、先ず先行研究を究めることが必要と考える
ことから、本章では野外博物館の提唱者たちがどのように野外博物館を捉え、
博物館の概念として位置付けたかを考察していく。明治期の博物館学意識を有
する黒板勝美をはじめとし、棚橋源太郎、藤山一雄、木場一夫、澁澤敬三、新
井重三らによる先行研究を基本に、野外博物館に対する概念の相違とともに、
野外博物館として使われた語の変遷も明確にする。さらに博物館学ではこれま
であまり取り上げられなかった南方熊楠についても考察していく。

　周知の通り南方は多岐に亘る分野から研究がなされているが、博物館学的見
地から南方を論じたものはなく、ここに考察を試みるものである。

　また、本章で取り上げる先行研究は、野外博物館のみに焦点を当てるのでは
なく、博物館学的に特記すべき事項もその中に含めるものとする。博物館学の
研究、特に博物館学史の研究は未開発の分野であるため、新たな発見の可能性
を有していると言える。したがって、野外博物館の提唱者たちの野外博物館論
を追うことにより、新たな博物館学的発見を期待するものである。

第1節　南方熊楠の野外博物館─「野外博物館」という用語の濫觴─

　我が国において南方熊楠は粘菌学者としてその名を知られており、幼少から筆写・採集・読書による独学を重んじ、学校での勉学に飽き足らず世界を目指した人物であることは周知の通りである。鍋屋を家業とする家に生まれた南方は、鍋を包む反古紙に書かれた絵や文字をむさぼり読みながら幼少期を過ごし、同級生津村多賀三郎から『和漢三才図会』を借り、全百五巻を筆写したと言う[1]。少年時代の写本は『本草綱目』『大和本草』『全躰新論図』『和歌山新聞紙摘』『徒然草』『前太平記』『経済録』『具氏博物学』などで、植物学は言うまでもなく幅広く博物学への素養があったことを窺い知ることができるのである。

　さらに、和歌山中学の恩師鳥山啓の薫陶を受けて博物学の才を伸ばし、13歳で「英国諸書を参校し漢書倭書を比て」自作の教科書である『動物学』[2]を書き上げた。共立学校では初代校長（のちの総理大臣）高橋是清に英語を学び、英米の植物学者カーチスとバークレーの調査菌が6千点であることを聞き、日本菌を7千点採集する志を立てたのであった。この志は一生涯堅持して1919年、ついに調査菌は6千点に達した。また晩年には4千5百種1万5千枚に及ぶ遺稿、『日本菌譜』を集大成したのである。大学予備門に進学してからは「授業など心にとめず、ひたすら上野図書館に通い、思うままに和漢洋の書物を読みたり」[3]と読書にふけり、筆写ノート『課余随筆』[4]を書き始め、この筆写は渡米後も続いたのであった。

　中学時代からは動植物の採集・調査に勤しみ、日頃から上野の動物園、博物館、図書館、浅草公園の水族館、小石川植物園などにも熱心に通っていた。アメリカ・サンフランシスコに留学中も大学博物館、図書館に通い、ひたすら学問の道を深めていったのである。

　このように南方は植物学者・民俗学者と称される以上に博物学者であり、その学識は動物・植物・鉱物・地質・天文・民俗・文学・宗教・人類学など多岐に亘り、19ヵ国語の語学力と和漢洋の学問を駆使した国際的な学者である。大英博物館で資料整理をする傍ら、読書・筆写に明け暮れることでさらに非凡なる才能を伸ばし、英国の科学雑誌『ネーチュア』の創刊25年記念号にハーバー

ト・スペンサー、マックス・ミラー、チャールズ・ダーウィンたちと共に南方の名が連ねられ、世界の南方としてその名を轟かせた。

　神社合祀反対運動で、白井光太郎宛書簡に我が国で「野外博物館」の語を初めて使い社叢の重要性を訴え、また、エコロジーを提唱した先駆者として自然保護にも尽力し、多くの業績を残したとともに、世界各国の文化研究に多大な影響を与えた世界的な博物学者である。

　南方が各地で博物標本採集をしたことも周知の通りである。E. S. モースの講義録『動物進化論』を購入し、大森貝塚に出かけて土器、人骨、獣骨を採集して動植物の標本製作をし、江ノ島で貝類・甲殻類などの標本採集（「江島紀行」）、日光で動植物標本採集（「日光山紀行」）を精力的に行なった。在米時代には州立農学校を退学した後、ミシガン州アナーバーで読書と植物採集が中心の生活を続け、このころスイスの博物学者ゲスナーの伝記に感銘を受けたという。また、弁護士でアマチュア菌類学者のウィリアム . W. カルキンスの助言を受けて、フロリダと中米に隠花植物の採集に出かけている。これは後のキューバでの地衣新種グアレクタ・クバナの発見につながった。

　1892 年、ロンドンに渡った南方は、翌 1893 年、大英博物館古物学部長 A. W. フランクスと同副部長 C. H. リードに面会し、以後大英博物館宗教部の仏像仏具の名を定めるなど東洋関係文物の整理を助けて、利用の便を得たのであった。その間に滞英中の土宜法龍と出会い親交を結んだ。1897 年、大英博物館東洋図書頭 R・ダグラスと親交し破格の便宜を得るが、大英博物館で段打事件を起こし、2 週間の出入り禁止を受けることになる。さらに 1898 年に、大英博物館で女性の高声を制したことから紛争が起こり、博物館から追放されることになる。しかし 1899 年には、大英博物館分室ナチュラル・ヒストリー館に入るとともに、ヴィクトリア・アンド・アルバート博物館では浮世絵の調査に従事した。この在英 7 年余の大半を大英博物館で読書と筆写に励み、『ロンドン抜書』[5] 52 冊の執筆を成し遂げたのである。その中でも南方が最も情熱を注いだのは大英博物館の東洋部書籍目録の編纂であり、その莫大な数の図書に一つ一つ外題を付けて、著者伝や年代を詳記した。またヴィクトリア・アンド・アルバート博物館では、『日本画本目録編集』を大成するなど博物館人としての業績も著しいものであった。

また、『ネーチュア』への「極東の星座」[6] をはじめとし、『ノーツ・アンド・キリーズ』誌へも論文を精力的に寄稿し、晩年まで特別寄稿家として執筆活動を続けた。ロンドン大学ディッキンス総長との共訳『方丈記』[7] は『王立アジア協会雑誌』に掲載され、ゴワン版万国名著文庫に収録された。英語を始めとする語学に長けた南方は、海外の科学雑誌等への投稿を盛んに行ない、その名を世界に知らしめていったのである。南方の非凡な才能を賞賛した民俗学者柳田国男は自らが民俗学を志した動機は、南方の感化であるとしながらも、「述作をせらるるからには、同国人を益するように日本語にて書かれたし」[8] と日本語でない論文に対して不満も述べている。

帰国時に大英博物館のジョージ・モレイに日本隠花植物目録を完成するよう勧められ、研究・採集に専念する。帰国後、南方は那智の山中に籠もり自然の観察・採集・研究に明け暮れた。そして3年後の1904年9月、熊野植物調査を完了して山を下り、南紀州の田辺で暮らし始めた。この後南方の民俗学研究はこの地で急速に充実していったのである。のちに南方は神社合祀令をめぐって命を賭けて闘うことになるが、この田辺町で発生した当時田辺の表玄関ともいうべき汽船の発着所のある台場公園売却問題で、すでに自然保護を力説していた。毛利柴庵の『牟婁新報』に投稿した長大な論考は、植物学上貴重な菌類の宝庫が破壊されないよう、また景観を護らなければならないという、当時の日本では現在ほど行き渡っていなかった自然保護思想というものを強調したものであり、古祀・古社の保存と神社林の保護はそれに劣らず重要なことであると訴えたものであった。

1906年12月、当時の西園寺内閣内相の原敬が神社合祀令を発令し、神社は一町村につき一社にまとめる方針を打ち出した。この時点では地方の実情にそって、破壊的な行動は慎むべきであると通告されていたが、内相が平田東助に代わるとその訓令を厳格に実施するようにと命じられたのであった。その結果、廃社となった神社の樹叢は民間に払い下げられ伐採されるといった事態が生じ、私腹を肥やす官吏や神職まで現われたのである。合祀による神社の廃止と神林の伐採は特に三重県、和歌山県で顕著となり、多くの神社が廃社となり、巨木・老木が切り倒されていった。

南方の研究対象である粘菌・苔類・菌類の多くは自然林としての神社林に保

護されており、「小生畢生の事業の中心基礎点たる神林を潰しにかかるなどは言語道断であり」[9] と田辺町内の由緒ある神社が無差別に合祀の対象となるに及んで、南方は研究を放擲して神社合祀反対運動にすべてを賭けていったのである。南方は神社合祀問題関係書簡[10] を多く残しており、その書簡の中に文化財保護思想や景観論思想、エコロジー・野外博物館などの重要な言葉が使用されているのであった。以下に詳述する。

　①文化財保護思想

　まず文化財保護に関しては、下記の松村任三、白井光太郎宛の書簡がその思想を顕著に表現したものと看取される。

　　　英国の treasure trove の法に倣い、土器、石器、そのほか土中より掘り出す考古上の品は、一切皇室の物とし、その筋へ献上し、その筋にて御査定の上、大学または帝室博物館へ留め置かれ、さまでにもなき品は本人に下付して随意に売却せしめ、また社地より出たるものは、これをその社に下付して神宝とし、永久保存せしむること。（1911 年 8 月 29 日、松村任三宛書簡）

　　　わが国の神社、池泉は、人民の心を清澄にし、国恩のありがたきと、日本人は終始日本人として楽しんで世界に立つべき由来あるを、いかなる無学無筆の輩にまでも円悟徹底せしむる結構至極の秘密儀軌たるにあらずや。加之、人民を融和せしめ、社交を助け、勝景を保存し、史蹟を重んぜしめ、天然紀年物を保護する等、無類無数の大功あり。（1912 年 2 月 9 日、白井光太郎宛書簡）

　以上の如く、古跡・名勝を保存することは、無類無数の大功ありと述べていることからも、博物館学的な思想を強く読み取ることができるのである。さらに後年、棚橋源太郎も述べているように、遺跡保存・史跡整備は広義の野外博物館として捉えられるものであり、当時からその保存を訴えていた点に着目しなければならない。古い来歴のあるものは民俗学的にも価値のあるものであり、保存する必要性があること、児童教育上も有益なことを述べていたのである。

　②景観論

　南方は景観について外国の事例を挙げながら、以下の如く論じている。

　　　ドイツなどには、勝地の電線を地下に架せしめおるに、近く電気鉄道を

和歌浦絶景の所に串かんとす[11]。(1912年「神社合併反対意見」『日本及日本人』)

　わが国は木造の建築を主とすれば、彼方ごとき偉大耐久のもの少なし。故に両大神社を始め神社いずれも時をもって改造改修の制あり。欧米人の得手勝手で、いかなる文明開化も建築宏壮にして国亡びて後までも伝わるべきものなきは真の開化国にあらずなどというは、大いに笑うべし。(略)わが国の神社、建築宏大ならず、また久しきに耐えざる代りに、社ごとに多くの神林を存し、その中に希代の大老樹また奇観の異植物多し。これ今の欧米に希に見るところで、わが神社の短処を補うて余りあり[12]。(1912年2月9日、白井光太郎宛書簡)

　本邦に神社ほど勝景に関係あるものなきは欧人も知るところにて、わが国のごとき薄弱不耐久の建築にては、いかに偉大なる建築を施すも、到底、ローマ、アッシリア、インド、回々教国の石造、煉瓦造のものに及ぶはずなし。(略)欧州の寺院等は建築のみ宏壮で樹林池泉の勝景の助くるないから風致ということ一向なしというも至当の言なり[13]。(1911年8月29日、松村任三宛書簡)

　ドイツのエー・フォン・ヤンゾン、伊勢の大廟に謁せる感想の記に、「もし周囲の森なくしてかかる建築を想像せば、誰かその神聖なるを想う者あらんや。実にかくのごとき古朴の神殿が神霊化さるるは、全く周囲の太古的森林に基づく。これ欧州の建築と大いにその趣きを異にするところなり。ギリシャの神殿、また中世紀の殿堂は、常に独立して周囲の天然と相関するところなし。しかるに日本の古代の神霊なる建築は、常に四囲の天然と密接なる関係を持つ」と述べたりとか[14]。(1912年「神社合併反対意見」『日本及日本人』)

このように南方は諸外国の町並みを見て、その荘厳な建築物に驚くことはなかった。近年になって我が国の重要伝統的建造物群、及び歴史的町並みの一部ながら電柱地下埋設という方法が採られるようになり、景観の配慮もなされるようになってきた。しかし欧州においては、すでに百年以上も前からそのような意識のもとに町並みの景観を整備してきたわけである。確かに欧州の建築物は石造りが多く堅強であるため、保存されやすいのは事実である。言うまでもなく欧州のごとき石の文化と比較して、我が国の木の文化は保存されにくいが、

日本では日本の風土に合わせた保存法がなされており、何よりも樹木等の環境とともに残されてきたことに意義があると言えるのである。南方の論は、我が国の建築物は常に自然と密接な関係にあり、外国の建築物は荘厳ではあるが、自然を伴わない風致に欠けるものであることを強調したのであった。

③エコロジー

周知の如く、我が国のエコロジストの先駆者としてまず挙げられるのが南方であるが、南方の生涯において学問のみならず、神社合祀反対運動全般にもこの思想が強く現われていたのである。また、我が国第一の珍植物多き神島の伐採に対し、それらを保安林として残すべく請願し尽力したのも南方であった。この神島の自然保護に対して民俗学者樫山茂樹は、「神島行幸について道を切り開いたことに南方先生は反対された。今日では富士登山道や江須崎周遊道の開通で、採光とか倒木の異変が森の調和を破り、植生や動物の生息地の自然破壊をしたことは周知の常識となっている。このことを明治の末年に指摘警鐘されているわけである。一つの森、一つの池は、多くの生物の共同体として有機的に相関連して機能していることを認識いたしたい。（略）つまり環境の全体的保全という着想である。」[15] と述べている。

南方は次の二通の書簡にエコロジーという言葉を使っている。

　エコロジー等の論も委しきことは当分でき申さず[16]（1911年11月12日、柳田国男宛書簡）ご承知ごとく、殖産用に栽培せる森林と異り、千百年来斧斤を入れざりし神林は、諸草木相互の関係はなはだ密接錯雑致し、近ごろはエコロギーと申し、この相互の関係を研究する特種専門の学問さえ出で来たりおることに御座候。しかるを、今無智私慾の徒が、単に伐採既得権云々を口実とし、是非に、かかる希覯の神林を、一部分なりとも伐り去らんとするは、内外学者に取りても、史蹟名地のためにも、はなはだ惜しまるることに有之[17]。（1911年11月19日、川村竹治宛書簡）（傍線は筆者）

環境破壊、環境保全が盛んに問われている現代社会であるが、その当時まだ日本国民がこのような意識を持ち得なかった時代に、南方は神林伐採によって水は濁り、地は涸渇し、鳥獣は絶滅し、それによって害虫が繁殖し、特に紀州では蟻吸という白蟻を食う有益鳥も渡来しなくなることを懸念している。つまり生態系が狂うことを早くから指摘し、強く国家に訴えていたのであった。結

果的にこの神社合祀反対運動によって多くの自然が残されたのであるが、南方の意見が反映されずに日本各地では開発が進み、数え切れないほどの自然、史跡、町並み等が失われていったことも事実である。今になってようやくエコロジー、世界遺産などが叫ばれるようになり、その中で南方も話題に上るようになったが、近年観光客による保存後の環境破壊、生態系破壊という大きな問題に直面しており、慎重なる対応策を考えなければならないのである。

④野外博物館

最も注目すべき点は、南方の書簡に見られる「野外博物館」なる語の用例である。我が国で野外博物館を体系付けた新井重三は、1989年『博物館学雑誌』第14巻、第1号・第2号合併号の「野外博物館総論」[18]で次のように述べている。

野外博物館という日本語の名づけ親は誰なのだろう。そこで日本における博物館学の創立者である棚橋源太郎の著書を調べてみたが発見することが出来なかった。棚橋は関連語として「戸外展覧」、「戸外博物館」、「民俗園」、「公園博物館」、「歴史的家屋博物館」、「戸外文化史博物館」、「考古学園」、「偉人記念の家博物館」といった言葉を使用しているが、これらに対応する欧米語はすべてあることから類推すると、これらのすべては欧米語の翻訳語であることがわかる。すなわち、野外博物館と訳すにふさわしい欧米語はその当時も存在していなかったことが解る。棚橋よりやや遅れて日本の博物館学界に木場一夫が登場する。彼の名著新しい博物館 (1949) の中に「野外博物館」なる文字を発見した。この著書の第10章、「路傍博物館」の項目の中で彼は次のように述べている「路傍博物館とはアメリカ博物館協会、戸外教育委員会委員長であったバンパス博士 (Hermon CareyBumpus) によって命名されたもので1921年にヨセミテ渓谷に誕生したのが世界の中の第1号である。そして、路傍博物館 (Trailside Museum) は、野外博物館であるということを写実的に暗示している。すなわち、野外博物館の本質的な特徴は、環境が説明されるべき対象を提供していることであり、そこでは自然が地形・地層・野生生物あるいは人類が残した考古学的または歴史的遺跡の展示を供給しているのである」。彼はアメリカの国立公園の中にある路傍博物館 (Trailside Museum) に着目し、それを野外博物館として位置づけると共に、自然系のものばかりでなく人文系の戸外博物館

（Open-air Museum）も含めて野外博物館と呼ぶべきであると提唱している。しかし、野外博物館のルーツにはふれられていないので確認はできないが、筆者が文献の上で調べた限りでは「野外博物館」の名づけ親は木場一夫ということになる。

このように、木場一夫が我が国で最初に野外博物館を提唱したと述べているが、南方は 1912 年に白井光太郎宛書簡の中で、野外博物館を論じている。

　　日本の誇りとすべき特異貴重の諸生物を滅し、また本島、九州、四国、琉球等の地理地質の沿革を研究するに大必要なる天然産植物の分布を攪乱雑糅、また秩序あらざらしむるものは、主として神社の合祀なり。本多静六博士は備前摂播地方で学術上天然植物帯を考察すべき所は神社のみといわれたり。和歌山県もまた平地の天然産生物分布と生態を研究すべきは神林のみ。その神林を全滅されて、有田、日高二郡ごときは、すでに研究の地を失えるなり。本州に紀州のみが半熱帯の生物を多く産するは、大いに査察を要する必要事なり。しかるに何の惜しげなくこれを滅尽するは、科学を重んずる外国に対して恥ずべきの至りなり。あるいは天然物は神社と別なり、相当に別方法をもって保存すべしといわんか。そは金銭あり余れる米国などで初めて行なわるるべきことにて、実は前述ごとく欧米人いずれも、わが邦が手軽く神社によって何の費用なしに従来珍草奇木異様の諸生物を保存し来れるを羨むものなり。近く英国にも、友人バサー博士ら、人民をして土地に安着せしめんとならば、その土地の事歴と天産物に通暁せしむるを要すとて、野外博物館を諸地方に設くるの企てありと聞く。この人明治二十七年ころ日本に来たり、わが国の神池神林が非常に天産物の保存に益あるを称揚しおりたれば、名は大層ながら野外博物館とは実は本邦の神林神池の二の舞ならん。（略）わが国の神社、神林、池泉は、人民の心を清澄にし、国恩のありがたきと、日本人は終始日本人として楽しんで世界に立つべき由来あるを、いかなる無学無筆の輩にまでも円悟徹底せしむる結構至極の秘密儀軌たるにあらずや。加之、人民を融和せしめ、社交を助け、勝景を保存し、史蹟を重んぜしめ、天然紀念物を保護する等、無類無数の大功あり[19]。（1912 年 2 月 9 日、白井光太郎宛書簡）

更なる野外博物館の用語使用例としては、

愛郷心は愛国心の根本なり。英国学士会員バサー氏いわく、人民を土地に安住せしむるには、その地の由緒、来歴を知悉せしむるを要す、と。氏は、近日野外博物館を諸村に設けんと首唱す。名前は大層なれど、実はわが神林ある神社のごときものなり。この人二十年ばかり前本邦に来たり、神林が土地の由緒と天然記念品を保存するに大功あるを感じ、予に語られしことあり[20]。(1912 年「神社合併反対意見」『日本及日本人』)(傍線は筆者)

　このように、南方はすでに木場一夫が野外博物館を論じる 40 年程前にフィールドミユゼウムを野外博物館と訳し、白井宛の書簡で表していたのである。南方が考えていた野外博物館とはまさに神社の神林そのものであり、社叢は我が国における野外博物館の嚆矢と見做すことも可能であろう。南方がいう野外博物館は自然界を指す用語で、博物館学者が提唱した野外博物館とは基本的に異なったものではあるが、南方らしい斬新的なスケールの大きい論であると評価し得よう。今日現存する紀州の古社、その山林・動植物が保存されたのは南方の神社合祀反対運動によるところが大きいのである。

　古くから我が国の自然村には必ず一つの産土神社があり、常に森林に覆われ、下草も生うがままに繁り、植物学・生物学の宝庫であった。また、神社はその地域の住民のよりどころであったので、その神社が廃社となれば、民俗学的、宗教学的にみても失うものが多い。神社は、外国の野外博物館のように土地の来歴、風土等を継承する、いわば我が国の野外博物館であり、人々の生活と信仰に至るすべてが凝縮している神林を保存しなければならないことを説いたのであった。

　南方が神社合祀に対して命を賭けるほどの挑戦を挑んだ理由は、1912 年 2 月 9 日付白井光太郎宛書簡[21] の八か条に言い尽くされている。

　　第一　神社合祀で敬神思想を高めたりとは、政府当局が地方官公吏の書上に瞞されおるの至りなり。

　　第二　神社合祀は民の和融を妨ぐ。

　　第三　合祀は地方を衰微せしむ。

　　第四　神社合祀は国民の慰安を奪い、人情を薄うし、風俗を害することおびただし。

　　第五　神社合祀は愛国心を損ずることおびただし。

第六　神社合祀は土地の治安と利益に大害あり。

第七　神社合祀は史蹟と古伝を減却す。

第八　合祀は天然風景と天然紀年物を亡滅す。

　環境破壊の進んだ現代社会において自然教育の大切さが問われるのは当然であるが、当時まだ自然が多く存在する環境の中で、南方が自然保護を命懸けで訴え続けたのは、外国文化に実際触れてきたからであろう。外国の文化を盛んに取り入れようとした時代に、外国文化に傾倒せず、日本文化が何よりも勝ることを訴えていたのであった。また児童教育にも自然のみならず、古くからの我が国の伝統文化が一番大切であることを説いている点にも注目しなければならない。まさにこの思想は現代博物館教育に通ずるものである。ここに我が国で野外博物館という言葉を初めて使用したのは、南方熊楠であったことを確認するものである。

第2節　黒板勝美の野外博物館—「博物館学」という用語の濫觴—

　黒板は古社寺保存会委員、史蹟名勝天然紀念物調査会委員、朝鮮史編修会顧問、東山御文庫取調掛、国寶保存会委員、帝室博物館顧問等に就任し、数多くの社会活動に参画した人物である。日本古文化研究所は黒板自らが設立して所長となり、さらに内閣総理大臣の私的諮問機関であった「紀元二千六百年祝典準備委員会」の委員となり、「国史館」の計画を推進した歴史学者であった。黒板は、およそ40年間に亘り、東京帝國大学で国史学と古文書学を講じ、「日本古文書学」の確立と日本国史学の発展に貢献する中で、1908年からの2年間、欧米に留学し、『西遊弐年欧米文明記』[22] を執筆した。

　黒板の研究に先鞭をつけた青木豊は、「黒板勝美博士の博物館学思想」[23] の中で、『西遊弐年欧米文明記』の序文で以下の如く論じている。

　　　余は國民的自負心に於て敢て人に讓らぬと思ふが、未だ『誤れる愛國者』たることを欲せぬ、歐米諸國に遊んでもまづ痛切に感じたのは猶ほ多く彼に學ぶべきものがあることであつた、我が國の精華を保存し助長すると同時に、彼の特長にして採るべきもの〻更に少からざるを信じたことである、過去數十年間に輸入された文明は多く物質的に偏し僅にその皮相を得たる

に過ぎなかつたではあるまいか、光明ある的方面に至つては今後欧米に遊ぶものが一注意すべきことではなからうか、この點に於て余が力めて縷述せるところは、恐らく世のショウヴィニストに滿足せしむるを得ぬかも知れぬ。

このように棚橋よりも早く博物館学に着眼し得た極めて大きな視野に立つ学者であったことを指摘している。さらに、門下生であった坂本太郎は黒板の性格を「一見豪放であるとともに一面細心であり、活動の場は体制側にあることが多かったが、性格としては在野的な傾向が強かった」[24]とし、また黒板の同僚であった辻善之助は「博士の資質は『放膽にして潤達』、学風もまた同様で、その所説は国史の大局を捉えるものが多い。（略）ところが多大の力を傾注した『国史大系』や『大日本古記録』の校訂事業では、博士は『極めて細心周密』であって、『時に稍神経質的』に見える位である」と述べており、黒板の文化財保護思想及び博物館学思想は、当時においては非常に斬新的な考え方であったと言えよう。

我が国に初めて「野外博物館」という語を用いて論じた南方熊楠は、その後の日本に大きな影響を与え、偉業を成し遂げた人物であるが、黒板は具体的に博物館の必要性を説き、1911 年『西遊弐年欧米文明記』の中でミュンヘン大学の「博物館学」講座を紹介している。これは「博物館学」という語の使用の先駆をなすものであり、特筆すべきであろう。

この著は欧米を見聞し博物館を中心とした事柄を詳細に記録しており、野外博物館である史跡整備の保護は博物館が行なう必要があるというものであり、さらに大学博物館、町並み保存、動植物園の教育等を論じている。したがって博物館学的意識をもって様々な資料保存を述べたのは、黒板が始まりと言える。

またこの中にスカンセンについての詳述も含まれているが、我が国にスカンセンのような博物館の必要性については断定的な意見を述べずに、あくまで紹介にとどめておくと消極的に論じたのであった。黒板は、後に、1940 年頃の皇紀 2600 年記念事業の一環として、政府内部において民俗学博物館の建設を進めていた澁澤敬三たちと方法論の相違で対立することになった。この構想には野外展観が大きく加わっており、今和次郎が描いた鳥瞰図は正にスカンセンに酷似したものであった。結果的にこの構想は黒板の皇国史観に基づく国史館

計画に統合されたのち、戦争の切迫もあり実現しなかったのであるが、当の澁澤は国史館との統合を拒んでいたのであった。

　しかし、これまで博物館学では取り上げられなかったが、この著書は博物館に関する先駆的な論述であり、その後の博物館学者たちに影響を与えた一冊であることが想像できる。その論体には黒板の博識が至る所に現われており、棚橋源太郎が発表した海外の博物館や遺跡についても、重複した事項が含まれていることから、棚橋に少なからず影響を与えたとみることもできよう。

①「博物館学」

1911 年『西遊弐年欧米文明記』[25]の「伯林の博物館（上）」の中で、「博物館学」の語が記されている。

　　博物館事業について、最もよく理論的に研究せられて居るところは獨逸である、博物館の經營から、建築陳列方法等に關する参考書類も、他の諸國では公にされたもの極めて少いのに、獨逸ではいろいろ有益なものが出版されて居るのみならず、ミユンヘン大學の如き、博物館學なる一講座を有する程である、（略）伯林ほど博物館の種類が多く分れて居るところも他の都市に見るべからざることで、伯林は博物館の研究上最も適當したところである、例へば或る種類のものを、歴史的に若しくは地理的に分類し陳列したる方法なども中々手に入つたものであるし、大室小室の區分法など、光線學上最も有效に出來て居る點は敬服の價値がある、併し悲しいかな新興の都府であるがために、美術や歴史考古學の陳列品その物に至つては、ルーヴル又は大英博物館等に及ばざること遠しといはねばならぬ。

また「博物館に就て」[26]においても「博物館学」を述べている。

　　意義ある博物館　かくて博物館といへば、最早いろいろのものを出來るだけ多く雑然と陳列するところでなくなつて了つた、そして過去十餘年來「博物館學」とも稱すべき新しい研究が歐洲に起つたのである、（略）すべての陳列品に聯絡がなければならぬ、そしてその陳列品の時代及びその地方の文化的風氣を復現せしめねばならぬのである。

　　文化的風氣の復現　然らば文化的風氣の復現とは何であるかといふに、（略）前にいつたスカンセンやビグドーの陳列館が古代の建築物をそのまゝ用ひて居るのは、實にこの理想を現出した一といつてよい。

意義のある博物館とはどんなものを指すかと云へば、唯だいろいろ凡百の品物を雑然と集め、之を出來るだけ多く陳列するなど云ふのは、最早博物館の役目では無くなつたのである。過去十餘年以來、歐洲に於ける<u>博物館學</u>とも稱すべきものの研究は、種々の方面に著しい進歩を遂げた、現に<u>ミユンヘンの大學</u>の如きは、之を一科の學問として數へて居る。啻に之を建築の點から云つても、ひとり防火の設備とか、永久的建築物とか云ふものだけでは滿足せぬ、進んで光線學を應用して、如何なる光線を室内に採り入れるのが最も品物の保存及び視線に適當であるか、たとへば古に對しては、透明なる窓を通して來る光線は、擦玻璃を通して來る光線よりも、どれだけ害が多いか、或は屈折光線を用ゐる場合には、どう云ふ風にするが宜いか、又は室内に於いての換氣法、濕度の具合が如何とか、換氣法には日本の障子を利用するがよいとか、又陳列の點から考へて見ても、骨董らしいものをたゞ雑陳せるだでは滿足すべきで無く、いかにすれば意義ある博物館を作り得るかと云ふ點について研究せねばならぬ。意義ある博物館とは、例へば普通教育に用ゐる場合に於いて、その陳列品と陳列品との絡を如何にすべきやの點を細かに注意し、陳列館に、時代と地方との文化的アトモスフェアを復現せしむるやうにするのである。もし陳列品の一つ一つを散漫に並べて、其間に何等の絡を付けて置かず、觀客をして箇々別々の陳列品を、別々の離れた意義で見るやうな感じを考へさせるならば、それは大いなる失敗である。(「博物館に就いて」『虚心文集』第4所収)(傍線は筆者)

青木豊が「黒板勝美博士の博物館学思想」[27]で、

　黒板は先ず博物館を熟知した上で、さらに深淵に潜む博物館学の存在を意識し博物館学と邦訳したものと看取される。黒板の文章からは博物館学を意味する言語は不明であるが、この点に関しては昭和五年の棚橋の『眼に訴へる教育機関』(寶文館)の中に、「ミュンヘン大学にはムゼウス・クンデ(博物館学)の講座があったと聞く。」と著されているところから、黒板が「博物館学」と著した言語は「ムゼウス・クンデ」であったと見做せられる。当然そこには、ドイツに於ける博物館学をある程度咀嚼吸収した上で黒板の博識にもとづいて邦訳されたものと看取せられるのである。

と論じているように、黒板の博物館思想がいかに強いものであったかが理解できよう。また前述した如く、我が国の「博物館学」なる語は、黒板が初めて使用したことを再度確認するものである。

②野天のミューゼアム・博物館的公園（公園的博物館）・動植物園的博物館

黒板は野外博物館に相当する施設について「野天のミューゼアム」「博物館的公園」「公園的博物館」「動植物園的博物館」を用いている。また、黒板は史跡保存の立場から神社の保存を論じたが、このような考え方は、神社合祀反対運動・史蹟名勝天然紀念物保存思想という当時の風潮によるところが大きいものであった。

まず、『西遊弐年欧米文明記』[28] の中で見られる野外博物館論は次の如くである。

　　我が國で博物館といふのは、元來ミューゼアムといふ歐洲語の翻譯で、恰かもライブラリ又はビブリオテークを單に圖書館と譯した誤謬とその誤謬を同じくして居る、ミューゼアムといふのは單に品物を陳列する場所で、その種類が百般博物に互るべきものと定らぬ、それが獨立した一の建築物であらうが、また或る一室であらうが、或は數多の建築物から成つた一廓であらうが、皆或る物を陳列して縦覧せしむるところを指すのである、余は陳列所とか列品場とか命名することが最も當れるであらうと思ふ。歐洲に於ても單にミューゼアムといへば、はじめ古物または動植礦物等の標本を陳列する建築物などを名づけたのであるが、ミューゼアムの研究次第に進んで、その陳列法はいふに及ばず、その組織にすら大變動を來すに及び、こゝに博物館的公園といふものも起り、動植物園的博物館といふものも創められ、今はミューゼアムを博物館と譯することが全く妥當でないことゝなつた。

　　前者の好例はクリスチャニヤの附近ビグドーにある諾威國民博物館で、後者の模範はストックホルムなるスカンセンである、一は公園的設備がまた博物館とも觀らるべく、一は動植物園の設備に博物館を合せたものといふべく、しかも建築物そのものが既に一箇の陳列品と稱すべきである。

　　元來博物館の陳列法で第一に注意すべきことは、その陳列品の出來た時代とその場所のアトモスフェヤとが、成るべくその陳列品の上に現はれ、

その陳列室の内に溢れるやうにせなければならぬ、觀るものをして何とな
くその時代の人となり、その遺跡やその土地にあるやうな感を起さしめね
ばならぬ、たゞ古物を列べ、標本を陳ぬるだけで滿足すべきものではない、
若しこゝに一國の風俗を示し、習慣を示し、また美術工藝を示さんとなら
ば、その如何なる服裝をなし、如何なる家屋に住し、如何なる家業に勤勞
し、如何なる遊戲を楽みしかを、一目の下に分明ならしむるやうに、その
陳列法を考へねばならぬ、これがビグドーの博物館となり、スカンセンと
なつた理由である。（略）

　スカンセンはストックホルムなるヂュルガルド大公園の西部を割して、
一千八百九十一年ハゼリウス博士によつて創立された野天の博物館ともい
ふべき大仕掛のものである、その廣さは凡そ七十エーカーにも及ぶであら
う、峨々たる巖山もあれば、清冽なる湖水もあり、彼方の森林、此方の牧
場田畝こゝに瑞典一國を凝集し縮寫したものといふも過言ではない、天然
の花卉草木はいふに及ばず、處々に鳥獸魚蟲を飼養してよく馴れしめたる
など、大動植物園の設備完きと共に、各州の風俗習慣はその地方地方から
移住し來た人民によつて示され、地方特有の服裝で、各その家業を營める樣、
この大公園の景趣を添ゆること幾千ぞや、カール十二世時代の軍服を着け
た番人に過ぎ去つた國民的自負の名殘を留めたのは瑞典人がせめてもの慰
藉なるべく、ブレダブリックの塔上よりストックホルム全市を眺望しなが
ら、一杯のカフェーに渇を醫するは觀光の客が最も喜ぶところであらう。

　各地の風俗で特に珍しいのはラップの部落である、冬と夏との家をはじ
め、馴鹿の飼養場など宛然としてその故郷に入るが如き心地がする、また
十七世紀の哲學者エマヌエル、スヴェデンボルグの遺物を傳へたるスヴェ
デンボルグ亭、ヘルシング州より持來れる十六世紀ごろの建築等をはじめ、
古色蒼然たる諸州の建物に往昔を回顧するに足るもの多く、その廣大なる
余は二回こゝに遊んで、遂に全體を觀ることが出來なかつた程であつた。

　この種の博物館的大公園は、果して我が國に必要なる設備の一でないで
あらうか、また古建築の保存すべきもの必ずしも寺に限るべきことであら
うか、現今に於ける古寺保存法は更に大に改革すべき餘地がないであらう
か、我が當局者はこのスカンセン及びビグドーの博物館を參考し、且つ西

欧諸國の施設しつゝあるところを觀て、公園や博物館の設備について研究すべきであらう。余はこゝにたゞ一言この種の設備をなすべき我が國の大公園が奈良の春日公園たるべきことを提供するに止めて置く。

このようにノルウェーのビグドーとスウェーデンのスカンセンの事例を挙げて、博物館的公園・野天博物館を述べている。古い建物自体が陳列品であり、その陳列方法はただ単に並べて見せるのではなく、その陳列品の置かれていた空気が必要であり、その時代、その土地に自分があたかもいるかの如く錯覚するようでなければならないことを論じ、一国の風俗・習慣・美術を公開する方法として、このようなタイプの博物館が出現したことを述べたものであった。

ビグドー博物館の移築建築物にはそれぞれの時代の雰囲気が室に満ちていることを述べており、路傍に立てた一里塚の石札に払う注意力や観察力などは、博物館学意識を持っての見方であろう。また、スカンセン博物館については植物の植栽・動物の飼育・コスチュームスタッフから受ける印象を、その故郷に入るが如き心地がすると述べているのである。

結論として野外博物館が我が国に必要か、古建築保存が寺社に限ることでよいのかをこれらの博物館を参考にして研究すべきであるとして、前述したように断定的な意見は述べていないのである。

次に『西遊弐年欧米文明記』（1911年）が刊行された翌年に東京朝日新聞に6回に亘り連載された論著である「博物館に就いて」(1)、(6)に記された野外博物館を概観する。

> 野天のミューゼアムがある。それに近頃は野天のミューゼアム、換言すれば博物館的公園というものも出来た、諾威のクリスチヤニヤ府の附近なるビグドウや、瑞典ストックホルムのスカンセンにあるミューゼアムが其よい實例である。そして此等のミューゼアムでは古物などを陳列した建物それ自身が古い時代の建築で、既に一の陳列品となつて居るばかりでなく、百花妍を争ふ植物も培養してある、優悠自適せる動物も飼養してある。甚だしきに至つてはその一部にある喫茶店の給仕女が地方特有の服装で御茶を汲む、番人中古武士の服を着けて槍など提げて居るのを観れば、彼等もまた實に陳列品なるが如き心地がせらるる[29]。（「博物館に就て」(1) 1912年8月24日　第9363号）

公園的博物館　初めに一寸述べた野天のミューゼアムに就て、今一度
こゝに言はして貰ひたい、諾威のビグドウにしても、瑞典のスカンセンに
しても、野天のミューゼアムであるが、同時にまた一の公園を成して居る、
それで公園的博物館ともいへるが、是に動物や植物が自然のまゝ養はれ植
られてあるのを観れば、更に動植物園的公園とも稱することが出來るであ
らう、これは中々大仕掛けのもので、無論國立たるべき性質を有するので
あるが、その目的はその國自身の縮寫をここに示さんとしたものである、
例へばスカンセンは瑞典國の縮圖で、山川渓谷の有様から動植物の主なる
分布を實物で示すのみならず、北方に住むラプランド人の天幕生活も観る
ことが出來れば、ストックホルム附近の風俗も知ることが出來る、そして
その内なる建築物、建築物の中なる古代の工藝品等はまた歴史的に瑞典を
語つて居るのである。そして此等の建築はまた遺物として保存すべき必要
からこゝに移して來たともいふことが出來るので、この種のミューゼアム
は史蹟遺物保存の一法として實行せられたものとしても可い[30]。(「博物館
に就て」(6) 1912 年 8 月 30 日　第 9369 号)

　この考え及び知識は、欧米の博物館施設を実際に見聞したことで得たことは
前述した通りである。博物館資料はそれぞれの時代、文化的風気の復元が伴わ
なければならないことを強調し、建築物をそのまま保存活用することの重要性
を説いたものであった。その中でも野外博物館はその国の風俗・風土・文化を
表すものであり、まさに当該国の縮図と言えるものと解釈したものであったが、
黒板の主張は史跡整備を主軸としたものであり、野外博物館をあくまで史跡整
備に活用することであった。

③史蹟遺物の保存と博物館

　黒板の史跡整備における博物館の必要性に関する記述は以下の通りであり、
それは取りも直さず野外博物館を意図したことは明白である。

　　博物館と史蹟遺物 (略) 國家が史蹟遺物の保護をその一部に限定するは、
　理論上全然賛成すべからぬことであるのみならず、之を指定しながら、そ
　の保管の方法を立てずして之を寺社の手に委するは甚だ危険千萬にして、
　寺に取りても迷惑至極の事である。假りに一歩を譲りその指定が正當とす
　るも、その保管については、どうしても博物館を建てゝ、安全に之を保存

するのでなければ、その目的を達することが出來ぬ、換言すれば博物館の設立に伴はぬ史蹟遺物の保存事業は少くともその功果の一半以上を失ふものである。伊太利、希臘その他の歐洲諸國では何れでも平行せられて居るばかりでなく、中には國立博物館で史蹟遺物の保存事業を監督するやうになつて居る[31]」(「博物館に就て」(3) 1912年8月27日 第9386号)

次に「史蹟遺物保存に関する意見書 第九章保存法令と監督局及び博物館」[32] の中でも同様に野外博物館の必要性を説いている。

　　(略)史蹟遺物の保存事業が博物館の設立と伴はざるべかざるを主張す、蓋し博物館の設立に伴はざる史蹟遺物の保存事業は、實にまた保存そのものゝ意義に戻るといはざるべからず、何となれば、史蹟の一部及び遺物等は、その保存上博物館の如き、完全堅牢なる建築の中に陳列せらるべき必要を認むること多ければなり、素より史蹟の一部及び遺物等は、能ふだけその地に保存すべきを原則とするはいふを待たず(1912年『史學雑誌』第23編第5号)

さらに「史蹟遺物保存に関する研究の概説」[33] の中でも野外博物館の必要性を述べている。

　　(略)博物館の設立に伴はない史蹟保存をしようと云ふのは、眞の保存の意味を没却して居ると思ふ。(略)特別の史蹟遺物が一緒にある場合には成るべくその史蹟に博物館を置くのも一の案で、希臘のデリフォイとか、オリンピアとかの小博物館に倣ひたいと同時に、中央の國立博物館が、中央監督局の下に出來、各地方の監督局の下にその地方の博物館が出來ま

図Ⅰ-1　黒板が見たポンペイ遺跡の発掘
(『西遊弐年欧米文明記』1911)

図Ⅰ-2　黒板が見た整備されたポンペイ遺跡
(『西遊弐年欧米文明記』1911)

すならば、ここに始めて理想的に保存事業が完成さるるのであります。そ
れが出來なければ完全なる史蹟遺物保存事業は出來ないと思ひます。（略）
第一現保存、現保存と云ふのは、史蹟遺物保存の最も主要なるものと思ひ
ます。現保存は、前にも申しました通り、史蹟は唯單に現の儘に保存せら
るべきものなりと云ふ第一の根本義を基にしたのであります。若し現を保
存することが出來ないことがありますれば、私は現の一部分に屬すべきも
のでも宜いから保存したいと思ひます。模型保存は史蹟の大きな場合に全
體を一目に見る上に於いて便利であります、國民教育に於いて應用するも
よいことであらうと思ふ。（1915 年 1 月『史蹟名勝天然紀念物』第 1 巻、第 3 号）

また、「史蹟遺物保存の實行機関保存思想の養成」[34] には

（略）博物館の設置なき保存事業は、丁度龍を描いて睛を點ぜぬやうな
ものである。折角の保存事業も遂に無効に歸するといはねばならぬ。我が
國の古寺保存會がその美を濟す能はざるは、その根本的方針の誤れるによ
るといへども、また一は博物館を有せざるに因ることも忘れてはならない。
いはゞこの博物館は一方に於て遺物の保存所であると同時に、他方に於て
は史蹟遺物の保存を計畫し實行する場所となるのである。博物館は從來各
國ともその首都に置くのが普通であつたけれど、近來の傾向は成るべく史
蹟に近い、出來べくんば史蹟の中に之れを設立することゝなつて來た、（略）
ついでながら博物館として古い建築物を用ひることが出來れば、それが一
番理想的である。（1917 年 2 月大阪毎日新聞）

このように黒板の論じた博物館学は史跡整備を主軸としたものであったが、
それは現代の博物館学に引き継がれている理念が多いのである。史跡整備の範
疇に学校保存を含めるなど、その着目点を見る限り、今日の史跡整備の観点と
さほど変わっているものではなく、寧ろ黒板の理念を基に今日の史跡整備が成
り立っていると言っても過言ではない。まさに史跡整備には博物館が必要であ
ることを強調し、それが郷土保存に繋がっていくことを早くから訴えていたの
である。

④古建築物の保存

黒板は『西遊弍年欧米文明記』[35] の中で『我が國民が過去の歴史を誇りつゝ、
國を擧げて世界の公園たらしめんと夢みる人々あらば、余は彼等に一たび伊太

利に遊ばんことを奨むるのである。』と述べローマ市民に対してはあまり良い印象を持っていなかった。しかし、そのローマの町並みについては次の如く述べている。

> 古寺舊邸は建築そのものが美術と見らるべきもので、一言にしていへば、羅馬市全体が博物館となり、繪館となつて居るのである。かくて羅馬をしてますます思ひ出多き都府たらしむると同時に、多くはその大寺舊邸を特に博物館とし繪館として稀珍の名彫刻等を陳列し、以て國民に公開されて居るが、これまた他の歐洲諸國に見るべからざる一種の感に打たるゝのである、まづ陳列品と建築との間に離るべからざる風氣が充ち滿ちて居る、たゞ最初からこれを博物館とし繪館として設計せられなかつたために、光線その他新式の設備を他國の博物館等に比較せんとするは寧ろ酷であるが、彼の新しい建築物に於ては如何なる高價を拂つてもよく企及し得ぬ或るものを有して居る、その場内に入つてその物に接する刹那に身は古代希臘羅馬の人となり、ルネッサンス時代の人となつたかのやうに感ずる、(略)それで伊太利政府はたゞに遺跡寺院のみならず、またこの古邸宅の保存にも出來る丈け注意を拂ひ、もし住宅となつて居るならば、その人は美術局の指定通りこれを修繕し行く責任を帯びて居る、また一々その檢査を經てこれを毀損せしめざるやうに保存して居るのである

このように歴史的建造物を博物館・美術館として活用していることを称賛しており、ローマの町並み保存についても言及している。ローマは町全体が博物館であるという町ぐるみ博物館「屋根のない博物館」といった現代の野外博物館的思想として捉えることができる。海外の多くは石の文化であり保存されやすい文化であるとされているが、単に石の文化だからというものではなく、およそ百年前にはすでに厳しい規制がかけられ勝手な修繕が許されなかったことからも文化に対する国民の意識が高かったことが理解できるものである。

⑤郷土保存

さらに注目すべき点は郷土保存について述べている点であろう[36]。

> 郷土保存なる語は獨逸語の「ハイマート、シュッツ」（Heimatschutz）を譯されたるものなるが、一體「シュッツ」なる語は寧ろ保護と譯すべきものにして「ハイマート、シュッツ」は郷土保護と飜譯する方可なるを覺ゆ、

保存といふ意味は獨語にはプフレーゲ（Pflege）という語に存するが如し。
されど保存もまた保護の中に包含さるべければ、余はこゝに郷土保存なる
語に對して特に異議を提出せず、（略）この報告に接したる我が國の學者
有識者は學問の研究上より、將た國民道德上よりますます郷土保存事業を
講究して、その實行の途に上るべき必要あるを信ずるなり。（「郷土保存に
就て」『虚心文集』第4所収）

　このような郷土保存の意識こそが、かつての博物館学者たちが唱えた究極の
思想であり、理念であったと言える。現代社会における博物館学は細分化され、
その専門分野も多岐に亘るものになったが、博物館学の根底には郷土というも
のが常に存在していたのである。この郷土保存を強く訴えたのが黒板であり、
南方であった。博物館学はつまり郷土学なのである。

第3節　棚橋源太郎の野外博物館

　棚橋は国民の科学知識の向上のため博物館の利用が有効であるとし、東京高
等師範学校教育博物館長事務取扱に就任、特別展の企画、映写会、実演会、講
演会等を開き博物館の効用を訴え続けた。その後、東京教育博物館長を経て赤
十字参考館の創設に係わり、博物館事業の啓蒙・普及に尽力し、日本博物館協
会の創設、博物館界の発展に尽力した。

　棚橋は野外博物館に相当する施設について、「路傍博物館」「公園博物館」「戸
外博物館」「戸外文化史博物館」「地下博物館」「民俗園」「考古学園」「地学園」
を用いている。博物館と言えば、これまでは一般に内部に物品を並べた建物で
あったが、建物の外の露天にまで陳列するようになって、戸外博物館の名称が
用いられることになった。これは博物館の歴史の上で見逃すことのできない大
変な変わり方であると論じている。以下、棚橋が意図する野外博物館の館種に
ついて記していくこととする。

①路傍博物館

　前述した如く新井重三は、「野外博物館総論」[37]において、棚橋が述べた野
外博物館の関連語を挙げているが、この「路傍博物館」については見落としして
おり、木場一夫に至って初めて「路傍博物館」を挙げている。つまり、新井が

記したように「路傍博物館」なる用語は木場の使用を嚆矢とするのではなく、1930 年の『博物館研究』第 3 巻、第 5 号[38]での棚橋の使用が先行するものである。

棚橋は、国立公園の地域内にある小規模の陳列館、自然観察の細道、観望所、地学園、自然動植物園、天然水族館などからできているものを公園博物館と紹介し、さらに何か特別重要な資料のある場所には、小さい路傍博物館を設けるのがよいとしている。

〈米國に於ける路傍博物館に就いて〉米國では數年前から児童の教育のため、路傍博物館と云ふものが盛んに行はれて來た。小學校の理科教授や少年團の指導上参考にする價値があると思ふから、その一班を紹介する。

〈米國最初の路傍博物館〉ニューヨーク州パリセイヅ國立公園内に設けられたものである。この路傍博物館は、紐育市から約四十哩を離れた國立公園内の森林と牧場約四十エーカーの土地の使用権を得て實施されたものである。この新教育施設は、戸外博物館の一種類と見做すべきもので、紐育市のあめりか博物學博物館のキューレーター（學藝員）フランク・リユツツ氏が、一九二五年初めて試驗的に施設し、同年夏季初めて一般公衆に公開したものである。（傍線は筆者）

紀元前エジプトのアレキサンドリアに出来た世界最初とされる博物館は、森の木立そのものが博物館であり、そこで学者達が談じつつ逍遥することのできるものであった。この米国の国立公園に設けられた戸外博物館もこれに類似しており、小路に沿って掲げられた説明札を友として愉快に見学し、森の小路を迷わず逍遥できるとしている。

また米國博物館協会が戸外教育委員を置き、路傍博物館施設を実行するに至った主眼目は、小博物館の内部よりは寧ろ建物外の自然を民衆に充分理解させようとすることであった。路傍博物館を諸所に建設したのはこの思想に基づいたものであり、これにより観察研究上の適当な指導を得て、最も興味あり価値ある地点へ旅行者を導こうとするものであった。風光の明媚なこと、山水の秀麗なこと、我が国においても観光や研究のための外客を誘致するために、将来ますます国立公園を増設し、その設備の一つとして適当な場所に登山博物館、戸外博物館を建設して、国民の教育と共に、観光客や研究者の便に資するようにしなければならないとしている。これらのことから考えて路傍博物館とは我

が国の国立公園などに設置されたビジターセンター的なものであることが理解できるものである。

棚橋は、『博物館研究復興』第2巻、第1號[39]の中で国立公園の戸外教育施設を論じている。「文化立国を標榜している我が国の文化施設の中で、実物教育機関の如く不備不振を極め、充実完成の急を要するものは恐らく他にあるまい」とし、その中に主要観光地及び国立公園等における教育的観覧施設の整備充実も含めている。「国家の財政上の事情を考慮して、とりあえず全国各地の国立公園に於ける戸外教育施設を取り上げ、適当な機関に於て完成充実を急ぎ、近く国交の回復を待ちかねて、本邦に殺到する観光外客に備えることは最も機宜を得たものである。蓋し国立公園内に於ける博物館・地学園・自然動植物園・天然水族館等の施設は、都市に於ける公開博物館動植物園のように莫大な資材を要するものではなく、その建設完成が比較的困難でないから」という理由を論述したものであった。

我が国の国立公園にはビジターセンターが隣接していることが多いが、白神山地ビジターセンターのように訪れた人々に多くの情報を発信し、教育諸活動を行なっているビジターセンターもあれば、劣化した動物の剥製や、褪色した写真パネルの展示でビジターセンターとしての役割を十分に果たしていない施設もあり、様々である。この論文が発表されてから60年近く経つが、我が国における国立公園等の戸外博物館の発展はみられなかったと言えよう。

②戸外博物館

前述の如く、野外博物館を意図して「路傍博物館」を使用する一方で、棚橋はその著『眼に訴へる教育機関』[40]において「戸外博物館」と命名し、以下の如く論じている。

〈戸外博物館の発達〉アウト・ドア・ミュージアム、即ち戸外博物館の問題である。これは本邦の古社寺や史蹟、名勝、天然紀念物保存事業と関係のある施設で、博物館の内に持ち込めないやうな大きい古建築物とか、或はその他の歴史的遺物、或は天然紀念物の類を戸外に保存して、公衆の観覧に供せんとする新らしい施設の一つである。土俗、歴史、考古学の博物館には、古い物を蒐集して館内に陳列してゐるが、昔の農民の住宅、農舎風車のやうな大きい物になると、博物館の内へ入れることが出来ないか

ら、その博物館の附近の野天にそれを移築するのである。そして建物のみでなく、家具の類までも、在りし當時のま〻に備へ附けて置くのである。土俗を示すためには、その特別な服装をした住民までも、その住宅と一緒に移して来るのである。この企てを一番早くやり出したのは、瑞典のストックホルムのノルディスカ、ムゼーと称する博物館で、スカンセンの戸外博物館と称してゐる。

　〈スカンセンの戸外博物館〉この博物館はノルテイスカムゼーの本館から遠くない小高い公園地に設けられてゐる。それが同博物館の附属になつたのは、1890 年である。此處には 114 の種々な建物で以て瑞典の歴史や民俗が示されてゐる。<u>そして其等の家屋の多くは、全國各地から本物を移築したもので、極めて少數のものは模造したものである。</u>此處には農民の住宅や農舎ばかりでなく、農民及び農業生活に必要な戸外のすべての附属物並に種々な記念碑、鐘楼、尖塔の類が設けられてゐる。そしてその目的の一つは、瑞典の各地に於いて、各時代に行はれてゐた種々な建築法を紹介せんとするにある。この戸外博物館は著しく世間の注目を引き瑞典を始め諸國に於けるこの種の博物館陳列方法の模範となつた。スカンセンの戸外博物館が創設されて、一たび世界の注意を惹いてから、その影響として各國に同様の企てが盛んに起つて来た[41]。（傍線は筆者）

ここで初めてスカンセンについての記述が見られる。つまり棚橋はスカンセンを戸外博物館と呼称したのであった。また、展示された家屋に模造が含まれていると論及している点は特筆すべきであろう。さらに同著において、以下の記述もみられる。

　〈戸外博物館に對する新舊兩思想〉由来博物館は、蒐集に重きを置いて来たのである。即ち博物館は世界の何れの場所に存在する物をも、館内に蒐集することに腐心し来つたのである。然しながら近來に至つては、館内に陳列品を集めようとする思想とちやうど反對側をゆく思想に、多くの注意が向けられる〻こととなつた。要は戸外に於いて自然のま〻に存する物を陳列品としようとするのである。さはいへ、戸外博物館なるものは、決して新奇なものではなく、既にストックホルムのスカンセンに久しい以前から有名なものがあるのである。然しながらスカンセンでは戸外に存在す

図Ⅰ-3　棚橋が見たスカンセンのラプランド人の土間小屋（『眼に訴へる教育機関』1911）

図Ⅰ-4　棚橋が見たスカンセン戸外博物館（『世界の博物館』1949）

　るものを、そのまゝ利用するといふよりは、寧ろそれを特に戸外に据附けて博物館としての作用をなさしめんとしたのである。新らしい思想から云ふと、戸外博物館なるものは、特に戸外へ物を陳列するのではなく、既に戸外に存在する物を單に利用するに過ぎないのである。かういふ原則から推せば、何れの博物館も、戸外に存在する自然物なり、人工物なりを博物館の見地から説明紹介すれば、それで或る程度まで戸外博物館となり得るのである。

　然しながらこの職能たるや、全然新しい様式のものを造つて、それで以て戸外博物館の事業を蠶食しようとするが如きことは萬々なく、明かに戸外博物館に對する補充施設の一とし、博物館の屋外に於ける餘計の事業として、將來ますますその作用を發揮することになるであらう[42]。

　さらに棚橋は戸外博物館を、自然科学戸外博物館、歴史の戸外博物館、美術の戸外博物館に分けて説明している。自然科学戸外博物館として、戸外には科学分野において豊富な材料があり、公園には好陳列品が備わっている。山川の地質学的状勢、岩石、鳥類、昆虫、植物等は何処にでもあるが、多く人はそれを認識せずにおり、その説明は博物館が任ずることになっている。市内に在る樹木に説明札を附けたり、国立公園に小路傍博物館を造り、自然界における自然物をその場その場で説明することを挙げている。

　また、歴史的に古い建物を小博物館とするところが多いが、その建物に関係のない材料を陳列する常設展覧場にしてしまうのは面白味がないので、その建

物の時代にあった家具を陳列し、時代の有り様を見せるようにするべきである
と説明している。したがって、歴史的建築物は、博物館収集品を容れ置くとこ
ろではないとしている。今日我が国の歴史的建築物を博物館に転用し、公開保
存する方策は多く見られるようになっているが、展示されている資料はその建
物に関連したものであったり、全く関係の無い資料が展示されていたり、統一
されてはいないのが現状である。棚橋が述べているように、その建物に関連し
た資料を展示するのが得策であろうが、第一義に歴史的建造物を保存するとい
う目的においては関連資料の展示ではなくても、博物館として、ギャラリーと
して、あるいは他の目的であっても、まずその建築物を残していくことが重要
であると考える。

　さらに町村戸外博物館は郷土博物館の一変形と見なし、これらの建物は全く
異なる環境へ移築すれば無意味なものとなることを指摘している。博物館の資
料はそれが置かれていた環境を失っているものが多く、そのために臨場感の欠
けた展示になってしまうのが一般的であるが、古い建物は原地に保存すべきで、
そのものが置かれていた環境に保存することに意義があり、他の土地に移築し
てはならないということを論じたのである。

③歴史的家屋博物館

　棚橋は、偉人の住家・城郭など歴史的に由緒ある建物を保存して博物館に
したものについては、建物そのものが貴重な陳列品であり、現状のまま本来
の場所に保存すべきで、建具・家具・調度などの屋内設備も当時のまま保存
して、見物ができるようにすべきであるとする考えも明記している。さらに、
建物が破損したときは必ず当時の古い材料を用いて修繕し、原形を失わない
ようにし、その内に収容・保存陳列する家具その他の品も偉人と直接関係の
ある本物の資料でなければならないことを論じており、これは共通認識と言っ
てよいであろう。

　しかし、博物館事業に理解のない人が関与すると建物に間仕切りをしたり、
採光をよくするために窓を改造し、建物と関係のない品物を持ち込んで陳列し
ていることが多いと指摘し、これは真の教育的利用でなく、容れ物に使われた
に過ぎないとしている。この指摘はまさに文化財の修理・修復のあり方の基本
であり、理解のない改変によって資料価値が失われてしまうことを危惧したも

のであった。

④地下博物館

棚橋が明記した地下博物館とは、古い鉱山で廃坑になっているものなどに適当な設備をして、公衆に見せているもので、アメリカにはこの地下博物館が1、2ヵ所公開され、我が国の炭鉱跡などがこれに分類されるとしている。実例としては大牟田市石炭産業科学館、いわき市石炭・化石館、夕張市石炭博物館など、全国各地に散見するが、これらは所謂野外に出ていないということもあり、野外博物館として見なされていない傾向にある。

⑤戸外文化財

次に「戸外文化財とは、考古学的歴史遺品や建造物、ならびに史蹟名勝天然紀念物で、学芸の研究や教育上に値打ちがあるということから保存されている文化財の中で、その物の性質上どうしてもこれを博物館や、動植物園に持ち込めないために、そのまま戸外に保存されているものをいう。民俗園は古い建物を各地から博物館の附近に移築保存し学校教育に資するのに対して、戸外文化財である歴史的建造物・天然紀念物はその周囲との関係上、原地にあってこそ深い意味がある」としている。

天然紀念物である動植物学・地質学・古生物学関係のものを、原地に現状保存し、利用するという試みは 1906 年にドイツで始められ、我が国においても1911 年に故徳川頼倫侯の発起により、史蹟名勝天然紀念物保存協会が設置され、1919 年に史蹟名勝天然紀念物保存法が公布された。「戸外文化財は同じ実物でも、博物館に陳列されていたり、動植物園・水族館に飼育され、栽培されたものに比べると、生き生きとしていて教育上の効果は比較にならない」と述べ、「動植物ならばそれが住んだり、生えたりしている原地で、生きた実物に触れて観察したり、聞いたり、かいだり、味わったりすることができ、館内の枯れた見本や液づけの標本、蝋製模型など、遠くおよぶところではない。考古歴史的遺品、建造物、遺跡もその昔からあった原地では周囲との関係を考えたり、ありし昔を想像することもでき、博物館で離れ離れに陳列し、寸法を縮めて小さい模型にして見せてあるものに比べると非常な違いである」としている。これは原地保存つまりそれを取り巻く環境と共に保存されてこそ意義のあるものという理念に基づいたものであり、可能な限りこの方策が採られなければな

らないことは確認するまでもない。博物館に展示された資料の多くはそれが置かれた環境から切り離されており、この点を最大の原因として結果的には臨場感の欠けた無味乾燥な展示となっているのである。

⑥民俗園

民俗学資料の陳列は館内だけでなく、博物館に接続して民俗園を設け露天陳列をしなければならないとしており、世界戸外博物館であるスカンセンを理想の民俗園（Folk park）と紹介している。我が国の民俗園として石器時代から現代までの各時代の建物を移築したり、模造して、そこにその時代の民具を収集し、当時の服装で仕事をさせ、地方的季節料理を提供させることを提案している[43]。

　この民俗園は、人類学博物館と共に、東京の中心から余り遠くない交通の便利な高台で、東京湾を見おろして、ながめのよい所に設けたいと思います。そして園内へは、石器時代から現代までの各時代の建物、たとえば石器時代の竪穴住居や上代家屋の実物大模型、室町時代の町家の実物大の模型、飛騨白川村の大家族が一緒に住んでいる民家、村中の婦人たちがお産に行く不浄小屋、江戸時代の農家、家庭の蚕糸取り場と機織場、古風な陶器工場、木竹工場、紙すき場、水車場、染物屋（こう屋）、時の太鼓、やぐら、一里づか、道しるべ、道祖神、宿場の本陣、数奇屋風の茶室、昔の街道の茶店（菓子・団子・もち・甘酒の類）、居酒屋（日本酒、季節的一品料理）、畫食所（季節の郷土料理）などの本物を、各地から園内へ移して来たり、または昔の本物そっくりに模造したりするのです。そしてその時代の本物の家庭用具、農具、糸取り器械、木竹工具などを集めて、それぞれの建物へ配置したり、取り付けたりするのです。陶器焼き、紙すき、蚕の糸とり、機織、木彫り、竹細工などは、職人をその地方から呼びよせ、家族と共にその建物に住まわせ、その時代の服装で仕事をさせて入場者に見物させ、造った陶器、木彫りのおもちゃ、竹細工、和紙の類は、その場で見物人に賣らせるのです。また、茶室、茶店、居酒屋、畫食所でも、それぞれの職業の人を出張らせるか、住まわせるかして、まっ茶、菓子、団子、もち、日本酒、甘酒、地方的季節料理などを、なるべく清潔に取扱わせ、安価に提供させて、民俗園の呼び物の一つにしたいものです。

このように棚橋はスカンセンを見学した時にかなりの感銘を受け、ぜひとも

我が国にもスカンセンのような民俗園の実現を望んだ。これは民俗園の詳細な展示案からも理解できよう。野外博物館では、その地方の郷土食を体験できることがとても重要であり、必要なことであるが実際には我が国の野外博物館で郷土食を味わえる博物館は少ない。これは野外博物館に限定して言えることではなく、屋内博物館においても附帯するレストランの多くが一般のレストランのメニューと変わりなく、その地方の郷土食を提供しているところはあまり見られないのが現状となっている。食文化はその地方の特色を強く反映しているものであり、移設収集型の野外博物館などは各々の地方の建物において各地方の郷土料理が味わえれば、さらに個性豊かな地域色の濃い博物館の確立が見られるものとなろう。

⑦考古学園・戸外文化史博物館・地学園

考古学園の紹介では「海外諸国には先史時代民族居住跡、発掘地洞穴・石灰洞・湖上生活の跡・貝塚・ドルメン・ストンヘンヂなどを挙げ、巨石建造物等が考古学遺跡として保存展覧されている」としている。我が国においても静岡県登呂遺跡、北海道網走市のモヨロ貝塚が考古学園として、学芸の研究・教育上に利用できることを提案している。しかし、教育・学芸上価値の在る史跡で戸外博物館として一般公開するには、その重要な資料をみだりに持ち去られないように盗難防止の垣と出入り口の門衛が必要であり、その面積に相当数の監視人を置き、また、図入りの簡単な説明案内書を出入り口で販売し、観覧者の便利をはかっている。有名なものにアテネのパルテノン神殿がある。『世界の博物館』[44]の「異彩を放つ欧米の地方的博物館」の中で、ポンペイ発掘都市は異彩ある戸外博物館の一つとして見なすべきものであるとしている。近年、戸外博物館が発達してから、博物館の意義が拡張され、ポンペイも発掘地全体が一つの戸外文化史博物館として見なされるようになったのである。このように棚橋は史跡を広義の野外博

図Ⅰ-5　棚橋が見た整備されたポンペイ遺跡
（『博物館・美術館』1957）

物館として捉えているのであった。

　地学園としての事例紹介は、米国での国立公園などに現存する温泉・火山・岩石・地層上の変化による、地学上価値の在る地域に適当な設備をし、教育上盛んに利用していることを挙げて、我が国にも設置すべき候補地が非常に多いとし、後年、新井重三はこの地学園を野外博物館の主翼とし、重きを置いて研究をしたが、我が国における地学園の成功例は少なかった。

⑧スカンセンと復原展示

　世界最初の戸外博物館スカンセンについては『世界の博物館』[45]に論述されている。

　　博士の意見では、昔の生活状態を示すには、陳列ケース内に物品を羅列したり、或集團式の時代陳列室を設けたりしただけでは充分でない、宜しく館外の適當な土地に昔の建物を移築して、それへ當時使用してゐた本物の家具、調度、衣服、器物の類を配し、取附けなければならぬと云ふのであつた。一八九〇年には博物館前、丘陵の島の上の舊宮廷鹿林の一小區劃が博物館へ下賜され、茲に始めて博士が豫ての理想を實現する機會を得、數年ならずして小規模ながらスカンセン戸外博物館が出來たのである。この庭園は丘陵をなし、流れや湖があり、眺望も絶佳で、戸外博物館に缺くことの出來ない必要條件を備へてゐる。ここへ瑞典、ノルウェイその他の各地から、昔の農民住宅、小百姓の住宅、領主の館（略）百十四の建築物が移築又は再建されてゐる。建設を始めてから餘程後まで、これ等諸建築物を集めて何にするか、即ち昔の一つの町に造りあげるとか、或は田舎の村にするとか云ふ、何人の計画もなかつたらしい。併し各建物の内部設備、家具の類は何れも完全して居り、建物の外にもスカンディナビア産の家畜や野獣が飼育されてゐる。現在のところスカンセンは大體に於て觀覧者を古い町地區から町の場末へ、それから園の奥の方の一層原始的建物へと次第に進ませるやうに出來てゐる。（略）特殊民族の生活に關するこのやうな施設は、觀覧者に鮮明適確な印象を與へてゐる。例へば製粉所の附近では甘味な粉の香りを、また澁工場の側では鼻を衝く澁の臭を嗅がされる如きもその一つ、そしてこれ等の努力に依り、見物人に對し、それが各家屋や工場に於ける特殊の服装であることを示すばかりでなく、同時にまた舊

い時代の大衆の通常服装であつたことをも想はしめるのである。（略）この戸外博物館創設の目的は既に述べた通り、一般の各國の民俗や、並に文化を紹介し、各時代に於ける建築法や知識としようためであるが、その獨得の陳列方法は、著しく世人の注目するところとなり、更に諸國に於けるこの種施設の模範となつてゐる。（傍線は筆者）

　このようにスカンセン野外博物館については、動物の飼育展示・臭覚に訴える澁の臭いという野外博物館には重要とされる五感に訴える展示技法の必要性をすでに指摘している。我が国の野外博物館の中にも北海道開拓の村のように動物のいない牧場や、博物館網走監獄の人形による展示では動感・臨場感は欠落し、所謂時の止まった展示となるのである。それに対して愛知県三州足助屋敷の牛の飼育展示や、琉球村の水牛の展示は臭覚、視覚、聴覚に訴えるものとなっており、五感に訴える動態展示の好例であろう。これは野外博物館であるからこそ可能な展示であり、積極的に取り入れることが望まれるものである。

　特筆すべきは、スカンセンに複製が含まれていることを記述していることである。前述の②戸外博物館〈スカンセンの戸外博物館〉に「そして其等の家屋の多くは、全國各地から本物を移築したもので、極めて少数のものは模造したものである。」と、⑧スカンセンと復原展示に「昔の農民住宅、小百姓の住居、領主の館（略）百十四の建築物が移築又は再建されてゐる。」と論じており、さらに『博物館・美術館史』[46]においてもスカンセンの展示に複製が含まれていることを論じている。

　　ストックホルム北方博物館の創立者アツエリウスは、歴史資料の陳列は、ケース内の展示や時代室だけでは充分でないとして、戸外博物館を思ひたち、一八九〇年博物館隣接の王家の御料地スカンセンの丘陵を手に入れて、スエーデンその他の原地から、古い建物を移築して民俗園を設けた。この民俗園の地域は次第に擴張され、それへ原始的な農民夏期居住地山岳地夏季酪農場の復原から始めて、各種の民族資料を歴史的發達の順序に移築することにした。陳列物は原地から移築した本物と復原した物とから成り、すべてゞ百十五の多きを算するに至つた。最初が古式農家の原物・玉石壁の農舎・兵舎・炭焼小屋・製粉風車小舎・製麻小屋・鍛冶工場・ラプランド人の居住部落・夏季別荘・古教會堂・一里塚石等で、内部備えつけの家

具用品・地方的服装をした住人・家畜までも建物とともに移されている。(傍
線は筆者)

棚橋はこのように、スカンセンは実物資料を移築しただけではなく、複製も
展示していることを指摘している。この観点からの指摘は藤山を除く他の研究
者には見られないもので、棚橋の博物館学的意識の高さを端的に表しているも
のと言えるのである。しかしこの時点においては、「各種の民族資料を歴史的
發達の順序に移築することにした」とわずかにその理念に触れてはいるものの、
アートゥル・ハセリウスの複製展示の理念までは言及されていない。

第4節　藤山一雄の野外博物館

名古屋市博物館『新博物館態勢』(1995) によると、藤山は東京帝国大学を
卒業後、1939年に満州国国立中央博物館副館長に就任した人物である。欧米
に倣い、社会に積極的に働きかける教育・普及活動である「博物館エキステン
ション」を展開し、新しい博物館を目指したのである。藤山が中心となり手が
けた民俗博物館は日本人が初めて着手した本格的な野外民俗博物館であった。

1937年7月の辞官を機に満州国に関する随筆『帰去来抄』[47] を編み、そこに
収録された「博物館小考」は満州国国立博物館開館後の1935年の脱稿で、藤
山の最初の博物館論である。そこには国立博物館を「特異性なき骨董倉」と非
難し、のちの『新博物館態勢』の考えの原形が見られ、スカンセンを模した博
物館の必要性も論及したのであった。

1940年10月に刊行された代表著書『新博物館態勢』[48] は、満州国で日本人
が初めて博物館を論じた市販の単行書である。藤山自身「私は博物館のことは
ずぶの素人であつて」と謙遜しているが、それは19世紀の欧米で展開された「博
物館エキステンション」を積極的に実践するものであり、「単なるモノの展示場」
としての博物館ではなく、教育機能と研究機能の両方を兼ね備えた新しい博物
館を目指したものであった。藤山は博物館の教育機能も研究機能も共に国民へ
のサービスとして位置付け、その結果、博物館をサービス機関と見なし、学芸
官に対しては「所謂"専門の穴"に隠れるな、博物館は研究も勿論必要であるが、
常に文化の指導者として、教育者として、サービスに専念せねばいけない」と

考えた。故に藤山の博物館理論は現代博物館理念に近いものであり、この『新博物館態勢』の考えは藤山が副館長を務めた満州国国立中央博物館で実践されたのである。

この博物館は、満州国国立博物館と満鉄教育研究所附属教育参考館を統合して1939年の官制施行を機に活動を開始したが、日中戦争に伴う庁舎払底と資材統制により、新設の施設を即座に持つことができなくなり、「庁舎なき博物館」を標榜とした「博物館エキステンション」として様々な活動を展開した。これは利用者を待つのではなく、積極的に社会に働きかけるという博物館活動で、学芸官も博士・学士クラスを擁したものであった。

満州国国立中央博物館は後の博物館友の会の先鞭となる「満州科学同好会」を組織して例会を開催し、また「満州生物学会」の事務局を博物館に置いて外部学会との連携を図った。この満州生物学会は第4回総会まで満州医科大学に事務所を置き、月例会を開催し年4回会報を発刊したが、第4回総会で新京会員有志であった木場一夫らによって事務所を国立中央博物館に移すことが提起され、その後可決されたという経緯を持つものであった。これによって国立中央博物館は外郭団体となり、学芸官遠藤隆次が会長を務めたのである。また、小中学校の学習機械化を図るために、標本・映写機・フィルムを携えて巡回する「移動講演会」を開催したり、「現地入所科学研究生」として現役の小学校教員を博物館に一定期間受け入れて、標本整理・講義・実験の指導を実施したりした。さらに、一般市民の「智的啓発・情操滋養・科学知識の大衆化」を目的として、国立中央博物館直営の中心的教育活動である「博物館の夕」で通俗学術講演会、映画、音楽会を開催したのであった。

「科学ハイキング」としてレクリエーション的性格を兼ねた野外自然観察会や特別展覧会を開催し『国立中央博物館時報』[49]・『満州帝国国立中央博物館論叢』[50]・『満州民族図録』[51] などの文献を発行した。これは「博物館エキステンション」の一貫として利用者向けの定期刊行物の発刊意図があったが、『国立中央博物館時報』は1939年の第1号から1944年の第23号までの刊行で定期刊行にはならなかった。しかしその内容は学芸官を中心とした執筆陣で構成され、満州科学同好会の頁も加えられた会誌的性格も備わったもので、科学教育を強調し、明治以来の日本の人格教育中心主義を批判したものであった。こ

れらの教育活動の対象は移動講演会を除いて日本人の成人を対象としたものであった。

国立中央博物館官制は「学芸官は館長ノ命ヲ承ケ資料ノ蒐集・保存・展覧及其ノ研究ヲ掌ル」（第5条）として学芸官の研究を掲げており、その成果は『満州帝国国立中央博物館論叢』[52]に発表されている。藤山は学芸官ではなく、副館長と人文科学部長事務取扱を兼務し、民俗展示場の企画案と民俗調査を行なった。

藤山は「多くの日本人は『博物館』を骨董品の陳列場位にしか考へさせられてゐない。実際何処の博物館に行つても仏像とか古刀、甲冑、陶器、瓦のかけら、乃至古書画等が塵のかかつた硝子戸棚に雑然と監禁、拘束されて居る。博物館は『生きて居るもの』でなく、それ自体が冷たい棺桶のやうな感を与へる」と日本の博物館を批判している。

また、満州国の各地に建設された小規模博物館施設について「近代博物館の水準に達せざる地方小博物館」「単なるモノの展示場」と見なし、「一刻も早く博物館法を公布し、一定の規格を与へ統制するか、或は中央博物館の分館として、新態制を執らないと日本に於ける如く、将来総力的な活動を阻礙される禍因となりはしないかと心配する」と表明し、国立中央博物館時報第16号に「小型地方博物館の組立て」[53]と題し、棚橋源太郎の『眼に訴へる教育機関』[54]で紹介されたベール・コールマン "Manual for Small Museums"[55]をアレンジして、満州国における地方博物館の近代化モデルを提示したのである。

藤山は、東京帝国大学在学中、北海道に酪農指導に来ていたデンマーク人農家で労働に従事し、その経験から得た知識・技術・生活様式から、食生活の改善こそが新しい日本の創造に至ると確信するのである。この文化生活、合理性が藤山の考える「生活芸術」の始まりであり、デンマーク農業の研究、及び『森の生活―ウォールデン』の試みとなっていく。この思想と実践記録は『清貧饗盤抄』[56]・『住宅芸術』[57]として刊行された。渡満後はそのテーマは産業の改善、新しいタイプの農業創出に移行し、そのモデルは国立中央博物館の民俗博物館で実践されたのである。この満州国の民俗博物館は藤山が中心となって手がけた博物館であり、1929年の渡欧の際に見聞したスカンセンを範としたもので、「現住諸民族の生活を如実に展示し北圏生活を自然に順応せしめ、合理化して

生活文化の水準を向上せしめようとする」「生活試験場ともいふべき機関」として目指したものであった。

1946年の引き揚げ後は、自分の作品を展示する美術館を建設するという計画以外、博物館に関わることはなかったが、民俗博物館構想の目的であり悲願であった、日本人の食生活の改善と新しい農業の創出を実現させることに奔走したのである。しかし、それ以降の時期を除いて藤山の人生の中で、国立中央博物館在籍期間が最も長く安定しており、充実した時期であったと言える。

1955年以降は、山口県の町村合併促進審議会委員、農山漁村振興対策審議会委員、町村合併調整委員、新市町村建設促進審議会委員、農業会議会員、農業改良委員会専門委員、公明選挙推進協議会会長等の各種公職に就任したが、前述の如く、博物館に関係した職務に就くことはなかった。

これまで述べてきた野外博物館論とは違い、藤山の民俗博物館は構想だけに留まらず、実際に野外博物館としての民俗博物館を実践したものであり、その意義は大きいと言える。以下藤山の野外博物館について考察する。

①露天博物館

藤山は『新博物館態勢』[58] の中で、野外博物館を露天博物館と呼称し、その概念を詳細に記している。

　　一、文化縮図（略）或はアテネのアクロポリス博物館の如く、古代文化遺跡地の出土品のみを収蔵、展示する考古博物館、ストックホルムのスカンセン、或は和蘭のアルンヘムの如く特殊な歴史的、土俗を展示するため廣大なる地域に跨る露天博物館、（略）各都市に一つの大きな博物館を有しない所はないし、又その建築もその國家を代表する型態の美を極め、その國民、市民の關心も博物館にかゝつて居ることは言ふまでない。

　　二、その使命（略）グランド、キャニオンを一眸に収める台地にホテル・エル・トバールと、博物館とを設けて居る。博物館といつても、絶壁の最端にちよつぽりとあぐらをかいた小石とセメントで積み上げたインデアン風のコッテーヂに過ぎないが、然もこの小屋がグランド、キャニオン観光客の自然科學的欲望を充分に満足せしめるアメリカ的常識設備を完備し、ギャラリーを一周することによりて、グランド、キャニオンに關する人文及び地文地理學の幾冊を讀破するに勝る効果をあげさせる。疲れた眼をあ

げてひよつと窓をのぞくと、窓外には幾千尺の斷崖をなす大峡谷が上下流を通じ、三〇哩に展開する大観を俯瞰することが出來る。實にこの小屋は實際と標本とそして理論とを綜合して居るのである。スエーデンのストックホルムに近きスカンセン博物館は博物館といふものの再認識を促す一存在である。(略) ストックホルムのスカンセン博物館の如き一つの建物ではなく、大きな自然の一角を占める世界の縮圖であつて、山あり、耕地あり、入江の一角には古代の海村が現存し、古風な住宅には、昔ながらの生活が展開せる土俗博物館である。(略) これだけかいたので、博物館は静態的でもあるが、又動態でなければならんことが理解される。古きを温ね、將來を創造する魂の工場でなければならないのである。(傍線は筆者)

さらに、「民俗博物館について」の章で「スカンセンはその面積に於てあれより少し狭いが地形多様性で、岩山あり、湖水あり、森林あり、その間に數世紀に互るスカンヂナビア各地方の郷土色豊かなる住宅、その外の古建築が地形に應じ、模造、又は移築せられ（傍線は筆者)」とここでスカンセンに模造が含まれていることを明記しており、前述した棚橋と同様に他の研究者には見られない鋭い観察力を読み取ることができる。藤山は1929年に渡欧した際にスカンセンを見学し、これまでの博物館に対する概念を再認識したと同時に、まさにその時に受けた感銘が後に手がけた満州国の民俗博物館構想の範となったのである。

また、慶州博物館については慶州の町全体を一つの「露天博物館」としてとらえ、「露天展示場」のある郷土博物館についても説明を加えている。

これに対して後藤和民[59] も「今日の新しい"野外博物館"や Ecomuseum の観点を先取りしていることに敬服させられる」と述べているように町並み全体を博物館として捉えた発想には驚かされるとともに、藤山の博物館に対するスケールの大きさを感じとることができるのである。この思想は満州国の民俗博物館構想にも大きく反映されていったのである。

前述のようにこの民俗博物館はスカンセンを範としており、「現住諸民族の生活を如実に展示し北圏生活を自然に順応せしめ、合理化して生活文化の水準を向上せしめようとする」「生活試験場ともいふべき機関」として目指したものであった。また満州における民俗、この国の文化に存する残存物 Survival

図 I-6　藤山が見た北方博物館（現北方民族博物館）
（『新博物館態勢』1940）

inculture を丹念に収集保存して、可及的に体系化し、科学的研究の客観的対象にすることであり、日本の満州移民政策問題と密接にかかわって構想されたもので、現実社会に存在根拠を具体的に有した、実用の博物館であった。

この民俗博物館は「廣域の博物館となせば廣大なる点において断然世界一となるであろう」と推測しており、「公園は自然的景観のうちに人文景観を点綴することによりて初めて完全するのである、近代の所謂公園施設は余りに人工に堕する傾向があるが、少くも民俗博物館構内はなるたけ自然の生長に委する景観の展開が望ましい」とし、植樹も樹齢の高い楓、白樺を選び、百年の大計としている。これは野外博物館の基本的な理念を指摘したものとして評価されるものであろう。また、棚橋源太郎に続き、「路傍博物館」という名称を使用しており、木場一夫以前にこの語を使用した者は二人いたことになる。

藤山は国立中央博物館大経路展示場の形態についてこれを「路傍博物館」の一種と見ており、相当大きな意義を持っているとしている。

②棚橋の概念とは異なる藤山の「路傍博物館」

『博物館研究』第17巻、第14號（1944年）「満州國立中央博物館態勢」[60]に『路傍博物館』という用語が使用されているが、ここでの『路傍博物館』は野外博物館を指すものではない。

　　満州國立中央博物館の展示場である大經路展示場は主室の面積460平方メートル、別室230平方メートルの狭隘さで、謂はゆる<u>路傍博物館</u>の一つに過ぎないが、小なりと雖も、國都に於ける博物館の嚆矢を承り、文化施設の貧困な都市とて相当大きな意義と効果を有する。（傍線は筆者）

第Ⅰ章　野外博物館研究史　43

　この文面から考察して、路傍とは路ばたの小さなという意味合いで使用したものと思われる。野外博物館である民俗展示場については以下の如く述べている。

　　南湖南畔の見姻族展示場は、未だ公開してはゐないが、學者、研究者には特に参観を許してゐる。これは、國内原住民の生活生態、舊慣古俗等を維持保存し、二つにはその生活様式の暗示によつて文化水準の昂揚に資せんとするもので、最近第一號館として、北満の代表的大農家たる濱江省阿城縣昌號屯の張百泉氏宅弟、康徳六年十月現在のものを模造したもので、東西七〇メートル、南北約九〇メートルの大土堡内に正房、東西廂房碾子、車房、穀倉及び納屋等を有し、外観はそのままであるが、内部は多少改造して、民俗研究室、生活生態展示室、民藝展示室及び文庫等に充ててゐる。

また、ハセリウスの構想によるスカンセンについて、「彩しい民藝品の蒐集、保存、及び展示により、博物館に全く新生命を吹き込んだ。然しながらその大半はものであつて“生活”ではなかつた。私は更に進んで“生活”を展示したいのである。」としてスカンセンを越えた野外博物館を目指したものであった。

　しかし1941年になると民俗博物館計画は急速に停滞し、結局中止に追い込まれていった。しかしその後も民俗調査は続けられ、烏拉調査においては「烏拉の如きはその集落及び環境全体が一の展示資料として高い価値を有する」として集落全体を野外博物館あるいはエコミュージアムとして捉えている。このことからも藤山の野外博物館に対する思い入れと憧れを強く窺い知ることができよう。

　前述した如く、満州国国立中央博物館副館長であった藤山によって、1940年に『新博物館態勢』[61]が刊行された。それは満州国において日本人が博物館を論じた市販の単行書としては初めてのことであった。また、『帰去来抄』[62]は1937年に辞官した際に満州国に関する随筆を編んだ書であるが、『新博物館態勢』の考え方の原形が見られ、すでにスカンセンを模した博物館の必要性も説いているものであった。したがって藤山が博物館に求めたものは従来の「単なるモノの展示場」ではなく、「生きた博物館」「生きた民俗博物館」であったのである。

第5節　木場一夫の野外博物館

　次に木場一夫の野外博物館について考察するものである。木場は野外博物館を自著であり、名著と称される『新しい博物館』[63] の中で路傍博物館と呼称している。自然研究や戸外教育の実施として路傍博物館の設置は学校教育及び社会教育の面から重要であり、その路傍博物館は国立公園の中だけでなく、都市近郊の自然景域をもつ場所に設置できるとしている。

　　路傍博物館（Trailside Museum）は近代の誕生であつて、アメリカ合衆國におけるその誕生と顕著な發達はこの三十年以内のことである。その最初のものは一九二一年にカリフォルニア州のヨセミテ渓谷におこつたもので、アンセル　ホール氏によつて小屋の中でスタートしたが、これがヨセミテ博物館の誕生といつてよい。（略）さて、Trailside という言葉はバンパス博士によつてつくられたものであるが、路傍博物館は野外博物館であるということを寫實的に暗示している。すなわち野外博物館の本質的な特徴は、環境が説明さるべき對象を提供していることであり、そこでは自然が地形・地層・野生生物あるいは人類が殘した考古學的または歴史遺跡の展示を供給しているのである。もつと正確にいえば、路傍博物館は自然観察の細路に沿つて發見さるべきであるが、この名稱はおうざつぱに、館外にあるすぐれた展示に對して、單に補助的である展示品をもつ博物館にも與えられている。しかし野外の自然を正しく理解し活用する精神を十分にくみとつていなければ、路傍博物館の名にあてはまらないといえよう。（傍線は筆者）

このように木場は、自然観察路に対する路傍博物館の関係は極めて重要としており、野外の展示品と室内の展示品とを関係づけることで、自然観察路と路傍博物館が密接になり、両者は不可分のものになり、博物館は戸外でなされている計画に対する知識のセンターと成り得ると解釈したのである。さらに、展示品の選択、展示方法、来訪者に対するサービスが常に野外に存在するものとの関連において考慮されなければならないとし指摘しているのである。

　路傍博物館を始めるには、「その目的に適合した地域選定が重要な問題であ

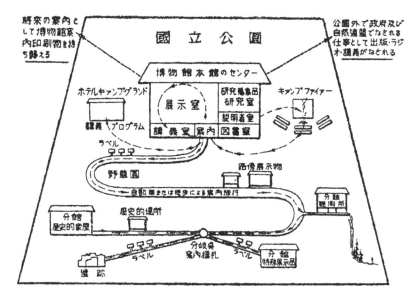

公園博物館における展示物と博物館の一般概念を示す

図Ⅰ-7　公園博物館における展示物と博物館の一般概念（木場一夫『新しい博物館』1949）

り、交通の便なることが有力な要因である」とし、来訪者が興味を持つような諸施設が工夫されなければ、自然観察者を引き付ける自然園とはいい難いとしている。さらに、「地形的にも植物相上の変化に富み、各種の異なった生態環境が見られることが望ましく、路傍博物館はその土地と密接な展示センターであるので、建物自体においても環境に相応しいものが望ましい」としている。

木場の野外博物館の概念は自然系・人文系の両分野に亘るものであり、その両者は密接な関係にあることの必要性を説いたものであった。

公園博物館の仕事を木場は上のように図示している。

「この種の博物館は、二種のタイプである公園博物館と歴史的家屋博物館を含み、前者はある特別の地域の様相を理解する目的のために公園内に置かれたもので、通常の博物館の方法を採用している。後者はもとのままであっても、再建したものであっても歴史的建造物と考えられ、過去の残存物として公衆に対する展示である。公園内に一つ以上の博物館が存在する場合は、本館と分館

が考えられ、本館には展示品が完全に備わり、研究蒐集・図書室が整備され、館員の事務と研究実験室が出来上がった時に公園のすべてに関するものを包含することが可能となる。このようにして公衆に対して知見を与えるセンター的役割をなし、科学者・組織だったクラスの訪問にとって本部としての重要な役目を果たすことができる。また、分館は特別の歴史的な場所、自然の様相あるいは自然現象を示す場所近くに位置する博物館で、それらの展示物の理解を助ける機能を持っている」というのが、木場の論であった。

　以上のことから、「自然路博物館と路傍博物館の構想と実地が近い将来我が国においても実現されることは望ましい」としており、「すぐれた景色に恵まれた代表的な地域である国立公園において、また、都市近郊の地域において規模の大小を問わずにこのような意図を持つ施設が設けられ、サマーキャンプなどの行事を催せば、レクリエーションと自然学習、自然愛護の養成に役立つことは言うまでもない」と述べている。また、「観光日本という見地から我が国における自然物及びその景域、史的関係物を理解するうえに将来必要な施設として関係当局、世人の関心を高めるものである」とし、さらに「都市附近に設置されるべき自然研究のための施設として自然教育園の構想にとっても、路傍博物館における戸外教育の実際が重要な示唆を与えるもの」とした。

　木場の『新しい博物館』は、その後の野外博物館研究において多くの研究者に引用されてきたものであるが、木場自身が自然史系の研究者であることから自然史系博物館に重きが置かれており、分類・体系に至るものではなかったと言える。

第6節　澁澤敬三の野外博物館

①アチックミューゼアム

　澁澤は日本銀行総裁、大蔵大臣など我が国経済界に多大な尽力を果した一方で、幼少からの夢であった学者への道を追うべく、東京帝国大学在学中にアチックミューゼアム（屋根裏の博物館）の活動に傾倒したのである。このアチックミューゼアムを拠点として郷土玩具、民具等の収集・共同調査研究を行ない、未開拓の研究分野を開き、我が国の学問・文化の発展に大きく寄与し、多くの

学者・文化人を育てたことは周知の通りである。また、「民具」という語を確立し、その生涯、常民生活の史料の収集・保存と博物館の建設に尽力した人物である。

澁澤は博物館学の父・棚橋源太郎の教え子であった。澁澤が東京高等師範学校付属小学校に在籍していた時期に、棚橋源太郎は同校付属教育博物館主事に就任しており、棚橋の博物館教育が澁澤に影響を与えたことは容易に想像できる。財界人でありながらその傍らアチックミューゼアムに没頭したのは、日本資本主義の父と称される祖父栄一翁の跡継ぎを余儀なくされ、学問への道が閉ざされたというだけではなく、幼少の頃の棚橋との出会いが、澁澤の博物館に対する素地となって生涯持ち続けられたからと思われる。

『屋根裏の博物館』（横浜市歴史博物館・神奈川大学日本常民研究所、2001）によると、澁澤は、幼少期にアチックミューゼアムの基盤となる「腕白倶楽部」を結成し、後に同人誌『腕白雑誌』[64]、『腕白世界』[65] を発行することになる。東京帝国大学在学中の1918年頃、鈴木醇、宮本璋の3人で自宅物置小屋の屋根裏に動植物標本・化石標本・郷土玩具を持ち寄り展示を始めた。1921年に、アチックミューゼアムソサエティを結成して、郷土玩具を中心に本格的な資料収集・研究を始めた。1927年に、アチックミューゼアムを車庫の屋根裏に移したが、1933年にアチックミューゼアムを新築したため、Attic（屋根裏）ではなくなった。同時に漁業史研究室を新設し、1934年に祭魚洞文庫の新築に伴い、内浦史料編纂室が移され本格的な漁業史研究が始まった。

初期のアチックミューゼアムソサエティの活動は、標本の収集、整理、研究（特に玩具の研究）、文献の収集、特殊旅行案の作成、研究旅行（一村一邑を各方面より研究する旅行案）、また先輩を招じて講話を聞くといった総合的研究を意図していた[66]。

1922年、澁澤はロンドン赴任の滞在中にバンクホリディを利用してヨーロッパ各地を巡り、海外の文化に触れ多くの博物館を見聞し、学問に対する視野を広げた。イタリア美術の見聞は、「ギリシャの美術を低く見たのではなくて、奈良美術を低く見過ぎていたことに気付いた」[67] というように日本美術の再確認を促した。

帰国後、アチックミューゼアムの研究は「チームワークとしての玩具研究」を活動方針とし、昭和初期に流行した郷土玩具のコレクションブームとは一線

を画した、玩具を資料化し学術資料として位置付けるものであった。1929年の奥三河の花祭調査を機に、研究対象は玩具から民具へ転換していくことになり、土俗品（民具）を民俗学的資料として捉え、収集の方向性を示すようになっていった。この花祭調査では16ミリフィルムで映像記録を行ない、報告書、写真、関係資料の収集という成果が初めて揃った調査となり、アチック調査の原点とも言えるものとなった。

　1932年、澁澤は伊豆の三津に療養滞在中に、後の『豆州内浦漁民史料』[68]として刊行された厖大な量の古文書の漁民・漁村史料を発見し、この史料整理に伴ってアチックを拡張し、邸内に漁業史研究室を新設した。この研究室において、これまで民俗学ではあまり研究対象とされなかった漁業技術に焦点をあてた研究がなされたのであった。その調査方法は、農耕儀礼・年中行事を入念に観察し、写真や映画で記録、さらにノートにも記録し、民具は収集するといった、極めて実証的な方法であった。特に探訪旅行で膨大な写真を残しており、それらは現在神奈川大学日本常民文化研究所、澁澤史料館、宮本記念財団に保存されている。またこの『豆州内浦漁民史料』の序文には「論文を書くのではない、史料を学界に提供するのである」と記され、基本方針として資料は研究者の援助を目的とされ、それ以後のアチック刊行物はこの理念のもとに出版されたのである。この『豆州内浦漁民史料』は日本農学会の「農学賞」を受賞し、以後民具・民俗研究に加えて、漁業史研究が日本常民文化研究所の主要テーマとして位置付けられたのであった。

　前述した『アチックマンスリー』には、澁澤自身がアチックの必要性を自問し、「人格的に平等にして相異つた人々の力が仲良き一群として働く時その総和が数學的以上の價値を示す喜びを皆で味ひ度ひ。ティームワークのハーモニアスデヴェロープメントだ。自分の待望は實に是れであつた」と述べている。出版活動はアチックの大きな仕事の一つであり、戦前までのシリーズは、1934年を皮切りに『アチックミューゼアム彙報』[69] 59冊、『アチックミューゼアムノート』[70] 24冊、『文献索引』[71]、『日本国宝神仏像便覧』[72]、『蒐集物目安』[73]、『祭魚洞文庫図書目録』[74] などが刊行され、1945年の『台湾原住民族図誌』[75] が戦前の最後の出版となった。

　このようにアチックミューゼアムは澁澤の私的研究所であったため、若き研

究者は自由に新しい学問に取組み研究成果を発表し、その研究活動は共同調査・学際調査を計画して実施され、多くの若手研究者に個別研究を勧め、さらに日本各地の篤学の士というべき人々に、自身の生活の中から民俗の実態を記録することを奨励し支援したものであった。

　澁澤の研究活動は主に物質文化の研究、文字資料の重視、漁業・漁村研究の三本柱から構成されていた。澁澤は柳田国男の民俗学に対して、柳田が取り上げなかった事象を充実させ、今日一般にいわれる「民具」という語を作り浸透させたのである。日本全土の民具収集を行ない、製作・使用方法を記録、その成果は『民具問答集』[76] として刊行された。

　また澁澤が晩年まで熱意を傾けた仕事に「絵引」がある。絵巻物から貴族・僧侶・武家の文化を取り去れば、当時の常民の生活記録のみが残り、現代の民具で使用目的が理解できないものは絵巻物から答えが得られること、また絵巻物に民具や動作などをみることは事物のクロノロジーを定めるのに有効であるとし、「絵巻物研究会」を立ち上げて作業が進められた。戦争の激化に伴い一時中断されていた絵巻物研究会はその後再開されたが、澁澤自身『絵巻物による日本常民生活絵引』[77] の刊行を見ることはできなかったのである。

　最後にアチックミューゼアム以外で澁澤が構想した博物館はいくつか挙げられるが、全部が実現されたものではない。まず、「延喜式博物館」については1937 年に、我が国の複雑な魚名と実体を明らかにするために、魚方言の収集と整理作業を始め、その成果を『日本魚名集覧』[78] 全 3 冊として上梓した。その研究を進める中で『延喜式』には、水産物に関するデータが豊富に含まれていることに着眼し論文を発表している。『延喜式』を核としてその他の古文献を収集・整理し、「理論づける前にまず総てのものの実体を掴むこと大切である」という澁澤の基本的理念に基づいた研究方法がなされた。『延喜式』は水産物関係のみならず、古代日本を理解するうえで重要な文献でその総合的研究の必要性を説き、「延喜式博物館」の建設を思い描いたが、その実現は困難であり果たすことはできなかった。

　「日本実業史博物館」は祖父栄一の生誕百年を記念し、その威徳を顕彰するとともに近世経済史を展観することを目的に計画された博物館であった。建設予定地は飛鳥山の澁澤邸で、1939 年に澁澤栄一生誕百周年祭の一環として、

澁澤青淵翁記念事業実業博物館の地鎮祭と資料収集が行なわれた。資料の収集は当時澁澤が頭取をしていた第一銀行本店5階の部屋で行なわれた。その後博物館建設が困難となり、澁澤本人の日本銀行副総裁への転出と相俟って資料も転出することを余儀なくされ、旧阪谷芳郎邸を博物館とする計画を立てて開設の準備を進めるが、これもかなわず資料の保存のみの継続となった。

東洋の貨幣の一大コレクションとして世界的に知られた「銭幣館」は、田中啓文が50年かけて収集した貨幣・金融関係のコレクションを保存展示していた個人博物館であり、澁澤は日銀総裁に就任する前からこのコレクションを見学し、その膨大な資料が綿密に網羅され、研究されていることに驚嘆し注目していたのであった。戦争による散逸を恐れた田中からの相談が発端となり、そのコレクションは寄贈されることになり、現在は日本銀行貨幣博物館で公開されている。この「銭幣館」の全収蔵資料を戦災から救い、今日の貨幣博物館に繋げた功績は大きいと言えよう。澁澤自身も「僕は日銀総裁として何もしなかったが、田中さんのコレクションを譲り受け、保存した事だけは良い事をしたと思っている」[79] と回想している。

その他澁澤の指導によって開館した博物館として、1953年の十和田科学博物館、1961年の小川原湖博物館がある。残念ながら小川原湖博物館は経営者が変わり、多くの民俗資料が整然と展示されているにもかかわらず現在閉館中となっている。また澁澤はその他、財団法人モンキーセンターや日本民家集落博物館など多くの博物館に係わったのである。

澁澤は公職追放の身になりながらも、学問の基礎たる史料の滅失に対して、史料を公共のものにするという保存方法を選び、私的欲望にこだわらない澁澤の適切な判断により、今日多くの史料が滅失を免れ残されたのである。「研究をするのではない。史料を学界に提供するのだ」という理念を貫き、学問こそ社会の前進の基礎になるという信念に支えられ、私財を投入して長年収集してきた史料を提供した。その信念は戦前のアチック時代以来収集した漁業・水産関係の史料・図書を中心とした祭魚洞文庫のすべてを東京大学農学部に寄贈したことからも窺われよう。

1950年に施行された文化財保護法に民具も文化財として初めて法的に保護されることが謳われた。1954年には民俗資料が独立部門の位置を確立したが、

これはアチックの民具収集活動によって形成された分類が原点となったものである。1955 年には最初の重要民俗資料の指定が行なわれ、第 1 号に「おしらさまコレクション」が、第 2 号に「背負運搬具コレクション」が、第 3 号に「山袴コレクション」が指定を受けた。このように澁澤の活動が文化財保護に影響を与えたことも高く評価できるのである。

②澁澤が観たスカンセン

　我が国に民俗園の考えが入ってきたのは 1920 年代〜1930 年代にかけてであるが、それは澁澤敬三、今和次郎たちが海外の野外博物館を見学して感銘を受けたことによるところが大きい。澁澤は 1922〜1925 年にかけて横浜正金銀行ロンドン支店に勤務の合間に、スカンセン野外博物館をはじめとしてオスロー野外博物館、その他コペンハーゲン人類学博物館、ウィーン美術史博物館、ロンドンナショナルギャラリー、大英博物館、自然博物館、ヴィクトリア・アンド・アルバート博物館などを見学し、我が国にもこのような大規模な民俗園の実現を強く念願したのであった。1959 年 11 月 29 日付けの朝日新聞「きのうきょう」にスカンセンやグリーンビレッジを紹介したあとで「わが国にも一つ立派な野外博物館がほしい。東京保谷、大阪豊中、土呂等その他各地に既にその芽ばえを見せている。」と述べている。しかしその実現が困難なことから、小規模ながら可能な範囲で着実にその計画を進めていったのである。

　澁澤は戦後になって野外博物館という言葉を使用することになるが、澁澤が実現しようとした野外博物館は単に建築物を移築しただけのものではなく、スカンセンのように生活を再現したものであった。澁澤がかかわった野外博物館の設立過程については、第Ⅱ章で後述する。

第 7 節　濱田耕作・後藤守一・鶴田総一郎・藤島亥治郎の野外博物館

1. 濱田耕作の野外博物館論

　濱田耕作（青陵）は科学としての考古学の開拓者であり『通論考古学』[80) で、我が国に正しい考古学の研究法を知らしめると同時に、博物館の正しいあり方を説いた。また、日本児童文庫『博物館』[81) で、若者層への博物館普及に努め、その『博物館』において次のように述べている。

西洋各國にあるいろいろの博物館の中で、一風變つた特色があつて非常
に面白く感じたのは、ヨーロッパのスエーデン國のストックホルムにある
民俗博物館であります。これはスエーデンの土地の風俗や習慣などを示す
博物館であつて、ハゼリウスという一人の熱心な人が、古い風俗や品物が
だんだん亡びて行くのを悲しんで、初めはわづかの品物を集め出し、それ
がだんだん大きくなつて行つて今日の國立の大博物館となり、北方博物館
といふ名稱がつけられたのであります。(略) ところがまたこの博物館の
すぐ傍にスカンセンといふ丘陵があつて、それが<u>野外博物館</u>になつてをり
ます。その丘の上にはスエーデンの各地方の植物を移植し、また特有の動
物をも飼養してゐるところは、ちょっと植物園か動物園のようでもありま
す。そしてその間に各地方からそのまゝもつて來た農民の小屋があり、古
い式の教會堂が木の間がくれに建つてゐるかと思うと、面白い風車があり、
倉庫のような古い建て物が昔のまゝに設けてあるといふ風であります。さ
てその農民小屋にはひつて見ると爐邊には薪が燃やされてあつて、その地
方の風俗をした爺さんがたばこを燻らしてゐたり、娘さんはまた絲を紡い
で熱心に働いてゐるといふ實際生活を見ることが出來、また料理屋や茶店
も各地方にあるそのまゝの建築で、料理もまたその地方の名物を食はせ、
給仕女は故郷の風俗をしてお客の給仕に出るといふふうになつてゐます。
これは單に旅人を面白く思はせるために設けられたものではなくて、だん
だん文明に進むに従ひ、昔の良い風俗や面白い建築物が次第に滅んで行く
のを保存するために出來たものであります。私は日本においても、文化の
進むに従つて、田舎にある古い風俗や道具類が、次第に滅び行くことを殘
念に思ふので、一日も早くかういふふうな民俗博物館が設けられることを
希望するものであります。そして、このスエーデンの博物館を造つた人は、
最初から多くの金錢を投じて着手したのではなく、少しづゝ集めて長い年
月の間に一人の力でもつて完成させたことを思ふときは、誰でも熱心と時
間とをもつてやりだせば、成しあげることが出來ることゝ信じます。(傍
線は筆者)

この『博物館』は 1929 年に刊行されたものであり、1931 年『考古学入門』
と改名し、さらに 1962 年に『やさしい考古学』と改名されたものである。具

体的にはスカンセンの紹介にとどまった内容ではあるが、「野外博物館」という名称を明確に使用している点は注目する必要があろう。

また『考古游記』（刀江書院 1929）には「北方博物館内に静的に保存せられてゐた生活が、こゝでは動的に表現せられてゐるのである。（略）たゞ生きた人間が幾分見世物の如く取扱はれて、この淋しい丘上に朝から晩まで、自由を束縛せられてゐる感のあることは問題であらう。」と述べており、コスチュームスタッフのあり方を批判したものであった。

濱田は考古学の意識が強いことから、スカンセンを野外博物館と呼ぶことに何ら問題はなかったのである。一方で棚橋、新井は Trailside Museum という認識が介在したことで、スカンセンを野外博物館と呼ぶまでに時間がかかったものと思われる。

新井は、あくまで野外博物館の概念を述べたという意味で、木場一夫がその濫觴とみなしていたとも思われるが、野外博物館の言葉を残している点においては、南方熊楠、濱田耕作のほうが先に使用したことを再度確認するものである。

図 I-8　濱田耕作自身による挿画（『博物館』1929）
左：ストックホルム北方博物館　　右：スカンセン野外博物館

2. 後藤守一の野外博物館論

　次に後藤守一の野外博物館論について考察する。後藤は 1921 年から 1940 年の間、帝室博物館に勤務し、その後國學院大學教授を経て、明治大学考古学研究室創設にあたり、多くの考古学研究者育成に尽力した人物である。後藤は野外博物館について『欧米博物館の施設』[82] のなかで、野外土俗博物館という名称で紹介している。

　　〈土俗博物館〉土俗博物館は、各國に此を求めることが出來る。土俗博物館は、その陳列品によつてこれを民俗博物館ともいふべきか、未開人種の土俗品を蒐集せるものと、土俗博物館の名の相應しい國内の土俗を以てせるものとがある。前者の意義に於いて最も發達完備せるは、伯林の國立博物館土俗部を最とすべく、米國にはアメリカ印度人を中心とせるものを各地に建てゝゐる。とはいへ、完備といふは畢竟材料の数量をさすの謂であつて、陳列に至つては、一部人士の好奇心を滿すに過ぎず、土俗博物館としての近世的使命に協うたものは、僅かにライプチツヒのグラシイ博物館にその一例あるに過ぎないといふても過言ではあるまい。（略）以つて土俗博物館は、現在の土俗を中心とし、其の生活する天地を示すべきであり、單に未開・蒙昧を好奇心に訴へるべきものではなからうとする自分の考に協ふたものを作つてゐる。（略）

　　土俗博物館即ち自己の國内の土俗を示すべきものとしては、伯林の土俗博物館を好例と舉ぐべく、瑞典のストックホルム、丁抹のアールフス及びリンビイ、和蘭のアルンヘム等にある野外土俗博物館も、著しいものといふてよい。伯林のは極めて舊式の建物の中に、雑駁に陳列されてゐるが、獨逸國内の土俗品を數多く集めて居り、ストックホルムのスカンセンは瑞典の自然科學及び土俗を示すべく、廣さ七十エーカーの土地の中には小山もあり、池もあり、森林も鬱蒼とし、牧野も廣くして、こゝに瑞典の地方を縮圖し、動植物界もよく之を集め、各地方の住宅を點綴し、家にはその地方々々の農民男女をすまはせ、日曜日には各地方の踊等をも實演せしめてゐる。（略）

　　〈土俗品の露出陳列〉土俗關係のものは多く露出陳列による。これに伯

林國立博物館土俗部に於いて見る如く、室の半ばを限り、土人を中心として彼等の生活状態を復原して陳列せるものがあり、またライプチツヒのグラシイ博物館の土俗部の如く、一室内を土人の村の一部となし、観覧者は自由にその間を歩いて土人の家の内部をも窺ひ得る如くせるものもあり、ミュンヘンの獨逸博物館の如く、家を實物大にして單獨に陳列せる如き、北歐のスカンセンの如く、建物全部を移し來り、かつこれに其の地方の農民を移して住はしめてゐるものもある。(傍線は筆者)

このように後藤は野外博物館という用語を使わず、野外土俗博物館・土俗品の露出展示というように土俗という用語のみを使用し、あくまで紹介するにとどまったものであった。

3. 鶴田総一郎の野外博物館論

鶴田は『博物館研究』第33巻に「日本の博物館の状況について」[83]を載せており、その中に野外博物館として次のように述べている。

これには2系統があり、第1は自然物・自然環境そのものを中心にして、これに博物館または博物館的解説や野外展示を加え全体として野外博物館としてまとめてゆくPark MuseumまたはTrailside Museum系統のものとしての国立自然教育園、朝日町立宮崎自然博物館および龍河洞博物館の3館と、民族、民俗、歴史あるいは考古資料等を中心にしてこれらの野集団用展示または現地展示としてゆくいわゆる戸外博物館系統としての日本民家集落とがある。何れも第二次世界大戦後全く新しい考え方のもとで新設されたものである。植物園の部に入っている犬山自然植物園などもその野外教育施設がさらに増強されればそのまま野外博物館となってゆくべき性質のものである。このような傾向をもつ自然動植物園は最近方々で計画されている。従来ややもすると遊園地的なものになりがちだったこの種の施設の計画が学術的・教育的裏付けが伴なうに従って野外博物館的な方向に進むものができてきたことは喜ばしいことである。また最近の民族学・考古学系統の研究が特に盛んになるにつれ、発掘された遺跡などを中心として野外博物館がつくられる可能性もでてきている。何れにしてもこの2系統の博物館は多分に自然保護、文化財保護の傾向をもつもので、今後の

日本に期待される博物館の1つである。

このように野外博物館はすべて第二次世界大戦後新しい考え方のもとで新設されたものとしているが、犬塚康博[84]が指摘しているように、鶴田に代表される現在の日本博物館研究における一般的な整理と認識を妥当としているものではなく、視線を戦前・戦中期に延長させると、野外民俗博物館に関する所与の理解は極めて不当になるとし、これを回避するために犬塚は満州国の野外民俗博物館を紹介し、その解明を試みている。

また、鶴田は野外博物館が遊園地的なものになることを危惧しており、テーマパーク的な野外博物館ではなく、あくまでも学術的・教育的博物館を求めている点が他の研究者と異なる見解であることは重要である。しかし、野外博物館について論じたものは少なく、鶴田自身の研究の範疇にはなかったと考えられるのである。

4. 藤島亥治郎の野外博物館論

藤島亥治郎は1978年、社団法人日本博物館協会発行の『野外博物館総覧』に、「野外博物館展示の家」[85]として野外博物館を論じている。当総覧の内容は調査対象を多種類にわたる博物館施設から、自然博物館系のものを除き、もっぱら生活文化の展示系のものに限ると共に、「風土記の丘」や「歴史の道」的なものを除き、一般的な野外博物館に絞り、それを全国的に網羅して対象を求め、その現状と今後の対策等につき具体的な資料を集めたものである。

自らが実際に見学したスカンセンを例に挙げて、日本における民俗博物館への国民の関心が薄いことを指摘しながら、今和次郎の農村調査や保谷の民家園を社会的展示であると論じ、野外博物館の盛況は文化史的に価値のある建物を主体とする展示方式により行なわれ、これらは建築や集落の博物館で、その中に生活文化の展示を行なっているものとしている。

この家を主体とした博物館が盛況した理由として、戦後の民主化に伴う文化史料の価値の拡大、戦後の経済発展と生活の向上、新時代を志向する再開発による建築物の消失に対する保護策を挙げている。さらに野外博物館を①近代野外博物館、②近世野外博物館、③民家野外博物館に分類し、説明を加えている。

①は、幕末から明治・大正・昭和に至る日本近代建築とその他の文化史料を

展示する博物館を指し、これらを調査して建築物の集合体を保護して、博物館的に展示することは極めて重要としている。その中で「伝統的建造物群保存地区」を例に挙げて、将来的に守りきれるかを懸念している。さらに保存建築物が博物館として転用された事例として神奈川県立博物館、平安博物館を挙げている。このような原地保存型野外博物館に対して、旧帝国ホテルの明治村への移築を論じ、明治村を総合野外博物館の理想としている。

　その理由として、立地条件に恵まれ、絶好の風光地として飛騨・木曽川国定公園に編入されていることと、公園を逍遙しながら園路を歩いたり、電車や汽車に乗り、明治風俗を楽しめることをあげ、資本というものはこのような意味の深い事業にこそ投ずべきであると明治村の経営のあり方を賞賛している。さらに日本史上重要なエポックを画した明治時代の文化遺産を保存することの重要性を論じ、この明治村は外国にも類をみないユニークな博物館としている。

　②の近世野外博物館として金沢の江戸村を事例として挙げているが、「江戸村では多少選定に宜しきを得ず、玉石混淆の嫌いがあり、敷地が狭く全体として纏りが悪く、雑多の感を免れない」としている。したがって、明治村のような広い景勝地に、整備された近世博物館、さらにはタイム・トンネル式の博物館を望むとしている。

　③の民家野外博物館は、民家が博物館になる理由として、その家が立派であっても過去の家は住みにくく、現代生活に合わないことから全部あるいはその一部を私設の博物館にする場合、公共団体を組織し、地方官庁、既設団体に譲渡する場合などがあるが、民家はその土地を離れ、施設が分散されるとその生活機能が破壊されて、その価値が著しく減損することから原地でそのまま博物館になることが最も好ましい手段としている。

　飛騨高山・秋田県角館・鹿児島県知覧等を例に挙げて、町並ぐるみ野外博物館を提起しており、これらのような原地保存が不可能な場合として、さらに移築について述べている。移築には単独に他地に移す場合、計画された民家博物園に移す場合があり、移築地は旧位置とできるだけ似た環境が望ましく、方位を等しくし、民家は屋敷地内の諸施設を一セットとしてそのすべてが移されることが望ましいとする。この点について建築学者は民家ばかりを重視し、付属家を軽視する傾向があり、民俗学者はその点は心得ているがなおの努力が足ら

ないと批判している。

　最後に民家の移築に伴う諸注意及び移築の在り方を論じている。このように藤島の概念は博物館学としての野外博物館論であり、現在に至ってもその理論は通ずることが多いのである。

第8節　新井重三の野外博物館

　青木豊の「新井重三先生の博物館学思想」[86] によると、新井は地質学を専門としていたが、秩父自然科学博物館への奉職を機に博物館学者の道を歩んだ人物である。新井が論じた博物館学は綜合展示とダブルアレンジメント論を核とする博物館展示論である。また「野外博物館論」の第一人者となり、アンリ・リヴィエールの「エコミュージアム」理論と融合させて論を展開した。

　1944年に東京高等師範学校内東京第一臨時教員養成所博物学科を経て、1957年に東京文理科大学地学科地質学鉱物学専攻を卒業した。卒業と同時に東京理科大学地質学鉱物学教室の副手を一年間務めた後、1948年に秩父自然科学博物館研究員となった。秩父自然科学博物館は、現在の埼玉県立自然史博物館の前身で、秩父鉄道株式会社が1921年に開設した鑛物植物標本陳列所を嚆矢とし、1949年に秩父自然科学博物館として開館した博物館である。新井は1964年に秩父自然科学博物館主任を辞し、埼玉県立理科教育センターの地学教育担当の指導主事となり、その後同センターの指導部長を務めた。1966年に埼玉大学教育学部助教授となり、その後退官まで博物館学を講じた。

　新井は1953年『日本博物館協会会報』[87] 16号の「わたくしの博物館学―綜合展示の原理と発展について」を機にその後50余編の著作を発表した。1979～1981年に刊行された『博物館学講座』[88] 全10巻の編集及び執筆を行ない、『一、博物館学総論』[89]・『七、展示と展示法』[90] では責任編集者となり、博物館学及び博物館展示論の大系化を企てた。

①エコミュージアム

　エコミュージアムとは1971年、ICOM（国際博物館会議）ディレクターのユグ・ドヴァリーン（H.de Varine）が命名した言葉で、同年第9回ICOM会議において、時の環境大臣ロベール・プージャッドによって提唱された。その後ICOM初

代ディレクターのジョルジュ・アンリ・リヴィエール（G.H.Riviere）がエコミュージアム構想の実現に熱心に取り組み、エコミュージアムの考えを確立させ、その名は世界に轟くことになった。エコミュージアムが生まれた時代的背景には地方分権主義の台頭が大きく影響しており、それにより当時のポンピドゥー政権の中央集権緩和政策のもと、プージャッドは地方農村地域に地方自然公園を設置して、その運営を地方自治体に委ねたのであった[91]。

　リヴィエールのエコミュージアムの基本理念は家（OIKOS）そのものにあることから、地域住民には理解しやすく受け容れられ易いものであった。

　　　　エコミュージアムの目的とは、

　　地域社会の人々の生活を、そこの自然環境、社会環境の発達過程を史的に探求し、自然遺産および文化遺産を現地において保存し、育成し、展示することを通して当該地域社会の発展に寄与することを目的とする博物館である。

　　　　エコミュージアムの理念とは、

　　エコミュージアムは行政と住民が一体となって発想し形成し、運営していく砦である。行政側は資金、資材、施設、技術等を用意し、地域住民からはアイディア、智能、ビジョン等を提供する形で両者が参加することが望ましい。

　また、我が国のエコミュージアムを提唱した新井重三は[92]、エコミュージアムの三原則を地域社会の発展に寄与することを目的とし、収集機能を持たない現地保存型の総合野外博物館であり、住民の運営参加を中心としたものと定義づけた。つまり人々が生まれ育った生活環境そのものであり、現在進行型の野外博物館と定義づけたものであった。さらにエコミュージアムは境界領域をテリトリー（Territory）、中核博物館の核を担うコア（Core）、現地保存の遺産であるサテライト（Satellite）、アンテナ（Antenna）、発見の小径（Discovery Trails）から構成されるものとした[93]。

　しかし、1974年鶴田総一郎[94]がイコムニュース、全科協ニュースにおいて、「その概念は日本国内に浸透することはなかった」と述べているように、その後30余年を経ても、なおエコミュージアムの理念は、後述するように我が国の社には根付かなかったと言っても間違いなかろう。

新井は野外博物館の延長上でエコミュージアムの理念に迎合し、『エコミュージアムとその思想』[95]や「野外博物館総論」[96]の中でエコミュージアムを提唱し、社会に大きな影響を与えた。

遺産を保護するという立場とは別に遺産を有効に活用しようという潮流によって言われ始めたのが、村おこし・町おこしのプロジェクトに野外博物館を取り入れるという構想である。その中で進められているのがフィールド・ミュージアムとエコミュージアムであるとして、いくつか事例を挙げている。滋賀県教育委員会の歴史公園野外博物館、愛媛県内子の町並み保存構想、北海道白老町屋根のない博物館計画、山形市まちづくり博物館構想、千葉市の野外博物館拡大構想、東京都板橋区の「まちは博物館」、埼玉県自然保護課の緑の森野外博物館構想、山梨県都留市のフィールド・ミュージアム（ムリネモ協議会）、島根県三瓶山を自然野外博物館に、国産エコミュージアム九州に生まれるか等であり、日本にも従来の博物館と違った住民のなまの生活、生産工場の作業場等も展示と位置付け、まさに生きている博物館を切望した構想が生まれたのであった。

新井は新しい博物館としてエコミュージアムを提唱し定議している[97]。

　　言葉の意味：Ecomuseum という言葉は、Ecomuseology と共に 1971 年フランスのアンリー・リビエル（Georges Henri Riviere）によってつくられた新語である。eco は ecology（ecological）という意味であるから直訳すれば「生態博物館」ということになるが、博物館の実態から意訳すれば「生活・環境博物館」と言った方が適切であろう。Ecomuseum の意味を定義的に述べると次のように表現することができよう。すなわち、「地域社会の人々の生活と、そこの自然及び社会環境の発達過程を史的に探求し、自然及び文化遺産を現地において保存し育成し展示することを通して当該地域社会の発展に寄与することを目的とする新しいタイプの野外博物館である。」

博物館の動きを国際的にみると目新しいものが目立ち、中でもエコミュージアムの実現はやがて、我が国においても避けては通れない大きな課題になるであろうとしている。「世界の博物館は伝統的な博物館が繁栄している中で、従来の博物館学（Museology）では処理できない新しい理（Principle）に基づく革

新的博物館学（例えば Ecomuseology）で武装した博物館（Ecomuseum）が着実に開発され、定着し、発展しつつある」とし、「この思想は地域住民を主人公に捉えている点において、かつまた、従来型の博物館のように時計の針を止めて見せるのではなく、生きている社会をダイレクトに体験させる点において極めて意欲的な博物館である」と論じた。「エコミュージアムは理論の段階から実験の段階に入っているが、定着まではなお歳月を要するとしている。エコミュージアムは従来の博物館学（Museology）とは異なった Ecomuseology という学的理念に支えられているので、今後は、理念と現実との矛盾や食い違いをどう調整するかが焦点になることであろう」と述べている。

　しかし、我が国においてエコミュージアムは未だ定着をみずにいるのが現状となっており、今後も定着には様々な課題が残されている。

②野外博物館の分類

　新井の博物館学の業績で注目すべきは、我が国の野外博物館の分類と体系を博物館学的に理論付けた「野外博物館論」であり、その後の研究も新井の論理に沿うものが多い。1956 年に著された「野外博物館」[98] にその萌芽が認められ、その後 1989 年の「野外博物館総論」[99] に至って理論の修正および体系化がなされた。また、この間に新井の「野外博物館総論」は、アンリ・リヴィエールに傾注し、1989 年に『エコミュージアムとその思想』[100] を著し、以降エコミュージアムの研究が中心となっていった。

　まず、『博物館学入門』[101] の第 8 章「野外博物館」における定義の中で、

　　　野外博物館の主体は自然環境の中にはぐくみ育てられた生成物及び人類の生活址であるから、基本的には標本資料の移動は許されない。その意味で移築して建設されたスカンセンの戸外博物館や日本では東京郊外にある保谷のアイヌ家屋等は、この理論からみると野外博物館のはんちゅうには入らないのである。

　この新井の野外博物館論は、移設や収集を否定し、あくまで原地における自然や遺跡のみに限定した概念であった。また、野外博物館は自然・人文に亘る豊富な資料を原地において保存すると同時に研究・教育の資に供するために、所謂博物館のシステムに従って開発設定されたものであると述べている。つまり、博物館（野外博物館以外のあらゆる博物館）は建物や展示施設を固定的に建

設作製して、説示のための資料は、すべて屋外から採集（収集）してくる方法を採っているが、野外博物館は、その精神（アイディア）においても、その方法においても他のあらゆる博物館とは全く逆で、説示資料はでき得る限り自然環境の中におき、展示施設の方を運搬移動することによって博物館の展示形態を備えようとするもので、自然環境そのものまでも展示説明の対象として取り上げたものである。

　つまりこの時点における新井の野外博物館の捉え方は、30余年後に纏めた「野外博物館総論」の考えとは大きく違っており、スカンセン野外博物館を野外博物館の範疇から外している点からも理解できるように、まだ、野外博物館の概念が確立したものではなかったと言えよう。また、それまでの多くの研究者たちが野外博物館＝路傍博物館・公園博物館と提唱していたのに対して、野外博物館には路傍博物館や公園博物館の設置が望ましいというように、あくまでもそれらの施設は野外博物館の一部として捉えて論じたものであった。さらに野外博物館の地域には中心となる中央博物館（本館）と分館が必要であるとしている。

　野外博物館において大自然の貴重な学術・教育資料を、最も経済的に且つ見落としなく視察できるように利用者を誘導しなければならないとし、自然科学系の場合は自然観察路の必要性を強調している。それには博物館の展示室のラベルや説明版に相当する説示施設が完備されなければならず、我が国では秩父自然科学博物館において実施されていると述べている。さらに動物の棲息する自然環境をそのまま取り入れた飼育兼展示施設が必須であるとするものであった。

　さらに「野外全体の博物館化と博物館の建物の内部を野外に直結し、利用者の知識の導入と整理のオアシスとしての展示室の具現に努めることが、野外博物館の本質的な在り方であり、野外博物館の生命がある」としている。また、「我が国の風景美を科学的に捉え、貴重な科学の教室を提供していると考え、自然の驚異・古代文化を忠実に理解することにより親しみを倍加し、人智を陶冶向上せしめることができ、これらの要求に応えるものが野外博物館である」とし、「日本の博物館、特に地方博物館・郷土博物館は建物から積極的に野外に進出して、博物館の教育の場を否展示室としての野外に拡張すべきである」と結論付けている。次いで、1964年の「学校岩石園（地学園）の計画と設置の研究」[102]

では、学校附属岩石園は収集機能が介在するため、「野外博物館論」における概念規定と矛盾が生じたことから岩石園のみに焦点を当てて論じている。

　以上が初期の新井の論であるが、1989 年に『博物館学雑誌』第 14 巻、第 1・2 号合併号において「野外博物館総論」[103] を纏め、我が国の野外博物館研究の概念を確立させた。野外博物館から除外してきた収集機能を伴う民家園等の館園をも野外博物館に含め、現地保存型野外博物館と収集展示型野外博物館に分類したものである。新井の分類は現在でも野外博物館の基本的理念として引継がれている。

　この論文で生涯学習に対応する博物館の在り方として、野外には人間の手によって作られた教材はなく、素材が一見、無秩序のように散在している。研究者の調査・研究はこのフィールドから始まるとし、野外博物館が直接体験学習に最もふさわしいとし、野外博物館には自然系と人文系の両者が存在するという基本概念に立ち、野外博物館の英名を Field Museum and Open Museum とした。前述したように我が国の野外博物館の提唱者は木場一夫であるとして、木場の論の中でも特に野外博物館は自然及び考古・歴史的遺跡そのものが野外における展示をし、説明できるものでなければならないという論が重要と捉えている。人為的に展示資料を他所から収集し移設した施設は野外博物館の対象外のように扱っていることを指摘したうえで、現地保存型も収集展示型も共に野外博物館の範囲に入れるべきであると提言している。この時点で新井の野外博物館の捉え方が大きく変わっていることが理解できるものであり、新井自身も木場の思想を強く受けて、自然系の現地保存型野外博物館をイメージして執筆したことによる人文系及び収集展示型野外博物館の欠落の不備を認めているのである。

　現地保存型野外博物館の自然史系野外博物館の英名として Field Museum を提案し、1958 年に新井が開設した埼玉県秩父自然科学博物館（現埼玉県立自然史博物館）の Nature Trail（自然観察路）と Trailside Museum（路傍博物館）がその草分けであることを論じた。さらに野外博物館を現地保存型の野外博物館と収集展示型の野外博物館に大別し、前者は資料収集を前提としない点で博物館法第 2 条の定義から外れたもので、伝統的博物館学から逸脱していると述べている。

分類		名称	内容
現地保存型野外博物館 Museum for Conservation on the Actual Place		自然・人文総合野外博物館 生活・環境博物館（Ecomuseum）	地域住民の伝統的な生活を環境と共に保存・育成・発展させるもの
	自然系野外博物館 Field Museum	自然系総合野外博物館 General Field Museum	自然遺産を総合的に現地で保護・育成し、公開しているもの
		野生生物保護センター Wild Life Refuge Center	野生生物の保護・育成を目的とするものでアフリカ国立公園に多い
		天然記念物博物館 Natural Monument Museum	地質・生物等の貴重な自然遺産を保全し、展示・公開しているもの
	人文系野外博物館 Site Museum	人文系総合野外博物館 Heritage Park Museum	現地で文化遺産を総合的に保存・修復し、展示・公開しているもの
		史跡・遺跡博物館 Historic Site Museum	史跡・遺跡・城郭・家屋・町並みなどを現地で保存・公開するもの
		産業遺産博物館 Industrial Heritage Museum	生産工場・鉱山・坑道等の産業遺産を保存・修復し、公開するもの
収集展示型野外博物館 Museum for Collection and Exhibition at the Open-air		自然・人文総合野外博物館 General Outdoor Museum Combined with Nature and Culture	自然及び文化遺産を各地から収集し、それを野外に移設・復元・展示し、公開しているもの
	自然系野外博物館 Outdoor Museum	自然系総合野外博物館 General Outdoor Museum	自然を構成する岩石、鉱物、動植物などを野外で展示公開するもの
		動物園，植物園，水族園 Zoological Garden, Botanical Garden and Aquarium	各種の動・植物、魚類などを収集し、生きているものを野外で飼育・栽培し、公開しているもの
		地学園・岩石園 Geological Garden, Rock Garden	岩石の種類や、その産状が理解できるように野外に展示したもの
	人文系野外博物館 Open-air Museum	人文系総合野外博物館 General Open-air Museum	各種の建築物や美術・彫刻作品等を野外で展示・公開するもの
		建築物等移設・復元博物館 Open-air Museum	各地から建築物資料等を収集し、移設・復元して展示公開するもの
		彫刻野外展示博物館 Sculpture Park Museum	自然環境の豊かな野外の芝生に彫刻作品を展示している野外美術館

図Ⅰ-9　野外博物館の分類（新井重三「野外博物館総論」1989）

この表から理解できるように、収集展示型野外博物館は従来の博物館学で処理できる博物館の一種と見なすことができるもので、動植物園、水族園、地学園、岩石園に代表される自然系野外博物館と建築物移設・復元博物館や移設民家集落的野外博物館としての人文系野外博物館に区分される。

現地保存型野外博物館は自然保護・文化財保護の思想や運動と深いかかわりを持ち、自然遺産や文化遺産を乱開発から保護するという課題から生まれた「護りの博物館」とみている。自然公園・自然観察路・自然保護センター・野生生物の聖域・野鳥の聖域・森林保護センター・天然紀念物ビジターセンター・町並み・遺跡公園・史跡・民俗史跡・偉人の家・古城跡・工場遺跡・漁業遺跡見学路・採石場センター・塚・とりで跡地公園などを挙げている。これらは保存と同時に環境の保全も兼ねているため、収集展示型野外博物館よりはるかに広い敷地を持つのが特徴であり、収集展示型は自然系も人文系も疑似体験（間接体験）で、現地保存型こそが実体験（直接体験）であるとする論であった。

第9節　網干善教・杉本尚次の野外博物館

1.　網干善教の野外博物館論

網干善教は『全国大学博物館学講座協議会研究紀要』第2号で「野外博物館構想」[104] を論じている。その中で、アジア地域の例を挙げて野外博物館の概念を次の通り分類している。

第1類　博物館敷地内で展示館以外の屋外に、露天若しくは覆屋などを建てて展示する施設。

第2類Ⅰ式　遺構等移動することの不可能なものを現状のまま、あるいは修復、復原して展示するもの。

第2類Ⅱ式　遺構等移動することが不可能なものに、覆屋等を架構し保存しながら展示するもの。

第3類　宮城、社寺、城郭、庭園等の建造物及び庭園など歴史的由緒のあるものを広域に一体として見学させるもの。

第4類　歴史的景観を保存し顕彰する町並保存。

第5類　遺跡群を目的的、有機的に連繋し、誘導して野外そのものを舞台と

して取入れた構想。

　以上のように分類し、第5類が主たる野外博物館であるとしている。他に種々の要素を加え"広域のフエンスに囲まれない博物館的なもの"を考えようとするもので、目的をもった諸施設を計画的、有機的に折り込んだ学習の場であることを構想の基本としている。歴史的風土にめぐまれ、遺跡が群在する地域を一つの野外博物館構想の中で考えることのできるモデル地域として奈良県飛鳥を選び説明を加えている。また、以下の如く広域に及ぶ野外博物館構想の留意点を挙げている。

- ・範囲を限定（策定）すること。無制限に地域を拡大すると目的が不明瞭になる。
- ・インフォメーション施設を設け、指導員（学芸員）が常駐すること。（地図、パンフレットなどを準備すること）
- ・基本的なコースを明確にすること。
- ・拠点となる展示施設を設置すること。
- ・便益施設を設けること。（道路標識、案内板、トイレ、休憩所、駐車場、FM放送などの施設を置き、出来れば宿泊施設をもつこと。）

　このように従来の伝統的、正統派的な博物館の枠から脱出して"フエンスのない博物館"すなわち自然環境、風土のなかで生かすことのできる野外博物館を構想したものであった。この構想は広域地域を一つの博物館と見立てたエコミュージアムとしての捉え方が強いと言えるのである。

2. 杉本尚次の野外博物館論

　次に杉本尚次は、著書『世界の野外博物館』[105] で、以下のような人文系野外博物館に重きを置いて論じている。

- (1) 主として伝統的建造物（民家その他）や生活用具類などを収集し、セットにして野外に配置主展示した施設（収集展示型・移築復元型）
- (2) 伝統的民家（町屋）などによって構成される景観（町並み）および修景を施した地区（現地保存型。町並み保存地区。アメリカでは歴史地区・オールドタウンなど）
- (3) 伝統的建築物や史跡、産業遺跡などを含む環境を公園化した施設（現地

保存型。アメリカの歴史公園、新しく登場しつつある自然・人文総合野外博物
館エコミュージアムなど)

　杉本は、野外博物館という日本語名称について、新井・木場の提唱した路傍
博物館に触れながら、我が国に野外博物館の考え方が入ったのは1930年代で、
澁澤敬三、今和次郎らがスカンセンを訪ねて深い感銘を受けてからであるが、
東京保谷の屋外に武蔵野の民家と絵馬堂を移築したものに野外博物館という名
称を当てはめたかどうかは定かではないという考え方を示した。野外博物館の
民家などは展示品であり、生活が失われていることで、民家は生まれた土地、
現地保存してこそ価値があるとしている。重要文化財民家などは、現地保存型
の広義の野外博物館とし、環境と共に生きてきた直接体験からくる具体的な生
きている姿やその迫力、強い印象など利点も多いが、その一方で失われていく
伝統文化が急増している現状において、現地保存が困難な場合は、保存の手立
てとして収集展示型、移築復元型野外博物館も重要となってくる。したがって
多くの野外博物館ではできるだけ生きた生活のある姿に近づけて展示する生活
復元型努力が続けられていると論じた。

　野外博物館のタイプ分けはポーランドのJ・チャイコフスキーの論文「ヨー
ロッパの野外博物館」を挙げて、(1) 総合的野外博物館、(2) 生活復元型（動
態展示）野外博物館、(3) 機能別野外博物館、(4) 民族学的・地理学的区分に
よる野外博物館と紹介している。また、アメリカのH・ファルケンベルクの論
文「アメリカ合衆国野外博物館の発展と特性」を挙げて、アメリカは歴史的な
ものが多いのが特色であり、歴史公園や歴史地区（古い町並み）も野外博物館
に含めているとし、ヨーロッパとアメリカの差異を参考にして世界の野外博物
館を分類している。

　その分類とは、(1) 総合的野外博物館、(2) 伝統的生活文化野外博物館、(3)
古い町並み（オールドタウン・歴史地区）、(4) 歴史を活かした野外博物館、(5)
民族文化型、(6) 遺跡型（先史考古野外博物館）、(7) 再生型、(8) 産業遺跡型、(9)
ネットワーク型、(10) 環境調和型（環境共生型）の10タイプの分類であった。

　我が国の野外博物館は近年、民俗資料を収集・保存・展示するという基本的
機能に加え、地域住民の参加や生活学習施設等参加体験型の傾向が強く、さら
にグリーンツーリズムとの関わりなどの積極的コミュニケーション機能が期待

されている。また、歴史教育、文化教育のセンターとして、多民族国家におけ
る歴史的・文化的アイデンティティを醸成する役割を担っている。日本では博
物館づくりが文化運動ではなく、行政的発想か商業的発想などが優先していた
感があるが、博物館づくりには、「文化的発想」が重要であることを論じた。

　自然環境と人間の営みについて、環境共生への道を真剣に考えるべき時期
が到来しているとし、前記の 10 タイプのうち、環境調和型で取り上げたエコ
ミュージアムを強調しつつも、我が国のエコミュージアムは確立したものでは
ないとの見解を加えた。

　また、野外博物館の活性化には、来館者の増加・集客能力の向上が重要であ
るとし、観光に傾斜しすぎると伝統文化・文化財などがないがしろにされる可
能性を指摘し、野外博物館は文化的な学術施設であり、伝統文化をできるだけ
正しく甦らせる装置であり、伝統的庶民文化（民俗文化）の保存・再生・活用
という面からも歴史的観点が基礎にあると詳述している。

　日本展示学会刊行の『展示学』8[106) に掲載された「野外博物館における展
示の動向」の座談会においてアメリカの野外博物館に触れながら、アメリカ
では伝統的な建築物を保存・再生・活用している施設や地区を広い意味で全
部、野外博物館と呼び、日本では伝統的建物、民家を移築・公開している施
設と規定しているものであると述べている。また、海外の野外博物館の調査
を数多く行ない、欧米諸国の野外博物館の特色について詳細に報告している。
したがって野外博物館の研究論文も多いが、海外の事例を論じたものが中心
となっている。

　おわりに

　本章は博物館学的な観点から野外博物館について論究した研究者の記述を追
いながら、野外博物館の概念の明確化を試みた。先ず「野外博物館」の語の変
遷を纏めると、

　南方　熊楠　（野外博物館 1912 年）

　黒板　勝美　（野天のミューゼアム、博物館的公園、動植物園的博物館）

　棚橋源太郎　（路傍博物館、戸外博物館、歴史的家屋博物館、地下博物館、
　　　　　　　戸外文化財、民俗園、考古学園、戸外文化史博物館、地学園）

藤山　一雄　（露天博物館、路傍博物館）

木場　一夫　（路傍博物館、野外博物館 1949 年）

澁澤　敬三　（民俗博物館、野外博物館 1959 年）

濱田　耕作　（野外博物館 1929 年）

後藤　守一　（野外土俗博物館）

となる。この考察から「野外博物館」という言葉の使用は南方熊楠に始まったことが確認できた。南方は自らが実際にスカンセンを見ることはなかったが、「野外博物館」という語を初めて記し、我が国に紹介したことの意義は大きいものであった。黒板勝美と棚橋源太郎は、スカンセンをはじめとする海外の野外博物館を訪れ、そのとき受けた感動、野外博物館のあり方、意義目的等を詳細に論じたがそれを実践に移すことはなかったのである。野外博物館の建設を具現化したのは藤山一雄、澁澤敬三に至ってであり、藤山は満州国で日本人が初めて手がけた野外博物館建設を実践し、澁澤は我が国に第 1 号の移築民家を建設したのである。

　実際に学として野外博物館を初めて研究したのは木場一夫であり、木場の理論は 1949 年に発表されたにもかかわらず、今日の野外博物館の定義と遜色のないものと言えるものであった。その後の研究も野外博物館について明確に論及したものは新井重三のみで、他はその紹介にとどまったものと言える。新井の理論は木場一夫が提唱した路傍博物館が、自然と人文の両分野に亘るものであることから、木場の概念に呼応したものとなっている。しかし新井が特に力を入れて取り組んだ野外博物館の一分類である地学園は当時学校につくられたものが多かったが、現存しているものは極少なく成功例と言えるものはない。さらにエコミュージアムについても杉本尚次が述べているように我が国での確立は見られず、今後も難しいものと予想される。杉本も野外博物館について多く論及しているが、我が国の野外博物館研究というよりも海外の事例を中心とした研究となっているのが特徴である。

　我が国に野外博物館が開館してから 50 年余り経た今、野外博物館について再考する時期が到来したと言える。100 年ほど前に野外博物館を記した南方熊楠の理論に立ち返って、郷土の文化・自然を併せ持った、風土としての核となるような野外博物館の確立が重要であると考えるのである。

第Ⅱ章では本章の考察をもとに、野外博物館の先駆けとなった北欧の野外博物館と、我が国の野外博物館を取り上げて、その歴史的背景と設立過程を確認していく。

註

1) 南方熊楠顕彰会編 2006『世界を駆けた博物学者南方熊楠』南方熊楠顕彰会
2) 南方熊楠 1880『動物学』私家版
3) 註1と同じ
4) 吉川壽洋編 2005「南方熊楠『課余随筆』巻之九目録」『熊楠研究』第7号、南方熊楠資料研究会
5) 南方熊楠 1895～1900『ロンドン抜書』私家版
6) 南方熊楠 2005『南方熊楠英文論考ネイチャー誌編』集英社
7) 南方熊楠 1905『方丈記』私家版
8) 谷川建一 1996『独学のすすめ―時代を超えた巨人たち―』晶文社
9) 中瀬喜陽編 1988『南方熊楠書簡　盟友毛利清雅へ』日本エディタースクール出版部
10) 南方熊楠 1912『神社合祀問題関係書簡』南方熊楠全集7、平凡社
11) 南方熊楠 1912「神社合併反対意見」『日本及日本人』付録、南方熊楠全集7、平凡社
12) 註10と同じ
13) 註10と同じ
14) 註11と同じ
15) 高橋康雄 1992『心に不思議あり―南方熊楠・人と思想―』JICC出版会
16) 註10と同じ
17) 註10と同じ
18) 新井重三 1989「野外博物館総論」『博物館学雑誌』第14巻、第1・2号合併号、全日本博物館学会
19) 註10と同じ
20) 註11と同じ
21) 註10と同じ
22) 黒板勝美 1911『西遊弐年欧米文明記』文會堂書店
23) 青木 豊 2007「黒板勝美博士の博物館学思想」『國學院大學博物館学紀要』第32輯、國學院大學

24）　註 22 と同じ

25）　註 22 と同じ

26）　黒板勝美 1914「博物館に就て」『虚心文集』第 4、吉川弘文館

27）　註 23 と同じ

28）　註 22 と同じ

29）　黒板勝美 1912「博物館に就て」（一）東京朝日新聞、第 9363 号

30）　黒板勝美 1912「博物館に就て」（六）東京朝日新聞、第 9369 号

31）　黒板勝美 1912「博物館に就て」（三）東京朝日新聞、第 9386 号

32）　黒板勝美 1912「史蹟遺物保存に関する意見書　第九章保存法令と監督局及び博物館」『史蹟雑誌』第 23 編、第 5 号、吉川弘文館

33）　黒板勝美 1915「史蹟遺物保存に関する研究の概説」『史蹟名勝天然紀念物』第 1 巻、第 3 号、吉川弘文館

34）　黒板勝美 1917「史蹟遺物保存の實行機関保存思想の養成」大阪毎日新聞

35）　註 22 と同じ

36）　黒板勝美 1913「郷土保存に就て」『歴史地理』第 21 巻、第 1 号、吉川弘文館

37）　註 18 と同じ

38）　棚橋源太郎 1930「米國に於ける路傍博物館に就いて」『博物館研究』第 3 巻、第 5 号、日本博物館協会

39）　棚橋源太郎 1948「國立公園の戸外教育施設」『博物館研究復興』第 2 巻、第 1 號、日本博物館協会

40）　棚橋源太郎 1930『眼に訴へる教育機関』寶文館

41）　註 40 と同じ

42）　註 40 と同じ

43）　棚橋源太郎 1949『博物館』三省堂

44）　棚橋源太郎 1949『世界の博物館』大日本雄辯會講談社

45）　註 44 と同じ

46）　棚橋源太郎 1957『博物館・美術館史』長谷川書房

47）　藤山一雄 1937『帰去来抄』東光書院

48）　藤山一雄 1940『新博物館態勢』満日文化協会

49）　藤山一雄 1939『国立中央博物館時報』国立中央博物館

50）　藤山一雄 1939『満洲帝国国立中央博物館論叢』国立中央博物館

51）　藤山一雄 1940『満洲民族図録』国立中央博物館

52）　註 50 と同じ

53）　藤山一雄 1942「小型地方博物館の組立て」『国立中央博物館時報』第 16 号、

國立中央博物館

54）　註 40 と同じ

55）　L. V. Coleman 1927『Manual for Small Museum』

56）　藤山一雄 1925『清貧饗盤抄』（壷南荘叢書第 1 編）下関梅光女学院

57）　藤山一雄 1926『住宅芸術』（壷南荘叢書第 2 編）農民文化研究所

58）　註 48 と同じ

59）　後藤和民 1991「『新博物館態勢』解説」『博物館基本文献集』別巻、大空社

60）　藤山一雄 1944「満州國立中央博物館態勢」『博物館研究』第 17 巻、第 14 号、日本博物館協会

61）　註 48 と同じ

62）　註 47 と同じ

63）　木場一夫 1949『新しい博物館』日本教育出版社

64）　澁澤敬三 1908『腕白雑誌』私家版

65）　澁澤敬三 1908『腕白世界』私家版

66）　アチックミューゼアム 1935〜39『アチックマンスリー』第 1 号〜44 号、アチックミューゼアム

67）　刈田　均 2002『屋根裏の博物館』横浜市歴史博物館・神奈川大学日本常民文化研究所

68）　澁澤敬三編著 1937〜39『豆州内浦漁民史料』アチックミューゼアム

69）　アチックミューゼアム編 1934 〜 1961『アチックミューゼアム彙報』アチックミューゼアム

70）　アチックミューゼアム編 1935『アチックミューゼアムノート』アチックミューゼアム

71）　アチックミューゼアム編 1936『文献索引』アチックミューゼアム

72）　中川行秀 1934『日本国宝神仏像便覧』アチックミューゼアム

73）　アチックミューゼアム編 1930『蒐集物目安』アチックミューゼアム

74）　澁澤敬三 1935『祭魚洞文庫図書目録』アチックミューゼアム

75）　鹿野忠雄 1945『台湾原住民族図誌』アチックミューゼアム

76）　アチックミューゼアム編 1937『民具問答集』アチックミューゼアム

77）　澁澤敬三編著 1964〜68『絵巻物による日本常民生活絵引』第 1 巻〜5 巻、角川書店

78）　澁澤敬三 1942『日本魚名集覧』アチックミューゼアム

79）　註 67 と同じ

80）　濱田青陵 1922『通論考古学』大鐙閣

81) 濱田青陵 1929『博物館』ARS

82) 後藤守一 1931『欧米博物館の施設』帝室博物館

83) 鶴田総一郎 1960「日本の博物館の状況について」『博物館研究』第33巻、第12号、日本博物館協会

84) 犬塚康博 1994「藤山一雄と満州国の民俗博物館」『名古屋市博物館研究紀要』第17巻、名古屋市博物館

85) 藤島亥治郎 1978「野外博物館展示の家」『野外博物館総覧』日本博物館協会

86) 青木　豊 2009「新井重三先生の博物館学思想」『明治大学学芸員養成課程紀要』20、明治大学

87) 新井重三 1953「わたくしの博物館学―綜合展示の原理と発展について」『日本博物館協会会報』16号

88) 新井重三編 1979～1981『博物館学講座』雄山閣

89) 新井重三編 1979「一、博物館学総論」『博物館学講座』雄山閣

90) 新井重三・佐々木朝登編 1981「七、展示と展示法」『博物館学講座』雄山閣

91) 新井重三 1995『「実践」エコミュージアム入門―21世紀のまちおこし』牧野出版

92) 新井重三 1987「エコミュージアムとその思想」『丹青』6巻、10号、丹青社

93) 註18と同じ

94) 鶴田総一郎 1974「博物館も進化する」『全科協ニュース』第4巻、6号、全国科学博物館協議会

95) 註92と同じ

96) 註93と同じ

97) 註93と同じ

98) 新井重三 1956「野外博物館」『博物館学入門』理想社

99) 註18と同じ

100) 註87と同じ

101) 註98と同じ

102) 新井重三 1964「学校岩石園（地学園）の計画と設置の研究」『博物館研究』第37巻、第6・7号合併号日本博物館協会

103) 註18と同じ

104) 網干善教 1992「野外博物館構想」『全博協研究紀要』第2号、全国大学博物館学講座協議会

105) 杉本尚次 2000『世界の野外博物館』学芸出版社 92

106) 杉本尚次・土屋敦夫・守屋　毅 1989「野外博物館における展示の動向―アメリカ編」『展示学』8、日本展示学会

第Ⅱ章　野外博物館の歴史

はじめに

　第Ⅰ章は、我が国における学識者たちの野外博物館についての先行研究およ
び、「野外博物館」の語の使用の変遷を追うことにより、先人達の野外博物館
の概念の明確化を目的とした。第Ⅱ章は、野外博物館そのものの成立史に焦点
を当てて考察するもので、具体的に北欧圏で発祥した野外博物館の成立過程を
把握しながら、我が国の野外博物館の成立過程を比較考察していく。序章で述
べた如く、野外博物館の嚆矢はスウェーデン王国に見られるもので、その後も
北欧を中心として欧米諸国に発展を遂げたものである。北欧の野外博物館誕生
の要因は、19世紀の産業革命が伝統的民俗文化の衰退を招き、それに対する
危機感から保存活用に取り組んだものであった。同様に我が国の野外博物館誕
生においても戦後の農地改革や高度成長による開発により、伝統的建築物が取
り壊されていくことに対する焦燥感からの保存意識が大きな要因となったもの
である。

　また、一般的に我が国の野外博物館の設立は、1956年、日本民家集落博物館
の誕生をもってその始まりとして扱われるが、野外博物館構想はすでに1939
年に、澁澤敬三によって東京府北多摩郡保谷市に建設された日本民族学会附属
民族学博物館の開館時に見られるものであった。実際に武蔵野民家の移築と絵
馬堂の建設が行なわれていたことからも、それは野外博物館的概念として見な
されるものであり、野外博物館誕生の一つの歴史として意義深いものと考えら
れるのである。このようなことを絡めながら、北欧の野外博物館の影響を受け
て、どのような経緯で我が国の野外博物館が開館したのかを考察していく。

　本章は野外博物館の成立を確認することが目的であるため、海外の事例はそ
の嚆矢である北欧の野外博物館に焦点をあてた。第Ⅰ章で確認したように、時
代的に見ても学識者たちが論じた野外博物館はほとんどが北欧の野外博物館で

あり、世界の野外博物館を論ずるには先ず北欧の野外博物館の把握が必要と考える。我が国の野外博物館は言うまでもなく、世界の野外博物館の発展に大きな影響を及ぼした「スカンセン野外博物館」とスカンセンと同様に歴史のある「ノルウェー民俗博物館」を考察する。

　このように海外の野外博物館は北欧から始まり、今日では世界各地に見られるようになった。したがって、北欧のみならず、他の野外博物館の考察も必要と考え、第Ⅳ章で現代社会における野外博物館として、郷土の保存継承を積極的に行なっている韓国の野外博物館を取り上げて考察を試みる。また日本の野外博物館は、我が国の代表的な野外博物館である「日本民家集落博物館」と「川崎市立日本民家園」、野外博物館の嚆矢と考えられる「日本民族学会附属民族学博物館」を事例にとって考察するものである。さらに、我が国ではこれまで論じられなかった路傍博物館の発生について宮崎自然博物館を事例として考究するものである。

　北欧と日本両者の野外博物館の歴史を考察することにより、現代社会における野外博物館の役割の再確認と今後の展望につなげたい。

第1節　北欧の野外博物館

1. スカンセン野外博物館の概要
　　―アートゥル・ハセリウス（Artur Hazelius）と複製展示の理念―

　スカンセンについては序章で若干述べたが、本節ではその成立過程と現代社会におけるスカンセンについてを詳述する。スカンセンは、1891年にアートゥル・ハセリウス（1833〜1901）によってスウェーデン国内の異なった地域の過去の生活や仕事を現代の人にいかに伝えるかを目的として、ストックホルムのユールゴーデン島に設立された世界初の野外博物館である。

　アートゥル・ハセリウスについては『SKANSEN Traditional Swedish Style』（SCALA BOOKS1995）[1]が詳しい。ハセリウスは1833年に、陸軍士官の父のもとストックホルムに生まれ、ウプサラ大学でスカンジナビア語を学びスカンジナビア言語学で博士号を取得した。語学の教師になったハセリウスは、1872年の夏にスウェーデンのダラーナ地方を長期旅行し、自分の足と目で、伝統的農業社会が苦境に立たされて、急激に変化しているのを目のあたりにし

たのである。これを契機とし講義の仕事と並行して広範囲に国内を旅行し、異なった州の特質を調査し、地方文化の知識を得ることにより、国の伝統的文化が下降の兆しを見せていることに気づいたのであった。

ハセリウスは、ダラーナ州で朝の礼拝のために教会の小舟に乗って谷を行き来する人々を見て、彼らの伝統的衣装が現代に如何にして伝承したかを理解し、その伝統的衣装が失われていく過程に憂いを感じて、まず衣装を中心に収集を始めたのであった。これらのコレクションが歴史博物館への最初の大きな寄贈コレクションとなり、その後も収集活動は続き、より大規模のコレクションになったのである。

1870年初頭、スウェーデンは人口400万人強のうち300万人が地方に暮らしていたが、国自体の生活の変化により独自の農業を営む多くの農民が仕事を離れ、それに伴い土地を持たない階級が成長し、人口増加も相俟って借家の日雇い人夫や召使い、契約労働者層が多く形成されていったのである。土地改革は村を破壊・再分割し、暮らしを変形させ、それと同時にビルが建てられていった。農業は機械化し、組合を伴う工業生産は優秀な商品の効率化を促し、土地を持たない階層は北スウェーデンの造船所、工場、製材工場に職を探すため、列車で家を離れたのである。1860年代の終末、不作により10万人以上のスウェーデン人がアメリカに出稼ぎに行き、1880年代にはこの出稼ぎの波は増大し325,000人のスウェーデン人がアメリカに、52,000人がさらに遠い国に流れて行く事態が生じたのである。このような情況の中、スウェーデンの伝統的農業社会が変わっていく現実をハセリウスは痛感したのであった。

ダラーナ地方に滞在中、ハセリウスは急速な変化で消失して

図Ⅱ-1　アートゥル・ハセリウスの肖像画
（『SKANSEN Traditional Swedish Style』
SCALA BOOKS 1995 より転載）

図Ⅱ-2　模造建築されたハスヨウ教会

いく田舎が、いかに魅力的な地域であるかを記録し、まず古い農業文化を後世に残すために必要な衣服、ありふれた家具、手作りの玩具などから収集を始めたのであった。衣装のコレクションを借家（その博物館は平屋で室内には民族衣装を着けた等身大の人形が展示され、背景にはパノラマが描かれていた）で公開したのち、ストックホルムの中央、ドロットニングガータンの南北２つの展示場に資料を移し、1873年10月24日にはスカンジナビア民族学博物館（The Scandinavian Ethnographic Collection）として展示公開を始めたのであった。これは現在のノルディカ博物館（Nordiska Museet）へと成長展開していくのであるが、伝統的展示と博物館の内装はハセリウスの教育的意図を満たすには十分なものではなかったのである。彼は自然環境を伴う展示、つまり自然の中で飼育された動物とともに、その時代の衣装を身に付けた人々や調度品が備わった家の展示で歴史観を強調したかったのであった。

　ハセリウスは野外博物館の構想を長く抱いており、1885年にダラーナ地方で一般にモラ小屋と呼ばれていた建物を入手し、これにより、彼の計画は一層確実な姿となり、1891年にはスカンセン初の用地購入が実現したのであった。1878年パリ万国博覧会において、ハセリウスはスウェーデンの農民の暮らしを中心とした展示で、世界的な評価を得て金メダルを授与された。もともと、人形や民俗衣装を着たコスチュームスタッフを配する展示は、それ以前の万国博覧会でもすでに見られた技法ではあったが、ハセリウスの展示も伝統的衣装

を着たダラーナ地方の実物女性を模した蝋人形や、コスチュームスタッフを配置するなど、平面的展示から脱した技法を取り入れた展示法であり、それが高い評価を得たからであった。

　このようなパリでの成功とストックホルムのコレクションの増加に伴って、1880年に博物館の名称は北方民族学博物館に変更されたのである。ハセリウスは後年、「北方民族学博物館はスウェーデンの人々の財産と見なされるに違いない」と誇り高く書き残している。国中至るところに張り巡らせたネットワークによりコレクションは敏速に成長し、より大きな建物の必要に迫られた。1882年、ドロットニングガータンに博物館として利用できる土地を作るように王を説き伏せて、その巨大な建築物は建築家 Isak Gustaf Clason によって1888年から建設され、その後1907年まで建設は続き、ハセリウスの死後6年経ってからようやく一般公開されたのであった。北方民族学博物館の建設に伴って、ハセリウスの新しい発想はさらに進展していくこととなる。しかし展示を目的とした絵画描写による方法は成功したにもかかわらず、伝統文化の継承や教育的目的に満足し得なかったのである。つまり絵画描写による展示ではなく、古い農場を再建し、過去と同じように家の中に住み、猫はストーブの前でゴロゴロとのどを鳴らし、犬は犬舎の前で日向ぼっこをし、草原では家畜が牧草を食むといった、日常生活すべてを生き生きと描きたかったのである。まさに、このような先駆的な発想が野外博物館設立へと導いた原点となったのである。

　ハセリウスは「私の考えは、調度の整った博物館から離れた、他のいかなる博物館とは違った、即ち民俗学と文明の歴史を目的とした野外博物館である」という言葉を残している。その後スカンセンの土地も徐々に拡張され、スカンセンの活動もハセリウスの意図のもとに着々と組織化されていったのである。現在のスカンセンは、19世紀頭は岩と松林だけのユールゴーデン王立公園に位置しており、ここは1810年頃に貿易商ジョン・バーグマンがストックホルムの見晴らしのよい丘の頂上に大きな別荘を建て、素晴らしい庭園を造った地でもあった。広大な所有地は8エーカーもあり、彼の使用人のために建てられた赤い家がある「赤い通り」と、彼の別荘である「黄色い家」で知られた建物が並んでいたと記されている。

ハセリウスは1891年にその敷地の一部を購入し、さらに5年後には全敷地を手に入れて、別荘は水族館と植物栽培室にあてられ、後にハセリウス自身の家としたもので、赤い家は労働者の主力を成すダラーナ地方の女性を含むスタッフの家となった。最初の年は歴史上関心のある建物、動物を飼育するための土地、散歩道、庭園を伴う野外博物館の建設に充てられたのであった。

1892年、スカンセンはボルナスの家、牧場、ヤムトランド地方のハスヨウから来た鐘楼の複製を主とした建築物から構成されていた。ハセリウスはオリジナルを移築したかったが、強い反対に遭ったため、複製で満足せざるを得なかったのである。1893年には、オスターゴットランド地方のビョーグヴィックから壮大な貯蔵所の複製が、その翌年にはオスターゴットランド地方北部のハレスタッドからスウェーデンで最も高い鐘楼が移築された。

1895年にはラスクブロ農場内の家屋が加えられ（現在はアイアンマスターの農場の一部を形成する）、1896年には初めて完全な農場としてハランド地方からオクトープ農場が移された。同年、エマヌエル・スウェーデンホーグの東屋が取り付けられた。さらにその翌年、ヴァスターゴットランド地方からはホーシボルガ小屋及びフラメスタッド製粉場が、またスマランドのヴィルセンスガタンからは東屋が加えられた。これらと一緒にダラーナのファイルナスから貯蔵小屋が加えられ、ハセリウスの晩年にはノルウェーからヴィストヴエイトの貯蔵所が加わったのである。スウェーデンは当時まだノルウェーと統合されていた頃で、スカンセンとノルディック博物館それ自体をもって、新の北欧人の博物館を創設しようというのがハセリウスの狙いであった。

このように野外博物館に建築物の複製を建設することは独特の考えで、一風変わっていると思われるが、ハセリウスはその地方、その時代の形式と典型的な建物が重要であると考えていたのである。そして彼が選んだ建築物の移築が不可能であったなら、稀少な存在の実物資料を移動させるよりはむしろ複製を作るほうが良いと考えたからなのである。

また、ハセリウスは一般庶民にとって祝いの行事が魅力的であることを知っていたので、この頃からスカンセンでは多くのイベントが企画され、春の祭りなどの歴史的イベントは愛国心とともに人々の記憶に根付いていった。スカンセンでは子どもからすべての年齢層に対して、年間を通じて祝宴や伝統舞踊、

民俗音楽、生活工芸が執り行なわれたのである。

ハセリウスは単に木や花があるというだけの自然空間を造るのではなく、鶏や鴛鳥を放し飼いにする展示を実践したかったのである。つまり、スカンジナビアに属する動物や植物などの自然現象を展示し、教育的かつスウェーデンの原風景としての役割を担う野外博物館を目指したのである。

野外博物館は実際に家の中で伝統衣装を着て、歴史的な品々に囲まれ、草原や森林の環境の中で牛や羊を飼うといった、完備された幻想的空間であるという点において、他の博物館とは本質を異にするものである。ほとんどの博物館では、来館者はその時代の眼鏡や柵を通して、あるいは描写されたものを通して現在という空間で展示物を見出す。しかし、野外博物館においては過去に踏み込むことが可能で、庭の入口を通って歩き、家々の玄関の中に踏み込めば、現在という空間から非日常空間への移動が可能なのである。すべての情報が来館者に時の柵を越えて、過ぎ去りし日々にタイムスリップさせ昔を体験させるのである。来館者の五感を刺激することによって、野外博物館は情報の効果的利用が期待できるのである。スカンセンを逍遙すれば、来館者はスウェーデンの北から南の文化的景観の特徴と形式を見る機会が提供されるのである。

ハセリウスは屋内・屋外の両分野とも民俗博物館の必須構成と見なしたことから、北方博物館は資料保存・修復・調査・出版等を行ない、スカンセンは五感に訴える教育に重きを置いたものであった[2]。特筆すべきことは野外博物館に開館当初から動物園が含まれていたことと、複製を展示したことである。ハセリウスは移築が不可能な資料に関しては、あえて実物を収集せずに複製を造って展示を実践した。それは資料の保存という概念よりもその建物が置かれている地域性やその建物の形式を重視したからであり、地方の特色ある典型的な建築物を環境とともに展示することで、国民に消失しつつある地方文化や郷土心を育成しようとしたのである。つまり、このような理由であったために、建物はオリジナルでなく複製でもよかったのである。したがって、スカンセンは資料の保存よりも教育を主たる目的とした野外博物館であると考えられるのである。

①入館者

杉本尚次も「非常に市民に開放されていわゆる博物館である一方では、遊園地でもある」[3]と述べているように、現在スカンセンは園内に動物園、水族館、

遊園地を設け、国民の娯楽施設としての活用の需要が高く、年間を通じて多入館者数を誇っている。我が国のように多種多様の娯楽施設が氾濫している環境のなかでは、博物館を憩いの場として利用している国民の割合は非常に少ないと見受けられる。それに対してスウェーデンには娯楽施設が少ないことからスカンセンが唯一のレジャー施設、テーマパークであり、人々の憩いの場となっているのである。中でも乳母車を押して館内を見学する若い母親や、幼子を連れた若い夫婦が多く訪れているのには驚かされる。雪深い季節が訪れる前の貴重な時期を屋外で過ごすためであろうが、かなり強い雨にもかかわらず傘をさすこともなく、雨のことなど全く気にも留めず楽しく館内を見学しているのである。我が国では晴れた日でさえ、博物館内で乳母車を眼にすることはほとんどないであろう。これはスカンセンに限ったことではなく、北欧圏全体に言えることであり、博物館でも美術館でも幼い子どもからお年寄りまで多くの人々で賑わっているのが実状である。博物館は間違いなく人々の生活の一部となっており、それは幼少から培われた習慣とも言えるものと比喩できよう。日頃から親が子どもの手を引いて博物館に訪れることで自然と鑑賞方法が身に付き、博物館の利用の仕方や学ぶ力が養われていくのであろう。そして、その子が成人した時に自然と自分が経たことを繰り返していくのである。これが文化の継承であり愛国心の育成につながっているのである。

　②点景技法

　建物の多くにはショップが配置され、展示施設や映像機器を持つものもある。ガラス工房などは体験型展示のワークショップが行なわれ、屋外の歩道はガラスチップを敷き詰めることによりその臨場感を高めている。展示の特徴は点景技法が至る所に施されていることである。スカンセンの展示は、この点景一つでその場の空間が非常に生きてくることを示す好事例であろう。中にはいかにも故意に感じる点景展示も見られるが、多くは展示効果が発揮されたものとなっている。

　③チルドレンズミュージアム

　スウェーデンには子ども博物館が多く存在する。スカンセンがある王立ユールゴーデン島（Kungliga Djurgarden）には、スカンセン野外博物館のミニスカンセン（Lill-Skansen）の中に子ども動物園やスカンジナビアに生息する動物を

図Ⅱ-3　荷車を点景とした展示

集めた生態動物園がある。また、スカンセンに隣接して子ども物語博物館"ユニバッケンチルドレンズミュージアム"があり、これは子どもの教育を主眼とした施設で、郷土文学的な教育性が強いものである。日本の子ども博物館は多くが科学館であり、ユニバッケンのような子ども博物館はまだ見られない。その他遊園地グレナンドや水族博物館アクアリアもある。ストックホルムの博物館は特別に子ども用の展覧をしており、市の公共交通機関は子どもと乳母車が乗りやすいように工夫され、週末には12歳以下の子どもはバスと地下鉄が無料になる。このように町全体が子どもたちにとって住みやすい町になっているのである。

2. ノルウェー民俗博物館（Norsk Folkemuseum）―博物館の歴史―

　ノルウェー民俗博物館については『Norsk Folkemuseum The Open-Air Museum』（The Friends of Norsk Folkemuseum 1996)[4]に詳しい。ノルウェー民俗博物館はノルウェー最大の野外博物館で、欧州における野外博物館でも最大

級の一つである。博物館設立の目的は1500年前から住んでいたノルウェー人の民族・文化を紹介し展示するところにある。博物館は1894年に設立され、1898年にビグドーに環境とともに移築された。

当時はノルウェー人が国家からの独立を望み、国民意識が最高峰に達した時でもあった。1881年に王の別荘がビグドーに建設され、1907年に民俗博物館の一部ができた。オスカー2世のコレクションは、民俗博物館の中で最も古い資料となっている。

民俗博物館初代館長のハンス・アール（Hans Aall 1869～1946）が博物館建設のために働き始めた時は弱冠25歳であった。ハンスは収集されたノルウェーの民俗芸術が自国ノルウェーではなく、スウェーデンのストックホルムにあるノルディック美術館に収蔵されることに疑問と憂いを感じていたのである。そのようなことから1898年になって、美術館はビグドーのオスカー2世コレクションの隣に移されたという経緯を有している。

1900年、パリ万国博覧会でハンスは博物館設立計画の模型を展示したが、あるノルウェー新聞はそれを実現は不可能という解釈から「空の城」と呼んだのである。しかし、1901年にノルウェーで最初の大規模な展覧会が開催され、民俗芸術、民族衣装、教会美術、肖像画、軍服等の展示物がさらなる研究の対象となった。

ハンスは民俗博物館の研究が科学の方法と理論の基礎になることを目的とし、また上流階級から下層階級までの輸入家具や手作りの玩具といった、ノルウェーのあらゆる国家的遺産を収集対象とし、この要望は博

図Ⅱ-4　ハンス・アール
（『Norsk Folkemuseum The Open-Air Museum』
The Friends of Norsk Folkemuseum 1996 より転載）

物館の設計図に反映されていったのである。

また、この博物館は積極的にノルウェーの文化や歴史の研究を行ない、それらの成果を数多く出版した。

1946年、ハンスは亡くなる前に野外部門の完成を企て、1950年から60年代におけるオスロの労働階級、農家の小作地、荘重な農家の所蔵品、大学寮、ノルウェー薬博物館などの建物を収集したのである。

中世から維持されている155棟の建物が、整然と野外に区分され移築されている。中でも中心となっている展示物は

図Ⅱ-5 ノルウェー民俗博物館の象徴展示となっているGOL教会

図Ⅱ-6 ノルウェー民俗博物館の展示

1250 年から 1300 年建築のローランド地方から移築された Gol 教会で、それは民俗博物館の象徴展示となっている。その後、1970 年から 80 年の間の民俗博物館の活動の特質は、学校教育と連携を図るべく、新しい活動や企画によって人々を魅了させた点である。1990 年には歴史的対象物を 20 世紀に移し、新しい建物を建て、現代の道具をも収集している。例えば、オールド・タウンには、オスロ市内にあったアパートメント（Wessels Gate15）が移築され、1870 年以降のアパートの生活が再現されている。中には、ノルウェーの伝統民俗という概念からはずれた 21 世紀のパキスタンからの移民を再現した部屋の展示もある。

　また、博物館は屋内においても民俗芸能・民族衣装・玩具・ラップ人の人工物などを上手に幅広い時代で常設展示している。野外博物館において博物館の職員は、年間を通じて多くの参加型の踊りやガイドツアーを一般市民向けに企画し、それらの行事案内はパンフレットで一覧できるようになっている。博物館の図書や写真、古文書も一般公開されており、それらのガイドは野外博物館の各建物を端的に説明しており、最も重要なタイプの建物には説明がなされているなど、細かな展示意識が所々に認められる。この博物館はまた、偉人やノルウェーの文化や歴史の情報を与える重要なガイドブックとしての役を果たしているのである。平日ということもあろうが、スカンセンと比較すると多くの人々で賑わっているということはなかった。しかし、幼稚園の子どもたちが雨降りにもかかわらず見学に訪れていたことからも市民に愛される博物館になっていることが理解できた。

　演示者も少なくテーマパーク的内容の野外博物館ではなく、建築物の保存を主とした野外博物館と言える。コスチュームスタッフなどの人間を配するとかえって現実に引き戻されてしまうため、演示者が少ないことで当時の環境に身を置いたまま逍遥でき、野外博物館だからこそ体感できる環境と共に文化を学ぶことが可能となっている。この点のみをもって考察すると、スカンセンよりノルウェー民俗博物館の方が野外博物館の基本の姿を示しており、歴史の重みが伝わる力が強いと言えよう。

　また、ノルウェー民俗博物館は敷地内に屋内展示施設を持っていることも高く評価でき、その内容もかなり充実したものとなっている。移築民家に関する

情報は屋内の展示施設でも展示され、核となる博物館が同じ場所で公開されることは非常に重要であり、野外博物館の理想形態でもある。この点から考えてもノルウェー民俗博物館は野外博物館の基本的理念を兼ね備えた博物館と言える。

第2節　日本の野外博物館

1. 日本民族学会附属民族学博物館

第Ⅰ章 第6節 澁澤敬三の野外博物館において若干触れたが、本節では具体的に澁澤が関与した野外博物館についての考察を試みる。

『屋根裏の博物館』[5]によると、澁澤が大学時代に作ったアチック・ミューゼアムの収集資料の増大に伴い、1937（昭和12）年にアチック同人の高橋文太郎の協力により東京府北多摩郡保谷町に約1万坪の土地を得て、2階建125坪の研究所と事務所が建設された。ここにアチック・ミューゼアムの収蔵民具の一部が移され、10月に日本民族学会に寄贈された。1939年にはアチック・ミューゼアムの収蔵民具がすべて日本民族学会附属博物館に移管され、博物館が開館

図Ⅱ-7　設立時の日本民族学会附属研究所
（『屋根裏の博物館』横浜市歴史博物館・神奈川大学日本常民文化研究所　2002）

図Ⅱ-8　日本民族学博物館の野外展示
左：武蔵野民家　右：絵馬堂
(『屋根裏の博物館』横浜市歴史博物館・神奈川大学日本常民文化研究所　2002)

したのである。その後、日本民族学会は改組され、財団法人日本民族学協会が設立された。

しかし1942年に官憲の圧力によりアチック・ミューゼアムの改名を迫られ、「日本常民文化研究所」と改め、その後1951年の博物館法の施行により、登録博物館となった。1962年文部省史料館民具収蔵庫の完成に伴い、民族学協会はアチック関係資料を国に寄贈し、1977年国立民族学博物館完成と共に、アチック資料はそこに移管され今日に至っている。

高橋は保谷町に日本民族学会附属博物館が建設されるに伴い、野外展覧の整備を進め、今和次郎にその指導を仰ぎ「Garden Planning」の相談と、高橋の所有する民家の復元と移築調査を依頼したのであった。1938年に移築復元工事が竣工され、武蔵野民家は日本初の野外展示である「オープングラウンドミュージアム」の第1号展示物となった。その後、今和次郎の設計により絵馬堂も建設され、1939年に「日本民族学会附属民族学博物館」として開館されたのである。

1953年日本民族学会・日本人類学会・日本常民文化研究所は全国博物館大会で「国立民俗博物館設置方に関する建議書」を発表し、その建議は翌1954年に『民俗博物館はなぜ要か』に掲載された。この冊子の表紙はスカンセン、裏表紙はフリーランドムゼーの案内図が掲載されており、野外展示の必要性が窺われるものとなっている。また、国立民俗博物館の図面の野外展示鳥瞰図は、今和次郎が設計した日本民族博物館の図面と極めてよく似ており、まさに澁澤が構想していた日本民族博物館であった。

今和次郎は日本青年館郷土資料陳列所開設の際に「小博物館の開設に際して」[6] で次の如く述べている。

　　スカンセンには、その国の各地方の古い民家その他の建物が、一区域に集められて保存されているのである。そして各建物の周囲には夫々の地方の畑や牧場の様子が添えられているから、遠隔の土地を旅行している様な感が博物館を逍遥う事によって与えられる。

このように今和次郎が設計した日本民族博物館の鳥瞰図の発想はスカンセンが基本となっていたもので、今和次郎が設計した「日本民族博物館　屋外部設計俯眼図」と設立建議案を見る限り、現在我が国で管理運営されている野外博物館とさほど大きな変化はなく、澁澤が構想した民族博物館が今も生き続けているものの、一方で現在の野外博物館が当時の概念を越えていないとも言えるであろう。

また、皇紀二千六百年記念「日本民族博物館設立建議案　博物館ノ目的トソノ運営」[7] のなかでは、野外展示の項目を設けて次の如く記されている。

　　野外展観
一、地方色アル民屋若干ヲ建設スル事
　　東北、關東、關西、其他島　中ヨリ若干ヲ選定スルコト
一、其一部ニハ民具其他ヲ展観スルコト
一、都會家屋ニモ留意シ意義アルモノハ之ヲ取扱フコト
一、次ノ如キ特殊關係ノ家屋、其他ヲ考慮スルコト
　　1、家屋形態ヲトル別陳類
　　　　納屋、倉、釜屋、機屋、氷室、鶏小屋、薪小屋、水屋、船小屋（牛馬其他）、網小屋、便所（厠）、見張小屋（魚児害鳥獣盗人見張等）、灰屋、若者宿、穀倉、田屋、産屋、室、漆室、集憩小屋、高倉、肥料小屋、門、辻番小屋、火ノ番小屋、風呂小屋等
　　2、水車類
　　　　水車小屋、水車（足踏車、風車、桶付水車等）、ボットリ、ソーツ（バッタリ）
　　3、用水關係（飲料ヲ主トシテ）
　　　　井戸（ハネツルベ、車井戸、汲取井戸等）、筧、天水溜、川戸、汲ミ

地等

4、炭燒關係

炭竈、炭燒小屋

5、燒物關係

陶磁器關係、上リ竈、瓦燒其他

6、鉱業關係

タタラ關係、鍛冶、銅山、金銀山、鑄物等

7、山樵關係

山中設備、材採關係、木材搬出設備等

8、製鹽關係

9、製糖關係

10、造酒醬關係

11、製紙製鑞關係

12、製糸關係

13、織布染色關係

14、路傍造設物

不敢當、地藏、一里塚、馬牛頭觀世音、道神、塞ノ神、高札、火ノ
見梯子、番木、火ノ見櫓、燈籠、天下大將軍、幟關係

15、作業場關係

16、河川池關係

橋梁（丸木橋、ツリ橋等）、堤防、蛇籠類、百本杭、渡シ場、堰、用
水池、杭、洗ヒ場、サイフオン

17、石工關係

採石、石切場、運搬設備、石垣各種

18、船舶關係

筏、丸木舟、ヘギ舟、ソルコ舟、トモド、チヨキ、ニ〇リ、ボワチ
ヨワ、高瀬、平田、川崎、家根舟、傳馬、ダルマ、田舟、チヤンコ、
カツコ、サツパ、ダンベー、渡海舟、朝鮮ペー、ニーヤン（小葉舟）、
生箕舟等

19、車橇關係

第Ⅱ章　野外博物館の歴史　91

図Ⅱ-9　『民俗博物館はなぜ必要か』の表紙に野外博物館の代表として使用されたスカンセン
（『屋根裏の博物館』横浜市歴史博物館・神奈川大学日本常民文化研究所　2002）

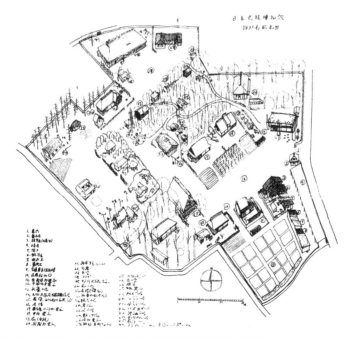

図Ⅱ-10　スカンセンと酷似する日本民族博物館野外部設計図（工学院大学図書館蔵）

　　　　ネコ、コロ、大八、シラ、牛車、馬車、ツリ車、荷車、人力車、圓太郎、
　　　　ワバ車、イザリ車、橇、一本ゾリ、人力ゾリ、蓮壹、スキー關係等
　20、牧畜關係
　21、狩關係
　　　　窂、落穴、○○、エリ、害鳥獣豫防装置（ワナ）等
　22、季節行事關係
　23、信仰關係
　　　　ホコラ類（石、木）、神社、假屋、鳥居、籠リ堂、地藏堂、觀音堂、
　　　　○ノ河原、山堂、拝所等
　24、其他特殊建設造型物

　このように今和次郎が設計した鳥瞰図はスカンセンに近いもので、具体的な
展示施設として野外展覧が含まれ、その野外展覧には民族植物園も計画されて
おり、澁澤が調査した民家が描かれたものであった[8]。今和次郎は1930年の
渡欧の際に、澁澤からスカンセンの解説書を入手し、澁澤は建築学的調査およ
びアチック関係の博物館の設計を今和次郎に依頼していたのである。

　前述したように今和次郎の日本青年館郷土資料陳列所開設の際に記述した
「小博物館の開設に際して」には、スカンセンは民家が一区域に収集保存され、
民家のまわりには環境も添えられているので、その地方を旅行しているようで
あったことが記されており、今和次郎が設計した日本民族博物館の鳥瞰図の発
想はスカンセンが基本であったと考えられるのである。

　以上の如く、今和次郎は日本初の野外博物館となるはずであった日本民族博
物館の鳥瞰図の設計、武蔵野民家の解体・移築復元、絵馬堂の設計と建設といっ
た我が国初の野外博物館において大きな業績を残した人物であった。

　保谷市に移築された武蔵野民家、および建設の絵馬堂と、戦後の1950年に
野外展示の拡充を図るために建設されたアイヌの住居は、野外展示としてオー
プンしたが、それらはすべて現存しない資料である。さらに1960年に奄美の
高倉が移築され、高倉はその後武蔵野郷土館に再移築、現在江戸東京たてもの
園に引き継がれ、その高倉のみが、当時の日本民族学会付属民族学博物館に移
築された建物で唯一残る貴重な資料となっている。

　後述する日本民家集落博物館、川崎市立日本民家園も日本各地の代表的な建

築物を収集し、移築した移設・収集型野外博物館であり、それに伴う民具類つまりその地方の文化・歴史までも展示公開するといった、澁澤が目指した民俗学の理念を受け継いだものである。澁澤は日本民家集落博物館の設立に際して顧問に就任、移築民家の資金づくりに財界への寄付協力の依頼に名を連ね、開館以降も生涯を通じてその理事を務めた。当時の保谷の財団法人日本民族学会附属民族学博物館に収蔵されていた資料は、現在大阪吹田市の国立民族学博物館に収蔵されている。「日本民族学協会会長新村出・理事長高田保馬宛書簡」[9]は、1944年7月4日に財団法人日本民族学協会に民族学博物館を寄贈する際に、澁澤が記した書簡であるが、この中

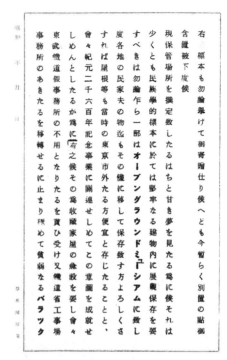

図Ⅱ-11「オープンラウンドミュージアム」の初見例(「日本民族学協会会長新村出・理事長高田保馬宛書簡」1944『屋根裏の博物館』横浜市歴史博物館・神奈川大学日本常民文化研究所、2002)

で野外博物館をオープンラウンドミュージアムと称して、その必要性を述べている。

> 現保管場所を撰定致したるはちと甘き夢を見たる爲に候それは少くとも民族學的標本に於ては堅牢なる建物内に展觀保存を要すべきは勿論乍ら一部はオープンラウンドミュージアムに致し度各地の民家夫の物迄もその儘に移して保存致す方よろしくさすれば屋根等も當時の東京市外たる方便宜と存じたることと、會々紀元二千六百年記念事業に關連せしめてこの意圖成就せしめんとしたるが爲に(略)(傍線は筆者)

澁澤は戦後になって野外博物館という言葉を使用することになるが、澁澤が実現しようとした野外博物館は単に建築物を移築しただけのものではなく、ス

カンセンのように生活を再現したものであった。前述した武蔵野民家と絵馬堂は、一般に野外博物館の嚆矢という評価はされていないが、生涯を通じて澁澤が理想とした博物館像を考えた場合、これらの建築物は博物館学理念に基づく野外博物館との解釈が可能で、我が国の野外博物館の嚆矢と見なせるのである。

2. 日本民家集落博物館

日本民家集落博物館は大阪府北郊の豊中市服部緑地の一角に所在し、面積およそ 36,000㎡の敷地に 14 棟の建築物を移築保存しているものである。北は岩手県の南部曲り屋から南は鹿児島県の奄美諸島の高倉まで、日本各地の特色ある建築物を収集しているのが特徴である。

一般的に我が国最初の野外博物館とされる大阪府豊中市服部緑地公園の日本民家集落博物館（1956 年）の設立過程は、当時の豊中市教育長島田牛稚による「民俗館設立の記」に詳しい[10]。1956（昭和 31）年秋に、郷土研究会員・学芸大学助教授鳥越憲三郎から合掌造り民家の移築の話が持ち込まれたのが発端であった。

　　飛騨白川村の合掌造民家が、国策遂行の一翼をになう電源開発工事のために、永久にダムの水底に沈むことになった。ところがその一棟が、関西電力株式会社の好意によって買収のうえ、大阪府に寄附される。それが府下のどこに設置されるか未定だが、わが豊中市に移築してはどうか。やりかた次第で何とかなると思う。

島田教育長はこの話を受けた時に合掌造民家の二つの価値に注目したのである。一つは釘や鎹を一切使用せず縄やネソで結びつけた特異建築様式としての建築史上での価値であり、もう一つは山村生活様式つまり生産構造としての民俗学的価値であった。この民家を移築してさらに民具を収集し、「民俗博物館」として活用できれば極めて特徴的な施設ができると見当をつけていたのであった。そして"民俗博物館設置要望書"を大阪府知事に提出したのである。

豊中市だけでなく高槻市、箕面町のほか数件の候補地があったが、経費面での条件を満たせば豊中市に決定するという内意が大阪府より示された。しかし赤字財政の豊中市で負担額をどのように工面するかが最大の課題となったのである。その内訳は移築関係費 480 万円のうち、関西電力が 150 万円、大阪府が

180万円、豊中市が150万円（後の交渉で100万円に減額）というものであった。しかし市議会の承認を得るにあたり、文化都市を誇る建前上このような文化的価値の高い施設は必要であるという意見に対して、義務教育の小・中学校さえも十分に建てられないのにそのような不要不急のものに予算は出せない、さらに赤字都市にそのような厄介なものを持ち込むのは、現在および将来に大きな累を及ぼすという賛否両論の声があがり、しかも慎重論が強く市議会全員の協賛を期待するのは困難であったと記されている。

何とかして民俗館を設立させたいという願いが実現できたのは、市民の大きな協力が得られたからであった。民俗博物館設立構想を立てる際、郷土文化研究会の意見を聞き、また教育的利用の立場から学校側に図り、その結果生きた社会科教材として学童に利用させたいという希望を得て、さらに新聞は事の成行きを委細に伝えることにより世論は高まり、ついに"飛騨白川村合掌造民家誘致発起人会"を結成、寄附金の募集に着手したのであった。

市長、教育長、公民館長をはじめとし関係者一同が動員され、教職員組合・学校・PTA・郷土文化研究会・青年団・ボーイスカウト・婦人会・文化団体は言うまでもなく、会社法人にいたるまでの協力が得られた。関西電力・阪急電鉄・阪急百貨店・阪急バス・大阪ガスで50万円をはじめとし、予定の180万円を軽く上回る結果となったのである。

移築民家は当初予定していたものではなく、より古い形式の大井家に変更となり、原地契約、解体、移送、復元の順を辿り、服部緑地42万坪の一角に白川村合掌造民家は移築されたのであった。建築学の立場から大阪市立大学の滝沢教授に調査を依頼し、鳥越助教授一行が原地での民具収集に派遣された。後に民俗館条例、予算の決定をみて開館式を迎える運びとなった。連日観覧者数は100名を越え、初年度観覧料は60万円に及ぶ見通しをみたのである。

　"民俗館"を拡充し整備し、名実ともに西日本における文化センターたらしめ、学童教育の園として、社会人観光の資として、いな進んで伝統日本を外国人にも紹介する場としたいと念願するものである[11]。

このように「民俗館設立の記」を結んでいる。以下、経過一束を記するものである。

　経過一束

1955年11月17日	（市長、教育長）"民俗博物館"設置申請　大阪府へ。
1956年1月11日	（市長、助役、教育委員長教育長に対し）大阪府から、豊中市へ貸与の内諾あり。1956年1月19日　市会文教委員会へ誘致案説明。
1956年2月7日	"飛騨白川村合掌造民家誘致発起人会"を組織、第一回会合を開く。
1956年2月14日	市会全員協議会に了解を求めた。
1956年3月上旬	寄附金募集開始。
1956年4月20日	府より、太田家は都合が悪く、他の家と取替えてほしいと、関西電力より要望あり。1956年5月16日関西電力水口庶務次長、府土木部島野計画課長、山田建築技師、鳥越助教授、島田教育長の一行が現地に赴き調査の結果、大井家に変更。
1956年6月17日	大阪市立大学滝沢教授を建築学の立場からの調査、大阪学芸大学鳥越助教授、菅沼氏を民俗資料収集の目的で現地に派遣。
1956年7月25日	大型トラック運搬第一陣緑地着。
1956年8月上旬	復元開始。
1956年8月20日	復元完了。
1956年9月22日	全文11条よりなる契約書を府と調節。
1956年9月24日	「民俗館条例」と同予算を市会に提出、満場一致可決。
1956年9月29日	一般公開。
1956年10月6日	開館式。

　以上が設立過程の一部である。延べ167坪の民家を、大型トラック60台で、360kmの行程を運び、第一陣が服部緑地に到着したのが7月の末で、8月上旬から復元にかかり、建物の周囲の石・屋根の茅等は原地からのものを使用し、復元作業員も白川村民に依頼している点が特徴と言えよう。

　我が国で規模的・組織的に見た場合、野外博物館の第1号は1956年に開館した日本民家集落博物館とみるのが一般的であり、2006年度に設立50周年を迎えている。しかし、この博物館の設立年度は論文によって1956年、あるい

は 1960 年とされており統一性に欠くことが多いが、この博物館の歴史には二つの時期があることが錯綜の原因となっているのであろう。

　一つは前述した豊中市立民俗館の時代であり、二つは財団法人日本民家集落博物館としての時代である。鳥越氏は設立途中で府立博物館にしてほしい旨の要望書を提出しているが、民家が 10 棟以上になるまで、しばらく豊中市の施設にするようとの指示を受けて、豊中市立民俗館として開館したものであった。開館と同時に「特別白川民俗展」「白川芸能祭」が催され、民俗絵葉書、合掌饅頭の販売も行なわれた。第 2 期は 1959 年、民俗館が開館し服部緑地を訪れる人が多くなったにもかかわらず、放置されている公園の開発は遅れていたため、豊中市立民俗館を発展解消し、スカンセンに匹敵する東洋一の野外博物館を建設しようという案が持ち上がったのである。財政面で府独自の建設は困難なため、財団法人日本民家集落の名での発足が決定し、1960 年 4 月 1 日から豊中市立民俗館は財団法人日本民家集落に移管され、1961 年に財団法人日本民家集落博物館と改称されたのである。

　このように、豊中市立民俗館という日本民家集落博物館の前身時代を経て現在に至ったものである。また、豊中市立民俗館の当時から、民具の陳列館を 1 棟建設している点は特記すべき事項であろう。本目的は移築民家以外の地域の民具収集を行なうためであった。日本民家集落博物館は、高度成長期に次々と消えていく町並みと伝統的建築物を保存し、公開するといった偉業を成し遂げたことの意義は大きく、その点は評価に値する事業であった。その後に続く野外博物館の範となった、我が国最初の野外博物館としての価値は極めて高いのである。

3.　川崎市立日本民家園

　1967 年に開園した川崎市立日本民家園の発端は、日本建築史学者関口欣也が横浜国立大学の卒業論文として提出した「多摩丘陵の農家　1955 年細山」[12]の調査がきっかけとなったものである。日本民家園建設構想の基になったのは、第 1 号移築民家となった伊藤家住宅であるが、これは 1964 年に国の重要文化財に指定され、その保存のために翌 1965 年に移築復元工事がなされ、1967 年に民家園が開園されるに至ったものである。

関口は 1950 年 8 月に伊藤家を調査し、同年 12 月に卒業論文としてまとめ、大学に提出している。これにより建築史研究会の調査が行なわれ、1951 年に論文の一部が『農村建築』33 号に発表され、伊藤家の事例が紹介された。伊藤家住宅の学術的文化財価値が世に理解され、重要文化財に指定されるに至ったこともさることながら、一大学生の卒業論文実地調査が、結果として日本民家園設立を実現させる契機となった点は特筆すべきであろう。

　関口の『日本民家園の発端』[13] によると、伊藤家住宅の移築先は当初横浜市三渓園に予定されていたが、地元川崎に保存する要望が起こり、市会議員、見識者の運動を背景に、当時の金刺不二太郎川崎市長が市内生田緑地に民家博物館の建設を決意したものである。

　川崎市稲田図書館長古江亮仁が初代の日本民家園長に就任し、定年の 1975 年まで民家園の主体部の建設が遂行された。古江は 1951 年頃から川崎市の文化財調査と保護の仕事に携わりながら、生活の変化により、民家が改築されたり取り壊されることに心を痛め、早急な施策を執らなければならないという焦りと同時に、日本の代表的民家を集めて緑の環境のなかに移築したら、共通の「ふるさと」にもなり、意義があるものになると夢を膨らませていたのである。前述した三渓園ではなく、地元川崎に保存する要望を強く訴えたのは古江であり、「川崎市のような新しい都市で、旧農村部の伝統的なものが急激に姿を消している所では、こうした古民家など生活文化財を残すべきである」という意見書を提出し、その結果市議会の賛同を取り付けたのであった。

　横浜国立大学大岡実教授が顧問となり、古民家の野外博物館プランの設定にかかり、東日本を中心とした全国的な建造物を 40 棟程収集することになったのである。この案に対して他府県までの民家を収集するとなると国家事業になるという反対を受けたが、「市民共通の『ふるさと』として、全国各地の代表的な古民家を市内の緑の環境の中に集めて移建したい。それ等の古民家はみな 200 年から 300 年を経、われわれの先祖の生活の場であって、その汗と脂が沁み込んでいるもので、純粋に民衆の文化財です。学問的価値はもとより、勤労市民の心のやすらぎを得る所となり、その子弟の教育の場としても、日本民族の生活の歴史を膚で感じとることになり、民族の伝統は脈々として子孫に伝えられることになりましょう。これは近ごろの観光ブームで、あちこちにみられ

る封建領主の牙城である城郭を、鉄筋コンクリートで復原したものとは性質が全く違い、その意義はずっと深いものなので、本市で全国に魁けて民家博物館を建設したいのです」と説明をし、満場一致で賛意を表されたものであったと記されている。

当民家園は復元調査をもとに、建てられた当初の形に戻すといった当初復元の形態を採っており、移築は、1965年の旧伊藤家住宅から始まり、1990年の旧岩澤家住宅で終了している。今後の移築見込みはなく、現在は保存修理が大きな課題となっており、市の財政事情の悪化とも相俟って未修理民家が累積している状況であるという。その結果差し茅程度で済むものが、葺替えを必要とするまで屋根の腐朽が進んでしまった事例も出ているのが現状である。古民家の保存で特に経費がかかるのが屋根の葺替えであり、屋根講や結い制度の消滅や材料の調達が難しいことなどから一棟につき2千万円以上の経費が必要となってくるのが一般的とされている。これは、萱葺き職人が近隣に在住していないこともその理由の一つとして挙げられる。

最近の事例として、渋谷区代々木八幡神社内に保存公開されている小規模な縄文時代中期の竪穴住居の葺替えが行なわれたが、地方から専門の技術者を呼び、修理に数日かかるために、滞在費等を含めてその経費は9百万円以上にのぼっているという。ほとんどの技術者が熟練の高齢者であり、若手後継者の育成は深刻なものとなっているのが現状である。このように、我が国の野外博物館の維持管理にかかる経費は大きな問題となっており、増渕和夫[14]がシンポジウム資料の最後に「廃屋園であってはならない」と結んでいる一文にも緊迫感が読み取れるのである。

川崎市立日本民家園は、川崎市北部に位置する生田緑地丘陵のおよそ3万㎡を利用して開園したものであり、前述の日本民家集落博物館と同様に日本各地から代表的な建築物を移築したものである。重要文化財指定家屋が8件、県指定文化財が10件あり、規模と内容からみてレベルの高い民家園と言えるものであり、ここを訪れると日本各地の民家を見ることが出来、一つの博物館で各地方の特色を比較しながら学べることの意義は大きい。この点が博物館としての民家園の必要要件なのである。

またボランティア制度の充実からイベント活動が盛んに行なわれ、来館者へ

のサービスの提供や配慮が充分であり、館内の整備も行き届いている。さらに
周囲には谷戸を残すなどの自然景観の配慮もなされている。これは移築当初か
らの方針として、園内の移築復元の建造物は漠然と建てるのではなく、地域別
に村落をつくり、急傾斜地、渓谷などの地形と自然を活かすように心掛け、地域
ごとに特色ある樹木を植えて自然環境の再現に努めてきたことの結果であろう。

　一般農家には梅・桃・梨・柿などを周囲に植林し、菜園や米麦の畑を作るこ
とにより農村の景観を出している。また、民具収集には留意しており、生活の
知恵、生業、風土等の関係を理解させるように努めており、農具小屋を建てて
収納展示を行なっている。さらに導入部に展示室が設けてあり、民家の歴史・
構造等が模型などによって解説されている。野外博物館においても屋外展示に
とどまらず、屋内における情報伝達が相俟ってこそ野外博物館のあり方を理解
でき得るであろうし、来館者の見学知識・意欲を向上させる手立てとして重要
なものとなってくるのである。これは、計画段階で大岡の出した「野外博物館
には建築を主とした付属の資料館が欲しい」という要望に基づいたものと言え
るのである。

第3節　我が国最初の登録野外博物館—宮崎自然博物館の成立—

　これまで述べてきたように、我が国の野外博物館はスウェーデンのスカンセ
ン野外博物館に発する古民家を移設収集する移築・収集型野外博物館が一般的
に知られているが、それとは別にアメリカ合衆国の国立公園から発祥した路傍
博物館の存在は明確ではなく、これまで論じられることも少なかった。我が国
の野外博物館の発生にはこれら二系列に大別することができるのである。

　本稿で述べるところの野外博物館は、民家移築・収集型である所謂民家園[15]
とは発生的思想を異にする、アメリカ合衆国の国立公園から発生する自然系の
野外博物館であることを特徴とする。具体的には、富山県宮崎村に所在する富
山県鹿島神社とその社叢を形成する天然紀念物鹿島樹叢を核とした路傍博物
館である。1935年頃から活動は始まり、1949年にはその構想は実践に移され、
1952年4月には博物館施設となり、同年8月には博物館法による登録博物館
として位置付けられ、その存在は法的に認められるに至ったのである。我が国

最初の自然系の野外博物館が、それも登録博物館として民間主導の官民一体の中から出現していたことは、博物館学界においても看過されてきたのが実状である。

本節は、未だ研究対象とされなかった路傍博物館としての宮崎自然博物館の成立過程を、未見の資料である当時の旧宮崎村公文書、及び推進者たちが著した僅かな刊行物から考察し、宮崎自然博物館設立の目的と、博物館法制定時の社会的様相の解明、野外博物館の意義と昭和20年代後半から30年代頃の野外博物館に関する博物館思想を併せて考究するものである。

1. 宮崎自然博物館設立の経緯と実践した人々

宮崎自然博物館は、富山県下新川郡朝日町宮崎に所在し、地元の教員と御当地に鎮座する鹿島神社宮司らが中心となった博物館設立運動によって、それまで我が国には存在しなかった理念に基づく、民家園とは異なる最初の野外博物館であった。その理念は、澁澤が実践した民家の移築・収集型野外博物館ではなく、古くは棚橋源太郎が我が国に紹介した[16]、アメリカの国立公園から発祥した路傍博物館に近似したものであった。しかし、その思想はアメリカ合衆国の路傍博物館のような、自然保護と理科教育を主たる目的とするのではなく、ドイツ郷土保存思想を加味した郷土保護思想から生まれた我が国独自の路傍博物館であったのである。

本節では、宮崎自然博物館を実践した郷土の推進者たちの思潮を論じ、更に宮崎自然博物館成立の契機となった黒部渓谷の開発と鹿島樹叢の史蹟名勝天然紀念物指定から、その成立の考察を試みるものである。

①郷土の推進者たち

宮崎自然博物館に関する記事は、1954年に鶴田総一郎が執筆した「新しい博物館5　宮崎自然博物館」[17] に記載があり、当該書によると、1935年頃から富山生物学会会長進野久五郎、宮崎小学校教員山本潔・大田弘・森群平・九里元三、宮崎小学校校長高柳博らによってその活動が開始されたと記されている。

その後、1951年に宮崎小学校・宮崎観光協会編の『宮崎自然博物園』[18] が刊行された。本書によると、1949年頃は博物館法制定以前であったところから、当然博物館法による登録博物館ではなかった。名称も宮崎自然博物園であった

が、郷土紹介として宮崎自然博物園の解説が46頁に互り記されている。その内容は、「はじめに」「宮崎自然博物園を構成する人文系資料と自然系資料の解説」「宮崎鹿島樹叢」「宮崎村鹿島社叢の軟体動物」「宮崎自然博物園附近の植物について」「宮崎定範事歴」「脇子八幡宮と北陸宮」から構成されており、具体的な宮崎自然博物園についての記述は極めて少ないのが事実である。僅かに「はじめに」に、軌道に乗りつつある宮崎自然博物館の当時の活動が記されている。

　　笹川トンネルから城山を越え、鹿島樹叢、宮崎海岸に至る自然は、誠に風光絶佳といつてもよいが、それ以上に地理的に珍重なものがあり、多種多様の動植物をもち、加えて由緒ある史蹟、古墳など、まさに<u>自然の大博物館</u>といつても過言ではないと思う。これをそのままにしておくのは、宝の持ちぐされで誠にもつたいなく、又放任することは無責任のようにも感じられ、一昨年来宮崎博物園の計画をたて、さきに簡単な手引をだし、道標をたて、或は道路を作つたりしたのであるが、今度は小中学生向き解説を試みることにした。次にはもつと専門的な資料を出版し、施設もよくしたいと思つている。（傍線は筆者）

このように、地域一帯を「自然の大博物館」に見立て整備に及んだ過程と、今後のより充実した整備計画やさらなる研究意欲などが窺えるのである。また、奥付けに見る発刊が1951年であり、文章中に「その一昨年来」とあることから、宮崎自然博物園の設立年は1949年ということになろう。路傍博物館なる語の記述はないものの「手引き」「道標」「小中学生向き」等々の棚橋の邦訳による路傍博物館に関する専門用語の使用からも、アメリカ合衆国の国立公園で発祥した路傍博物館を範とした博物館であったことが、行間から読み取れるのである。宮崎自然博物館設立当時の出版物はこの他、1955年の『動物及び植物目録』[19]のみである。その後1980年になって『植物よもやまばなし』[20]と『越中宮崎城下出土銭考』[21]が発刊されるが、いづれもが其々の分野の専門図書で宮崎自然博物館の実態を記したものは、前述した1951年の『宮崎自然博物園』のみである。

1955年の『動物及び植物目録』は入善小学校教員（前宮崎小学校勤務）で、宮崎自然博物館学芸員を兼ねた大田弘が執筆したものである。以下に序文を記す。

（一）この一周コース及その地域を宮崎自然博物館と謂う。このコースは春、秋のハイキングコースとして快適であり、キャンプ地として青少年の心身の鍛練場であるが、風光の佳麗明美なことは県下随一である。（略）このように博物館としての資料の豊富なことは、宮崎博物館の最大の特徴であつて、その内容の一端を公にして、一層宮崎自然博物館の真価を認識して戴き、且又広範囲な活用をして戴いて自然研究の一助としたい。

（二）宮崎自然博物館は、終戦後自然研究のため当地へ来られた現富山生物学会長進野久五郎先生が、戦後公開された旧陸軍の築造した笹川から城山に到る軍用道路を踏査して、これを利用し城山より宮崎へのコースを通り、宮崎の鹿島樹叢、宮崎浦を含めた路傍博物館の建設を提唱せられた。そして当時の宮崎小学校長大久保由光先生、現宮崎小学校長高櫻宗繁先生及学校職員の努力、宮崎村長折谷芳桓氏の絶大な援助、役場史員一同、村民の協力と進野先生、木場一雄教授（熊本大学）、鶴田総一郎先生（国立教育園次長）の御指導の御蔭によつて、昭和27年4月1日より村議会の決議により、宮崎自然博物館が発足し、昭和27年4月17日、文部省指定の自然博物館となつたものである。（傍線は筆者）

現在知ることができる宮崎自然博物館の設立目的と設立経緯に関する記述はこの序文のみであり、序文以外は生物に焦点を当てた論考となっている。しかし、この序文に木場一夫と鶴田総一郎の氏名が記述されていたことから、ここに二人の博物館学者の関与を窺い知ることができるのである。さらに特筆すべきは、我が国で初めて路傍博物館を推進した人物である富山県生物学会会長の進野久五郎の名が明記されていることである。

進野は山形県の生まれで、富山県に赴任して富山中部高校長などを勤め、富山県生物学会会長や富山県自然保護協会常任理事を歴任し、立山の高山植物の研究に全力を注いだ植物学者であった。昭和天皇や牧野富太郎博士を立山に案内して、その自然に感激させたのも進野であった[22]。富山の自然に情熱を傾け、恵まれた自然環境を生かした教育の充実に尽力した人物であったことは、この頃文部省が1945・46年度の優秀な科学教育実践校及び関係者を日産発明推奨会に推薦しており、1946年度の優秀な科学教育関係者及び団体として25名と1団体を推薦した中に、当時富山県科学教育研究所長の進野が含まれていたと

ころからも裏付けされる。文部省の推薦理由は、「教職員を対象とした講習会の指導や学校巡回の指導を担当したり、家庭への科学の浸透を鼓舞したり、子どもの科学心の啓培に尽力した」[23] ことであった。この推薦理由からも進野が富山の自然環境を生かした教育を推奨していたことや、宮崎小学校の教職員に対しての講習会や指導を行なっていたことは明白であろう。この進野の指導のもと、宮崎自然博物館構想は地道に実践されていったのである。ここに我が国最初の路傍博物館の実践者は、植物学者進野久五郎であったことを銘記するものである。

　1955 年の『動物及び植物目録』以降、その後 25 年間は宮崎自然博物館に関する刊行物は認められない。しかし、泊中学校教員の長津蔦尾による 1980 年の『植物よもやまばなし』には、

　　　このコース近辺の自然、自然物、史跡を含めて宮崎自然博物館という。
　　この自然博物館は一種の路傍博物館である。（傍線は筆者）

また、『植物よもやまばなし』に収められた 1978 年の「朝日ふるさと歩道の紹介—自然観察コースとして—」（富山県生物会誌）のはじめには、以下の如く記述されている。

　　　このごろ日本全域にわたって「緑」にかかわりを持つ施設がなされたり、
　　行事も盛である。富山県でも各地域にそれぞれの特徴を持つ施設がなされ、
　　一般には勿論、学校教育の現場に大変役立ってきた。
　　　本校でも、文部省指定、宮崎自然博物館が校下にあるので、昭和 42 年
　　以降一貫してここの研究にとりくみ、現場にも活用してきた。然し校下に
　　はこの自然博物館コース以外に、広い地域に理科教育は勿論一般教育の生
　　きたさまざまな素材があるが、地域が片寄っていたり、或いは歩道が不完
　　全だったりで教材としてとり入れることが困難であった。ところが本年、
　　富山県置県 100 周年を目標に県と町が協力して、朝日県立自然公園内の景
　　勝地を選び、山道を県民のレクリェーション歩道として整備され、観光地
　　としての宮崎浜、鹿島樹叢などとともに一般は勿論、教育の現場にも大い
　　に役立つものと思われる。

前述の如く、25 年間に亘って刊行物がなかったにもかかわらず、これらが刊行された 1980 年頃は、宮崎自然博物館の活動はいまだ続いていたことが理

解できるのである。宮崎自然博物館の活動の中心となったのが小学校の教員であったことで、遠足や理科教育といった児童教育の一環として活用されてきたのであろう。宮崎自然博物館の野外博物館構想が実現した背景には、推進者たちの一方ならぬ熱意と努力があった。「熱心な学芸員」という表現が将に当て嵌まる学芸員たちであったことを窺い知ることができるのである。

後述する鶴田の「新しい博物館5　宮崎自然博物館」に「一言にしてこれを尽せば、「人」にありということになる。即ち、富山県下の、理科担当教官を中心とする教職者の努力の結晶である。」とある。宮崎自然博物館は宮崎村村長、鹿島神社宮司、宮崎小学校理科教員が中心となり、このうち村長を除く4名が、暫定学芸員資格を有することも博物館法制史上大きな特徴である。人文系学芸員二名と自然系学芸員二名が各々の専門分野で協力しながら博物館運営に携わった。このうちの鹿島神社宮司九里道守は暫定学芸員からさらに、文部省による1954年度の学芸員講習で学芸員資格を取得しているのである。

②黒部渓谷の開発と観光

黒部渓谷一帯は遠流の地として加賀藩が立ち入りを禁じていた時代もあったように、古くから秘境として知られている。明治期に入ると一般にも開放され、多くの探勝者で賑わっていった。また戦前期からは電源開発の対象地となり、黒部ダムの開発の工事用通路を立山黒部アルペンルートとして観光開発するに至り、大正元年頃には年間一千万人以上が訪れる観光地として発達した経緯を持っている。観光地化される過程に見られた当時の機運は『北陸めざまし新聞』に次の記事が認められる。

一、1922年6月21日付『黒部開発号』

　　黒部川は天下の絶勝を称し、本邦無二の<u>天然大公園</u>と言うべきであるが、惜しむらく北陸の一方に介在し、交通不便にして従来の実価が世に知られずにいる。交通の便を整えれば、漸次探勝者も増し、黒部は日本の一大公園となり北陸第一の温泉地帯となる事は疑う余地はない。（傍線は筆者）

二、1934年9月1日付

　　秘境黒部開国の指定に乗り出した文部省が、いよいよ過去15年に亘る問題の最後的解決を図るために、実地調査を行なった。日本電力側の設計に渓谷美を破壊する点があれば、設計を変更せしめる方針により、多年の

問題であった黒部渓谷が、名勝ならびに天然紀念物として指定されるであろう

三、1935 年 10 月 1 日付

　　地下鉄道の建設を企て、地下千三百尺の超快速エレベーターによって、思うままに附近の大原始郷の神秘地帯を逍遥でき、この新施設の完成後は楽々一日で往復、その上老幼婦女子と雖も探勝できることになる。国立公園中部山岳の一偉彩を放つ設備となる

　一および三の記事に見られるように、黒部渓谷を観光地として成功させるには交通の便を整えることが必須であった。そして黒部渓谷開発の一大使命を以て設立した黒部鉄道株式会社の一大抱負は、黒部渓谷を開発して「日本の一大公園」とすることであった。さらに二の記事からは、文部省による名勝天然紀念物としての指定をも視野に入れた、環境保全に重きを置いた計画であったことが読み取れるのである。

　このような日本の一大公園たる黒部渓谷の観光地としての成功は、宮崎村民へも影響を及ぼしていくこととなった。『越中志徴』[24] に「山と川と海との調和よろしきを得、加えて動植物の種類豊富、到る所、風光の美を誇りうる観光地帯をなしている。近年、宮崎海岸・鹿島樹叢・城山（二四七米）・笹川一帯を総称して「宮崎自然博物館」とし、観光・学術の用に供している。」とあるように、宮崎自然博物館の設立目的は観光を強く意識したものであった。このような黒部の成功も相俟って、鹿島神社宮司九里道守は、「何とかしてこの宮崎村を観光地として成功させなければならない」[25] と常日頃より、その思いを募らせていった。鶴田も「新しい博物館 5　宮崎自然博物館」で論じたように、「さして珍しくもすばらしくもなく、どこの地方にもあるような村」を観光地として成功させるために、天然紀念物鹿島樹叢を核として、地域の史跡・遺跡・自然等を野外博物館にする構想を企てるに至るのであった。

③史蹟名勝天然紀念物鹿島樹叢

　続いて鹿島樹叢が史蹟名勝天然紀念物に指定される経緯に関しては『北陸めざまし新聞』に次の記事が認められる。

1936 年 7 月 1 日付第 296 号

　　「学界の驚異　全国稀に見る暖帯植物の原始林＝宮崎村鹿島神社叢＝近

第Ⅱ章　野外博物館の歴史　107

く天然紀念物に指定」

　県が天然紀念物として申請した宮崎村の鹿島社叢の調査に、文部省嘱託
の三好学博士が訪れ、詳細なる調査を遂げて同日帰京した。三好博士は「天
然紀念物として指定するに充分の価値があるとして、温帯植物の北限地と
してでなく、或る名目で近く認可になるであろう」ことを述べている。「特
に『城山シダ』の存在はこの社叢に一層の指定価値をつけているので、指
定の暁は充分に保護を加へて貰いたい」とその保存の重要性を述べた。

　このように、百パーセントの研究価値を供えた驚異的な存在として学界の注
目を集め、近く指定運動を起こすに至ったのである。

　鹿島樹叢が 1936 年 12 月 16 日に国の天然紀念物に指定されたことが、宮崎
自然博物館設立の大きな要因であったことはいうまでもない。その後鹿島神社
を含む鹿島樹叢を核として、地域一帯を野外博物館にする構想を固めていくの
である。

④郷土博物館としての野外博物館思潮

　前述からも明確であるように、宮崎自然博物館は自然環境、歴史、民俗、芸
能といった総合的な分野に基づいて設立された野外博物館であった。つまり、
地域そのものや地域文化資源の保存と活用を基本理念とした野外博物館であっ
たのである。したがって、民家を移築して野外博物館を設立した川崎市立日本
民家園や大阪府の日本民家集落博物館と比較すると、歴然たる違いがその思想
上に認められるのである。

　1954 年に刊行された『宮崎村の歴史と生活―舟と石垣の村―』[26] 及び 1953
～1955 年にかけての旧宮崎村公文書[27] に、宮崎自然博物館の構成が以下の如
く詳述されている。

　所在地　宮崎村地内。笹川トンネルより城山・鹿島樹叢を経て宮崎海岸に至
　　る地帯一円。

　施　設　道路 500 米、辺島・中島・沖島その他の土地及び資料 1,500 点。

　その他　昭和 27 年 4 月 1 日設置。同年 4 月 17 日文部省指定、同年 8 月 1 日
　　登録。設置者は宮崎村長折谷芳桓、管理者は宮崎村教育委員会である。

　資料目録

　　1.自然博物館入口（指示標柱・博物館概説及地図）2.脇子八幡宮の森（動

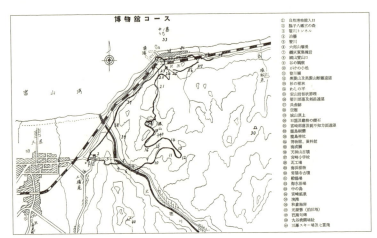

図Ⅱ-12　宮崎自然博物館リーフレット手引き（1955年）

物・植物・建造物）3. 笹川トンネル（植物・地質・自然現象・建造物）4. 泊層（地質）5. 笹川（自然現象・建造物・動物・植物・地質）6. 六郎山堰堤（建造物）7. 凝灰質塊岩（地質・植物）8. 城山登り口（指示標柱）9. 谷の観察（地形・植物）10. がけの小松（植物・地形）11. 笹川層（地質・地形・自然現象・植物）12. 黒菱山及断層崖（地形）13. 杉の植林（植物）14. わしの平（史蹟武家屋敷跡）15. 安山岩板状節理（地質）16. 笹川部落剣岳遠望（集落）17. 兵舎跡（建造物・植物・動物・地質）18. 空堀（建造物）19. 城山頂上（史蹟宮崎城址・建造物・集落）20. 石畳及礎石（建造物）21. 短波無線通信地（建造物）22. 宮崎部落を見下す（集落形態）23. 宮崎鹿島樹叢（天然紀念物・植物・動物）24. 海浜の隆起海成層（地質）25. 天神山古墳（史蹟）26. 宮崎小学校標本陳列所27. 瓦工場（建造物・地質）28. 海浜植物（植物）29. 常福寺古墳（史蹟・植物）30. 舟揚げ場（建造物）31. 宮崎遊泳場（地質・化石・自然現象）32. 中の島（動物・植物）33. 宮崎鉱泉（地質・建造物）34. 宮崎漁港（地質）35. 鹿島神社（建造物）、宮崎定範卿の碑（史蹟）、一里塚跡（史蹟）、明治天皇御小休所址（史蹟）36. 和倉（史蹟）、宮崎境町松（史蹟）37. 元屋敷（史蹟）38. 芭蕉翁句碑（史蹟）39. 九谷窯場跡（史蹟）40. 三峯スキー場（地形）、七里滝（地形）、四倉谷地亙層（自然現象）

標本陳列所目録（宮崎小学校に併置）

　具体的には宮崎自然博物館は、自然分野では広大な鹿島樹叢（国指定天然紀念物）と城山一帯を対象とし、人文分野では宮崎城址（県指定史跡）、鹿島神社（町指定建造物）、境一里塚（県指定史跡）、芭蕉句碑（町指定史跡）等や、地域では浜山玉つくり遺跡（県指定史跡）や明石遺跡、三峰遺跡などをその範疇に含んでいる。このことは、郷土史研究が盛んであったことから鑑みても鶴田も指摘するように明らかな総合博物館でもあり、その上当該地域の文化財の総てを活用している郷土博物館なのである。宮崎自然博物館は、郷土博物館機能を有した野外博物館であり、この点で日本民家集落博物館などとは設立理念が異なるのである。

　以上述べたように宮崎自然博物館の設立当時の盛況は、植物学者進野久五郎による学術調査と郷土の熱心な小学校教員と宮司の努力、次に述べる木場一夫、鶴田総一郎といった博物館学者の関与が大きな原動力であったことが窺い知れるのである。さらに、設立の契機を強めたのは、鹿島樹叢が国の史蹟名勝天然紀念物に指定されたこと、近隣の黒部渓谷が観光地として成功を極めていたことであったことは前述したとおりである。その上で郷土保存思想が大きく関与していることから、野外博物館思想に基づく構想は、郷土保存から始まったものと指摘できるのである。

2. 宮崎自然博物館に関与した博物館学者たち

　宮崎自然博物館はその設立過程の中で、木場一夫、鶴田総一郎といった博物館学界の人物と接点を持つことで、さらにその構想は着実なものとなり、一つの完成された野外博物館を実現するに至ったものと看取される。次に両氏が残した宮崎自然博物館に関する記述を中心に論考を試みるものである。

①木場一夫の野外博物館構想

　木場はアメリカ合衆国の国立公園に端を発する野外博物館を、その著『新しい博物館』（1949年）[28]の中で路傍博物館と呼称し、自然研究や戸外教育の実施場所として路傍博物館の設置は、学校教育及び社会教育の面から重要であるとし、その概念は自然系・人文系の両分野に亘るもので、両者は密接な関係を保つ必要性を説いたものであった。

木場がこの『新しい博物館』を執筆している時期は、すでに宮崎自然博物館の活動は始動しているが、当該著には宮崎自然博物館の記述は見られない。翌1950年の『理科の学習指導』[29]にその存在は記述されているところから、木場が宮崎自然博物館に調査に赴くのは、1949年から1950年にかけてということになる。この時期は、木場は文部省科学教育局に所属していた時期でもあり、鶴田が1954年に記した「いちはやく現地を視察された、熊本大学教授木場一夫氏（当時は文部省科学官）」の記述とも合致している。木場が現地調査を実施したという記述は、後述する鶴田の「新しい博物館5　宮崎自然博物館」（1954年）と宮崎自然博物館学芸員大田弘の『動物及び植物目録』（1955年）に登場するだけであるが、木場の氏名の記載から、アメリカ合衆国の国立公園で発達した路傍博物館の理念を参考にした野外博物館であった確率は高いと推測される。木場は『新しい博物館』では「自然路博物館と路傍博物館の構想と実地が近い将来我が国においても実現されることは望ましい」というに留めながらも、観光問題をキーワードとしている点は注意が必要であろう。宮崎自然博物館の設立理念の大きな要因の一つが、観光を目的としたものであったからである。

1949年にこの『新しい博物館』は刊行されたが、すでに同年には「宮崎自然博物園」の構想は確立している。つまり、木場の著書を参考として構想が練られたのではなかったことが理解できる。したがって、前述した進野久五郎こそが早くから軍用道路を踏査したうえで、これを利用し、鹿島樹叢を含めた路

図Ⅱ-13　ラベルによる野外展示　　　図Ⅱ-14　自然博物館入口案内板
(1954年『宮崎村の歴史と生活―舟と石垣の村―』より転載)

傍博物館の建設を提唱したと思われるのである。

　進野は植物学者であることや科学教育の推進者であったことから推測すると、アメリカ合衆国で発達した路傍博物館の知識は持ち得ていたであろうし、さらに生物学という同じ研究分野で共通し、当時路傍博物館の研究を進めていた木場へ話が伝わった可能性は非常に高いと想定されるのである。また、博物館法制定に向けての機運が高まる中で、文部省科学官の木場との接点を持つことも不自然ではなかったと看取されるのである。

　おそらくこのような経緯をもって、木場の目指した路傍博物館が我が国において着実に具現化され、木場が理想としたアメリカ合衆国における児童自然教育の実践が行なわれていったものと推定される。木場は宮崎自然博物館を着実で基礎が確立していることから、その前途を嘱望して激賞したものと解釈されるのである。当然この基礎を築いたのは進野であり、宮崎小学校の教員たちであり、鹿島神社の宮司であったことは前述のとおりである。

　周知の如く木場の路傍博物館論は、地質、鉱物、歴史、考古学といった、人文系と自然系の両資料によるプログラム作成を指示しており、宮崎自然博物館の大きな特徴である自然と歴史の総合野外博物館に、まさに合致する理論であったことは事実である。

　また。宮崎自然博物館は、説明ラベルの充実という点においても路傍博物館の実践的理論に合致するものであった。このラベルの重要性について木場は、「実物をわかりよく人々に伝えるためには、説明の役目をはたすラベルがもっとも重要性を発揮する。」としており、宮崎自然博物館の展示の特徴であるラベルの活用は、児童教育の面からも高く評価されたと思われる。木場は、翌1950 年の『理科の学習指導』において宮崎自然博物館を明確に記し、路傍博物館としての宮崎自然博物館に大きな期待を抱くのであった。木場の路傍博物館論はこれまでも多くの研究者に引用されてきたが、こと宮崎自然博物館に焦点を当てた引用は見られなかったところから、以下に木場の宮崎自然博物館の記述を掲載すると次の通りである。

　　のぞましい自然観察路と路傍博物館をつくるには、目的に合致した地域を選定することが第一の問題である。（略）この博物館で展示するものは、その地域内のものか、近接地方のものでなければならない。いかに珍

奇であり、学術上貴重であつても、関係のない他の地方の資料は路傍博
物館の本質を生かす資料ではないということを理解する必要がある。(略)
このような自然学習のための施設が、わが国でも実現すべきことを筆者
(一九四九)はすでに論じたのであるが最近若干の試みが実現されつつあ
り、また計画されているのはよろこばしい次第である。(略)

　富山県下新川郡の東北端で、新潟・富山両県境近くにある宮崎自然博物
園である。

　泊町から宮崎村に至る城山を含むむ山地一帯は風光にめぐまれ、鹿島樹
叢のように暖地植物を多く含む森林があり、また泉・地層史蹟・古墳など
が存在するので、これを自然の博物館として利用するために宮崎自然博物
園をもうけ、ハイキングコースに沿つて見学すべき二十余箇所を設定した。
宮崎村小学校の郷土博物室には、貝・魚・植物などの標本が保存展示して
ある。

　　以上二例は筆者の知り得た範囲のものであるが、ともに新しい試みとし
て成長発展することに、筆者は多大の期待をいだいている。

　このように木場は路傍博物館は地域文化資源を対象とすることの必要性を論
じ、路傍博物館の若干の試みを、具体的に国立自然教育園と宮崎自然博物園の
2例を挙げて紹介している。この記述からも理解できるように、木場は1949
年の『新しい博物館』で期待を寄せた我が国の路傍博物館の実践を短期間で見
るに至り、そして翌1950年の『理科の学習指導』においては、その発展を強
く望むものへと語調を変化させたのであった。木場が宮崎自然博物館を我が国
最初の路傍博物館として高く評価していたことは、次に述べる鶴田も認めると
ころであったのである。

②鶴田総一郎の野外博物館構想

　木場と並んで宮崎自然博物館に関与していたのが鶴田総一郎であった。木場
と鶴田の関係については確認するまでもないが、木場が1943年から1952年に
亘り、文部省科学教育局科学教育課科学官の職務に就いていた時期に、鶴田は
同科学教育課で科学官補の職にあった。つまり同じ職場の先輩と後輩という関
係の中で、鶴田の博物館学は木場の影響を大きく受けながら形成されたと言え
るのである。

その後国立自然教育園次長に転じた鶴田は、1954年「新しい博物館 5 宮崎村自然博物館」の中で次の如く論じている。

　　広さ三五,〇〇〇坪の自然環境が宮崎村自然博物館の基盤である。これだけでもわかるように、ここは日本では例のすくない野外博物館であり、また動植物、地質鉱物、地理・歴史・民俗・考古等にわたる綜合博物館でもあり、さらに、身近な文化財の総てを活用している郷土博物館ともいえる。（略）さして珍しくもすばらしくもなく、どこの地方にも、努力すれば見出せる程度の自然である。にもかかわらず、特色ある施設と運営を行っており、識者から将来を嘱望されているゆえんのものは、一言にしてこれを尽せば、「人」にありということになる。即ち、富山県下の、理科担当教官を中心とする教職者の努力の結晶である。（略）早くは昭和十年頃から既に独自の活躍をはじめ、あるいは専門家に調査を委嘱する等、手段を尽して郷土の調査研究に当り、またこれを教育面に活用する等、地味な努力と活動を続けてこられた。これが村当局の認めるところとなり、その支援のもとに、昭和二十四年頃からは全域をまとめて「宮崎自然博物園」として構想されるようになった。その後、やはり宮崎小学校長首唱の下に、手引きを出し、道標を立て、あるいは道路をつくるなど、構想の実現に根強い努力が試みられた。当時、いちはやく現地を視察された、熊本大学教授木場一夫氏（当時は文部省科学官）も、その構想が着実で無理がなく、基礎も確立しており、また教育者による盛り上る力の結晶であること等をあげ、その前途を嘱望して激賞されていた。かように、外部からも支持されるに到って、力を得た関係者の努力をさらに決定的にしたものに、ちょうどその頃成立した博物館法がある。これはこの「宮崎自然博物園」を国法が端的に支持することを意味する。かくして、関係者の長年の努力が実を結んで、昭和二十七年四月から、正式に「宮崎村自然博物館」が生れ、同月文部省告示第十三号により博物館施設として指定され、さらに同年八月博物館法による博物館として富山県に登録され、ここに名実ともに宮崎村自然博物館が確立した次第である。

このように、短い記述ながらも宮崎自然博物館の要点を端的に捉え、その実態の把握を可能とする文章である。先ず、宮崎自然博物館が総合博物館である

と同時に、郷土博物館であると指摘していることが特筆すべき点であり、前述した我が国の野外博物館の基本概念である古民家を全国から移設収集した川崎市立日本民家園や大阪府の日本民家集落博物館等は、必ずしも本来の生涯学習施設として完成された野外博物館の姿ではなく、野外博物館は完成された郷土博物館としての役割を果たすことが望ましいのである。

宮崎自然博物館は、日本でも事例の少ない野外博物館で、動植物、地質鉱物、地理・歴史・民俗・考古学等にわたる綜合博物館であるとして、身近な文化財の総てを活用している郷土博物館と明記しているのである。「当該地はさして珍しくもすばらしくもなく、どの地方にもあるような自然であるが、特色ある施設と運営を行ない、識者から将来を嘱望されている」と評価したのであった。そして昭和24年頃から全域を「宮崎自然博物園」として構想し、熊本大学教授木場一夫からもその構想が着実で無理がなく、基礎も確立しており教育者による力の結晶であることから、その前途を嘱望して激賞されたと論じている。

さらに博物館法制定（1951年12月）に伴い、1952年4月に、正式に「宮崎村自然博物館」が設立され、同月文部省告示第13号により博物館施設として指定を受け、さらに同年8月博物館法による博物館として富山県に登録され、ここに名実ともに登録博物館としての宮崎村自然博物館が確立したとあり、鶴田は限られた紙面の中で宮崎自然博物館の成立過程を端的に論じたのであった。

③新井重三の野外博物館構想

我が国の野外博物館の発生には、思想が異なる二種の考え方があったことは前述したとおりであるが、この二つの発生の違いについては、逸早く鶴田が1960年に「日本の博物館の状況について」[30]の中で指摘したものの、このTrailside Museumと分類された宮崎自然博物館はその後、研究者の目にとどまることはなく、路傍博物館の濫觴としての位置付けには至らなかったのである。その最大の理由は、戦後の昭和期における野外博物館研究の第一人者でもあった新井重三が宮崎自然博物館を取り上げなかったことが大きな要因と考えられる。新井による野外博物館論以降の野外博物館に関する研究は、多くが新井の理論に沿って進められてきたことから、宮崎自然博物館の名は博物館学界には認知されずに終焉を迎えたのである。

1956年、鶴田は「博物館学総論」[31]を執筆、編集した。その後半部で新井は「野

外博物館」[32] を担当しており、その中の野外博物館一覧表の自然関係の分類に
十和田科学博物館・奥日光博物館・秩父自然科学博物館・国立自然教育園・市
立大町山岳博物館・宮崎村自然博物館・魚津市立特別天然記念物埋没林博物館
を事例として挙げている。この事例のうち、国立自然教育園・市立大町山岳博
物館・宮崎村自然博物館の3事例は、鶴田の「新しい博物館」にも紹介された
こともあり、当該表に宮崎自然博物館を挙げざるを得なかったであったろうと
推測される。

　しかし論考の内容は、新井が自ら学芸員を務め実践した秩父自然科学博物館
と、鶴田が勤務していた国立自然教育園についての詳細は触れるが、宮崎村自
然博物館は表中名称のみに終わるのである。

　1953年11月1日付で日本博物館協会倉田平吉から宮崎自然博物館に書簡[33]
が宛てられた。

　　　（前略）現在、フィールドミュージアムの方向へむけての努力をしてい
　　る例は、1、埼玉県秩父郡上長瀞の秩父自然科学博物館（学芸員　新井重三
　　氏に構想を御連絡下さい。ここでは、あたりの自然を対象に、野外博物館の構
　　想をねっています）（傍線は筆者）
　更にもうひと館、福井県坂井郡雄島村をあげて、

　　　これらは、貴館から教わるとも、まだ、之からというところであり、ま
　　た、仕方の深さも貴館には及ばないかも知れませんが（後略）
と続く。この文面から解釈すれば1953年の時点において、新井が構想して
いたフィールドミュージアムはまだ完成されたものではなかったと看取される
のである。その一方新井は、「野外博物館」に秩父自然科学博物館の現況をA
本館（秩父自然科学博物館）B分館（現在計画中）C自然観察路（現在実施してい
るのは、武甲山麓―浦山渓谷自然観察路・全延長7.5km・所要時間6時間）D観察
路内の学術・教育資料と展示版の数量（22ヶ所22枚）E展示板による説示法（絵
画・図表・説明文）F展示板のサイズ（大が10尺×6尺・小が6尺×4尺）Gそ
の他の施設（便所・橋・導標・展望台・キャンプ場等）と記しており、1953年か
ら1956年の3年間でアメリカ合衆国の路傍博物館を範とした野外博物館を実
践したことが推測できるのである。しかし新井は1989年刊行の「野外博物館
総論」[34] において、次のように記している。

我が国では 1960 年大阪府豊中市の日本民家集落博物館が最初の野外博物館と言われている。自然系のいわゆる Field Museum としては<u>一九五八年埼玉県の秩父で筆者等が開設した秩父自然科学博物館（現在の埼玉県立自然史博物館）の Nature Trail（自然観察路）と Trailside Museum（路傍博物館）が草分けということになるのであろう</u>[35]。（傍線は筆者）

このように 30 余年を経て、野外博物館を体系付けた新井は、自らが勤務した秩父自然科学博物館を我が国の路傍博物館の濫觴であると明言し、我が国で最も先行した宮崎自然博物館を知りながらもその存在について触れることはなかったのである。その後の新井の野外博物館の研究は、政治政策であった「ふる里創生運動」に呼応したエコミュージアムの研究に傾注していったことは青木豊が指摘しているとおりである[36]。

3. 我が国で初めての登録野外博物館の意義

　1951 年の博物館法の制定とともに、宮崎自然博物館は第 1 次で指定され、法の適用を受けるに至った。法による指定以前の地道な活動についても木場が高く評価したように、指定後は日本博物館協会への加入・全国博物館大会への参加・施設充実に向けての補助金の申請・入念な調査・学芸員資格の取得・観光についての懇談会の開催・北日本百選への入選・他館からの調査依頼への協力・他館への調査、富山産業大博覧会[37] への出品等々、その活動はめざましいものがあった。

　以下は、宮崎自然博物館における登録博物館の必要要件である、学芸員と建物に関しての博物館学意識を考察する。

①暫定学芸員制度

　博物館法の施行に伴い、3 年間の猶予を持たせた暫定学芸員制度[38] がスタートした。宮崎自然博物館は 4 名の暫定学芸員（人文系 2 名、自然系 2 名）を置き、その職務を遂行していた。そのひとりである鹿島神社宮司九里道守は 1953 年度の学芸員講習への参加を予定していたものの、妻の急逝により断念したようである。しかし、翌 1954 年度の学芸員講習に参加する意思を文書をもって表明している。以下が当時の申請書である[39]。

　　当自然博物館としては一応学問的な単位を持つ学芸員の一人も養成して

おくことは必要と云う観点に於て、不敏にむち打って受講致す用意のあることを回答申し上げます。

このように博物館に対する意欲に満ちた文面で、宮崎村教育委員会宛に返信しているのである。その上で、大達茂雄文部大臣に学芸員の講習申込書を提出したのであった。その申込書に九里は國學院大学附属神道部を1931年に卒業、勤務先は宮崎村自然博物館、博物館法附則第6項により1952年3月1日から1955年2月29日まで暫定資格取得とある。1954年度の講習は東京藝術大学で開催され、105名の参加者があり、九里は100番目に記載されている[40]。このような博物館における学芸員資格の必須性を当時から提唱し、自らが資格を取得するに及んだその博物館学意識は高く評価しなければならない。

②宮崎自然博物館資料館（旧宮崎支所）

1955年に開館した宮崎自然博物館資料館の落成開館式についての様子が、1956年8月15日付の『あさひ』第12号に記載されている。

　　昨年来落成して、その後展示資料の収集や展示が漸く出来上つたので、朝日町では去る7月21日県教委、教育長、社会教育課長等の臨席を得て、町議会議員その他関係者参列のもと、午前9時より盛大に落成開館式を挙

図Ⅱ-15　宮崎自然博物館資料館
（旧宮崎支所）（奥田淳爾監修2007『魚津・黒部・下新川今昔写真帖　郷土出版社』より転載）

図Ⅱ-16　宮崎自然博物館資料館内展示室
（「あさひ」1956年8月15日発行より転載）

行した。

　宮崎自然博物館資料館の落成と共に一般参観者は連日絶えない盛況をきわめている。現在展示してある資料は富山湾産魚類、博物館域内に棲息する鳥類が主たるものである。

　この展示施設に関する記述は本資料以外に見当たらず、展示室内の写真も『あさひ』に掲載された一葉のみである。宮崎自然博物館の情報を発信する核としての展示を行なっていたかどうかは不明であるが、展示資料が当該地域に生息する動植物のみに限っている点は評価できよう。また、登録博物館としての要件である建物が、それまでは一時しのぎで宮崎小学校の一室に陳列室が置かれていたが、さらなる充実した展示室の必要性を訴え、資料館の建設を実現させたのであった。

　「建設場所の環境等の状況及計画書」[41] には、

　　学術研究の為に自然博物館を訪れる者、又はレクリエーションの場として本博物館を求める団体等、何れも鹿島神社拝殿又は境内を利用しており、これらの来館者に対して本博物館内の資料を今回建設する展示館に展示することで、博物館内見学のまとめをなす為の便宜を供したい。

　本博物館は野外博物館とはいえ、何等の建築物をも持たないまま宮崎小学校の狭隘な校舎の一室を無理に資料室に充当する等の不便を解消し、或は調査研究会及講演会等の会場施設として資料展示館の建設は本博物館として焦眉の急を要するものであったとされている。

　この計画書から、登録博物館としての機能を持たせるために、無理に宮崎小学校の一室を展示室に仕立てたことが読み取れるが、一方でその矛盾を指摘して資料館建設の必要性を訴えたものであり、博物館学意識の面でも正鵠を射た提言であったと言えよう。

　結果として、この資料館は1955年8月31日で廃所となった宮崎支所の建物を活用し、出来得る材料のほとんどを博物館建築に活用し、その工事費の減額を図ったものであった。所謂歴史的建造物を保存し、活用するという目的ではなかったかもしれないが、近代遺産とも言える旧役場を移築し、資料館として再利用した方策は高く評価できるのである。

　宮崎自然博物館は、戦後宮崎小学校が宮崎城址や天然紀念物鹿島樹叢等の他

地域に得られない自然環境を理科及び社会科の生きた研究の場として、これらの体系化に着手し始めたのが抑々のはじまりであった。しかし、それは単なる理科や社会教育に利用するためだけの発想ではなく、郷土の保存と活用といった大きな構想であった。学芸員としては素人の人達ではあったが、暫定学芸員から法に基づく学芸員資格への挑戦、資料館の充実、路傍博物館としての施設整備、博覧会への参加、他館への調査などの博物館活動は評価できるものであった。具体的に松本市立博物館及び大町山岳博物館への視察は、1953年6月19日に実施されている[42]。大町山岳博物館は、前述の如く、鶴田が新しい野外博物館として紹介し、新井も路傍博物館としての分類に入れた博物館であった。当時、大町山岳博物館から宮崎自然博物館に宛てた書簡から判断すると、附属動物園の野外部分をもって路傍博物館としたようであり、今日の野外博物館の概念には馴染まない施設であった。したがって、宮崎自然博物館に認められるような、学術的総合性と地理的広域性と郷土資料館の理念を合わせ持った野外博物館は他に類を見ない存在であったと言えるのである。

　その後県下随一の海水浴場として賑わった宮崎海岸も、他の地域に海水浴場が増加したことやプールの建設も相俟って、宮崎海岸を訪れる観光客は激減していった。さらに城山トンネルの開通や宮崎小学校の統廃合が要因となって、宮崎自然博物館の利用も少なくなっていったようである。実質的な博物館経営者であった九里宮司の高齢化も相俟って、昭和60年頃に核であった宮崎自然博物館資料館も取り壊されるに至り、宮崎自然博物館の活動は実質的に終焉を迎えたのである。それでも現在も日本博物館協会の館園名簿に名を留める登録博物館なのである。しかし、我が国の路傍博物館の濫觴としての歴史的価値は高く、その保存を願うとともに、その設立思想は、現在の地域おこしに直結するものであるところから、今度は行政主導で再整備を望むものである。

　おわりに

　本章は北欧圏における代表的な野外博物館であるスカンセン野外博物館とノルウェー民俗博物館の事例紹介をしたが、スカンセン野外博物館は、現在かなりテーマパーク的な要素が強い野外博物館となっている。当時の日本人が初めて北欧の地を踏んで、スカンセンという野外博物館を見て異国を訪れた新鮮さ

と相俟って、博物館をとりまく素晴らしい風景に驚きに似た感動を受けたのであろう。これまで見たことも無いものを見た時の驚きと発見こそが、博物館から受ける最大の情報ということは言うまでもない。

　我が国の先人たちがスカンセンを見て、日本にもそのような野外博物館の必要性を説いたことは、この発見と驚きによる結果と言えよう。しかし黒板勝美は歴史学者であったが、博物館学者ではなかった故に前述した以上の展開には至らなかった。我が国の野外博物館建設に尽力した澁澤敬三もスカンセンとノルウェー民俗博物館の両方を見ているにもかかわらず、ノルウェー民俗博物館には興味を示さずスカンセンに傾注したのである。澁澤がノルウェー民俗博物館に関心を持っていたら、日本の野外博物館はまた違った方向に展開していた可能性も指摘できよう。

　博物館とは何かという基本理念に戻ることになるが、アミューズメント施設・テーマパークと博物館の違いをどこで線引きするかという問題は難しい。スカンセンについては、明らかにハセリウスの理念が踏襲されていない点も現在多々存在している。さらに、惜しむらくは核となる屋内展示施設である北方博物館が敷地内に位置していないことである。したがって、スカンセンはあくまでも文化の伝承、伝達、教育を第一義とした野外博物館であり、資料保存は第二義であると言えよう。

　一方、我が国の野外博物館の嚆矢は、日本民族学会附属民族学博物館の野外展示物である「武蔵野民家」であることが確認できた。具体的に野外博物館として開館した「日本民家集落博物館」と「川崎市立日本民家園」は取り壊されていく建築物の保存を目的とするものであった。保存という観点からはスカンセンの設立理念を受け継いだものと言えるが、地域文化の継承という観点からは、その理念を踏襲するものではない。現代社会においては保存、さらに活用という観点から野外博物館を見直す必要があると思われるのである。

　また、我が国最初の自然系の登録野外博物館が宮崎自然博物館であることを位置付けた。その火付け役は富山の自然研究と科学教育に全人生を注いだ、植物学者の進野久五郎であったことを紹介し、我が国の路傍博物館を初めて実践した人物であることを提唱した。さらに、我が国の野外博物館の発生は郷土のあくまで民間主導の官民一体の中から出現したことの確認を行なったことによ

り、野外博物館史研究に一石を投じ得たものと確信している。

　次章の主たるテーマは、野外博物館の分類を試みることである。新井重三の分類以降、新たな分類はなされていないことから、現代社会に則った野外博物館を再考する時期が到来したと考える。このようなことから第Ⅲ章では、野外博物館の定義と分類を試み、その結果現代社会においての野外博物館は如何なるものが必要条件であるのかを考察していく。

註

1)　1995 『SKANSEN Traditional Swedish Style』SCALA BOOKS

2)　矢島國雄・本間与之訳 2002「アーサー・ハゼリウスとスカンセン野外博物館」『Museum study』14、明治大学学芸員養成課程

3)　杉本尚次 2005「民家園―その発展と背景―」民家園を考える、日本民俗建築学会シンポジウム

4)　1996 『Norsk Folkemuseum The Open‐Air Museum』The Friends of Norsk Folkemuseum

5)　2002 『屋根裏の博物館』横浜市歴史博物館・神奈川大学日本常民文化研究所

6)　今和次郎 1925「小博物館の開設に際して」日本青年館郷土資料陳列所

7)　高橋信裕 1992「皇紀 2600 年記念　日本民族博物館設立建議案」『展示学』第 13 号、日本展示学会

8)　註 5 と同じ

9)　註 5 と同じ

10)　鳥越憲三郎 1974「日本民家集落博物館開設の経緯」『民具マンスリー』第 7 巻、1 号、日本常民文化研究所

11)　註 10 と同じ

12)　関口欣也 2003『多摩丘陵の農家　1955 年細山　日本民家園の発端』日本民家園叢書、川崎市立日本民家園

13)　註 12 と同じ

14)　増渕和夫 2005「古民家の包むもの―保存と解きほぐし―」民家園を考える、日本民俗建築学会シンポジウム

15)　我が国の民家野外博物館誕生は、戦後の農地改革や高度成長による開発により伝統的建築物が取り壊されていくことに対する焦燥感からの保存意識が大きな要因となった。棚橋源太郎、黒板勝美、澁澤敬三といった学識者たちが北欧の野外博物館を見学し、中でも澁澤は我が国で初めて民家野外博物館建設を実

践した人物である。

16) 棚橋源太郎 1948「國立公園の戸外教育施設」『博物館研究』復興第 2 巻、第 1 號、日本博物館協会および 1948『新科學教育の課題』明治圖書出版社に記された用語である。

17) 鶴田総一郎 1954「新しい博物館 5　宮崎自然博物館」『社会教育』9─1、大蔵省印刷局

18) 宮崎小学校・宮崎観光協会編 1951『宮崎自然博物園』宮崎自然博物園

19) 大田　弘 1955『動物及び植物目録』宮崎自然博物館

20) 長津蔦尾 1955『植物よもやまばなし』私家版

21) 1980「宮崎自然博物館研究調査報告　越中宮崎城下出土銭考」朝日町宮崎自然博物館・朝日町郷土の遺跡を語る会

22) 廣瀬　誠 2003「立山を熱愛した科学者」『会報　商工とやま』

23) 文部省 1946『優秀なる科学教育を実施している学校教官及び教育行政官に関する資料』

24) 坂井誠一監修 1937『越中志徴』復興版（上下巻合本）、北国出版社

25) 九里道守 1955「郷土の史蹟名勝を訪ねて　宮崎自然博物館」『あさひ』第 4 号

26) 宮崎村誌編纂委員会編集 1954『宮崎村の歴史と生活─舟と石垣の村─』宮崎村

27) 朝日町公文書 1955「建築場所の環境等の状況及計画書」『自然博物館建築関係書類綴』旧宮崎村

28) 木場一夫 1949『新しい博物館』日本教育出版社

29) 木場一夫 1950『理科の学習指導』金子書房

30) 鶴田総一郎 1960「日本の博物館の状況について」『博物館研究』第 33 巻、第 12 号

31) 鶴田総一郎 1956『博物館入門』理想社

32) 新井重三 1956「野外博物館」『博物館入門』理想社

33) 朝日町公文書 1953 年 5 月 29 日「博物館の照会について」『宮崎自然博物館書類綴』朝日町

34) 新井重三 1989「野外博物館総論」『博物館学雑誌』第 14 巻、第 1・2 合併号、全日本博物館学会

35) 新井が秩父自然博物館に着任するのは 1948（昭和 23）年であることから文中の 1958 年は 1948 年の誤りと考えられる。

36) 青木　豊 2010『博物館学人物史　上』雄山閣

37) 1954「4・5 月の館園行事一覧」（『博物館研究』No. 6、7 月号、日本博物館協会）によると、1954 年に開催された富山産業大博覧会に本館全域の模型（高さ 2 間、

巾 3 尺、長さ 4 間）展示（4 月 11 日から 6 月 4 日）、案内書一万部配布、近代的
野外博物館として全国的に紹介の機会を得、好評を博したとある。

38）　博物館法の制定により、博物館に学芸員を置くことになったが、すでに勤務
し実務を担っていた職員には、学芸員暫定資格を与えた。暫定学芸員に 1952 年
から文部省による学芸員講習を受講することにより、正規の学芸員資格が付与
された。

39）　朝日町公文書 1953「昭和 29 年度に於ける学芸員の講習について」『自然博物
館書類綴』朝日町

40）　1954『博物館研究』№ 8、9 月、日本博物館協会

41）　朝日町公文書 1955「昭和 30 年度公立社会教育施設（博物館）整備費国庫補助
申請書中工事費変更について」『自然博物館建設書類綴』朝日町

42）　1953 年 6 月 19 日「博物館及教育視察　松本市大町中山村」『宮崎自然博物館
書類綴』朝日町

第Ⅲ章　野外博物館の概念と分類

はじめに

　第Ⅰ章で述べたように、我が国の野外博物館の分類は新井重三が確立させたが、その後は新井に続く大きな研究は見られず、その概念も不明瞭になっているのが現状である。現代社会において新規の文化財が増加する中で、それらの文化財を保存・活用するには野外博物館として確立させることが得策と考える。どのような文化財が如何なる条件を満たせば、野外博物館としての機能を持つことができるのか、第Ⅰ章の先行研究をもとに、本章において新井を越えた野外博物館の概念と分類の確立を試みる。

　第Ⅱ章では我が国の野外博物館成立過程を確認したが、本章においてその後我が国の野外博物館がどのように発展を遂げたのか、現代社会における野外博物館の必要性とはどのようなものなのかを明確にしていく。

　新井は野外博物館を現地保存型野外博物館と収集展示型野外博物館の2つに分類し、この新井の分類は現在でも野外博物館の基本理念として引継がれている。さらに新井は野外博物館の延長上でエコミュージアムに迎合し、エコミュージアムを提唱して社会に影響を与えた。しかし、その理念は前述の如く理論を欠いた展開となり、我が国でのエコミュージアムは成功しなかったと言えるのである。また、新井の分類は地学園など不明瞭なものも含まれることから、新井の分類を基本としながらも、あらたに分類を試み、新しい野外博物館の概念を見出していく。

　先ず、本章第1節の野外博物館の定義では、ヨーロッパ・オープンエアー博物館協会の定義の把握と新井重三の理念を考察しながら、具体的に新たな概念の明確化を図っていく。第2節では、第1節の定義を踏まえてオリジナルな野外博物館の分類を試みる。この分類に近代遺産、景観、町並みといった新規の文化財を加えることによって、先行研究を超えた独自の分類を図る。また、第

3節では、野外博物館の必要条件のうち、野外博物館の特性である動態（感）展示や演示者等を取り上げる。さらに、野外博物館においては一般的に取り込むことが難しいとされている映像展示についても論じていく。この映像展示については唯一佐々木朝登が論じているのみで、その後の研究は成されておらず、ここに再度検討を試みる。最後に現代社会において盛んに取り上げられ、野外博物館においても積極的に導入されつつあるバリアフリーとボランティアについての考察も試みる。

第1節　野外博物館の定義

　欧州の野外博物館の概念と定義については、ヨーロッパ・オープンエアー博物館協会において明示されているのが世界唯一の事例である。ヨーロッパ・オープンエアー博物館協会（Association of European Open Air Museum ＝ AEOM、以下 AEOM と記す）は、1957 年国際博物館会議（ICOM）に対し、Open Air Museum の提唱を行ない、2 年後の 1959 年の ICOM 第 5 回総会で承認されるに至った博物館協会組織である。当協会が、1982（昭和 57）年に表明したオープンエアー・ミュージアムの目的と定義は以下のとおりである。

(A)　文化財及び文化地域にある移動不可能なもの、及び移動可能な文化遺産を保存する。

(B)　文化財及び文化地域の科学的調査を実施し記録する。

(C)　教育に関連して、文化財及び文化空間自体の歴史を一般市民や民俗研究者に対して公開し普及する。

［定義］

（抄）

　Open Air Museum は歴史的に正確な絵になるように自然的、文化的環境をとり入れた展示を通して、夫々の建造物がお互いに関連しあってみられるようにアレンジすることが望ましい。

　Open Air Museum は Open Air（戸外）における文化史博物館である。現在あるものの大部分は民族学および民俗学にかかわる博物館である。そして、その中の大部分は伝統的な農家や農村文化遺産を扱っているが、なかには少数ではあるが町並みを扱っているものもある。また、実在物を展

第Ⅲ章　野外博物館の概念と分類　127

示するとなると限界がある。特に先史時代の住居等は科学的に承認されれ
ば再建することもできる。これは、その建物が持つ教育的価値をゆがめる
ものではない。科学的決定によって高く評価されたものであれば再建、修
復、移設等により展示効果をあげることができる。

　上記の条文により、AEOM が表明する Open Air Museum とは、建物外に
展開する文化史博物館であり、自然を対象外とする人文分野に限定される博物
館であることが理解できる。

　この点に関しては、我が国の野外博物館の先駆的研究者であった新井重三も[1]、

　　　（略）この博物館は明確に文化史的博物館と規定しているので、自然系
　　　の野外博物館が、その傘下に入る余地は全くないのである。このことは逆
　　　に自然系、人文系の総合野外博物館の英文名として使用することも拒否し
　　　ているとみるべきである。

と明記し、新井は博物館学の専攻とは別に、地学を専門分野に置く自然系研
究者でもあったので、AEOM の Open Air Museum の定義に対する疑問と不
満をその文言の中から窺うことができるのである。

　我が国では棚橋源太郎が Open Air Museum を「戸外博物館」と対訳して
きたように、それは屋外に設ける人文系博物館を指すものであった[2]。故に、
AEOM の定義は、欧米の歴史と慣習に則った道理であり、Open Air Museum
は野外博物館ではなく戸外博物館でなければならないのである。

　野外博物館の語の使用の濫觴は南方熊楠であるが、博物館学的な観点から
具体的に野外博物館を論じたのは木場一夫であり、木場はアメリカ博物館
協会の戸外教育委員会委員長で国立公園博物館の父と尊称されたバンパス博
士（Hermon Carey Bumpus）によって提唱、実践された路傍博物館（Trailside
Museum）について次の如く記している[3]。

　　　さて、Trailside という言葉はバンパス博士によつてつくられたもので
　　　あるが、路傍博物館は野外博物館であるということを寫實的に暗示してい
　　　る。すなわち野外博物館の本質的な特徴は、環境が説明さるべき對象を提
　　　供していることであり、そこでは自然が地形・地層・野生生物あるいは人
　　　類が残した考古學的または歴史的遺跡の展示を供給しているのである。

　　　もつと正確にいえば、路傍博物館は自然観察の細路に沿つて發見される

べきであるが、この名稱はおうざっぱに、館外にあるすぐれた展示に對して、單に補助的である展示品をもつ博物館にも與えられている。

つまり、木場はバンパス博士によって名付けられた Trailside Museum を野外博物館と理解しながらも、自然観察路が必要条件ということもあって Trailside を直訳して道端、路傍としたものと思われる。木場の言う路傍博物館、即ち野外博物館は自然と人文の両分野に亘るものであり、人文のみに限定された Open Air Museum である戸外博物館とはこの意味で区別されたものである。

さらに、野外博物館の要件としては、単なる野外空間ではなく、野外展示空間を有すると同時に核となる室内展示を行なう博物館が同時に併存することであり、また、両者は密接な関係にあるとしている。この理論は 1949 年に発表されたものであるが、今日においても何ら遜色のない野外博物館の定義を成すものと評価できるものである。その後、博物館学の中でも野外博物館に関する論者は少なく、戦後に先鞭をつけた新井重三による「野外博物館」[4]、藤島亥治郎『野外博物館総覧』[5]、長谷川栄「完成した野外彫刻美術館」[6]、杉本尚次『世界の野外博物館』[7] 等が代表する先行研究であるが、野外博物館の概念・定義について明確に論及したのは新井重三のみで、他は野外博物館の紹介にとどまったものとなっている。

新井は『博物館学入門』の「第8章　野外博物館」[8] で、以下の如く野外博物館を論じている。

　　（略）展示施設と説示対象物（標本・資料）との位置的相関関係から分類する場合に名づけられるものである。即ち、いわゆる博物館（野外博物館以外のあらゆる博物館）は建物や展示施設を固定的に建設作製して、説示の為の資料は、すべて野外から採集（蒐集）してくる方法をとっているが、野外博物館は、その精神（アイディア）においても、その方法においても全く他のあらゆる博物館とは逆で、説示資料はでき得る限り自然環境の中に置き、展示施設の方を運搬移動することによって博物館の展示形態を備えようとするものである。

新井の野外博物館の概念は、新井自身が自然科学者であることも相俟って、木場の野外博物館の概念に呼応するものである。したがって、戸外博物館（Open Air Museum）である大半の移設収集型の人文系野外博物館は、この時点での

新井理論には含まれておらず、スカンセンの戸外博物館や保谷のアイヌの家と
具体的にその名称を記し、「この理論からみると野外博物館の範疇には入らな
いのである。」と決定づけているのである。なお、新井の当概念は、1989年の
「野外博物館総論」[9]において、野外博物館を現地保存型と移設収集型に形態分
類することによって概念の改正を図っている。

　以上の研究を基盤に野外博物館の概念を考察し、纏めると以下の通りである。

1．野外博物館とは野外にある博物館を直截に指すものではなく、環境景
　観といった風土をも移設・再現した野外展示空間を有するものでなけ
　ればならない。

2．野外博物館は自然系と人文系の両者を併せ持ったもので、さらに総合
　博物館へと昇華したものでなければならない。

3．野外博物館は野外展示空間を有すると同時に、核となる博物館を有さ
　なければならない。

4．核となる博物館の室内展示と野外展示は関連したものであり、室内展
　示は野外展示を集約したものでなければならない。

上記4点の概念は、即ち野外博物館の特質の基盤になるものと考えられる。
まず1については、野外に展示空間の設定が可能であるところから、人文と自
然が相まった風土・環境が展示でき得るという野外博物館最大の特質を示して
いる。青木豊は、「野外博物館の現状と展望」[10]と題する座談会の中で、

　故に現地においてそれぞれの資料が、歴史的なものであったり、そこに
　加えられる自然的要素、要するに風土である。風土が現場に息吹いている
　ということに意義を持たせたものが、野外博物館ではないかと思う。

　例えば、江東区深川江戸資料館とか、台東区立下町風俗資料館等の場合
　は、江戸の建物を実寸で復元しており、房総のむらも同じです。ところが、
　前者は、建物の中に入っているが、房総のほうは外に出ている。だからあ
　れは野外博物館と言われ、片方は野外博物館として扱われていない。

と述べているように、風土・環境展示が野外博物館の特性であり、それが現
地での保全であっても、また移設された資料に伴う復元であっても同様である。
江戸深川資料館と房総のむらが比較として挙げられているが、共に復元家屋で
あっても後者は明らかに野外博物館であり、前者は通常の博物館での情景復元

構造展示なのである。なぜなら、野外に存在することが、風土・環境と併存していることになるからである。植栽等の要素も当然であるが、太陽の動きによる時間の経過と四季の移ろい、天気等も風土・環境なのである。

　したがって野外博物館は、その地域の文化・自然を併せ持った風土としての核となるものである。かつて、南方熊楠は明治政府の神社合祀政策に反対する意見書[11]に「大字毎の神社は、欧米の高塔と同じく、村落の目標となる大切あり」「大字中眺望最佳の地にあれば、宗教心と風流を養うのに一挙両得」と独自の風景論・環境論、さらには生涯学習論をも記していることは別稿（本書第1章参照）で述べた通りである[12]。また特筆すべきことは、1912年に白井光太郎宛書簡[13]の中で「野外博物館」を紹介していることである。これまで我が国に野外博物館を紹介したのは木場一夫という説が一般論であるが、木場の発表より40年程前に野外博物館という言葉を残していることは意義深いことであろう[14]。南方熊楠が述べた野外博物館とは、まさに土地の由緒と天然記念物を保存している神社・神林そのものであった。

　中でも野外博物館で、南方熊楠の景観・環境論を実現するための展示に不可欠な要素として植栽がある。換言すれば、風土を形成する基盤要素である植物を博物館の展示に取り込めるのは唯一野外博物館のみであり、一般博物館では成し得ない要件なのである。

　この点に関しては、青木は「史跡整備に於ける博物館の必要性」[15]の中で、原則として原地保存型である史跡整備を野外博物館として捉え、遺跡の時代・性格に関連する学術情報伝達を目的とする植栽の必要性を指摘している。ここで重要なことは、植栽は展示であり、単なる外構工事と捉えてはならないのである。即ち博物館意識に基づく情報伝達メディアであると考えなくてはならない。したがって、情報伝達の目的によって、選択される植栽樹種は異なってくるのである。ここで想定される樹種選定の要件とは、

　　①時代性に基づくもの

　　②遺跡・史跡の性格によるもの

　　③地域性によるもの

　　④集客を目的とするもの

　　⑤その地域の植生復元を目的とするもの

第Ⅲ章　野外博物館の概念と分類　131

等である。具体的には、①の時代性に基づく植栽は、縄文時代であれば、栗・胡桃・椎等の採集社会の基盤となった樹木を、林床には傾籠・擬宝珠等の所謂山菜を植栽することにより縄文的環境・景観を、弥生時代には島根県荒神谷遺跡博物館のように、弥生蓮や一般に弥生時代を象徴する米（赤米・黒米）を必要とするし、さらに赤松・椚類等の雑木を有した山里を必要とする。また里山に辛夷（田打桜）の大木が存在すれば、季節の中でより大きな臨場感を生むものとなろう。

　また、弥生・古墳時代には、溜池も当然のように景観上不可欠であり、そこには自然に発生する水生植物、水生昆虫、ひいては鳥を呼び自ずとその時代らしい環境が形成されるであろう。また菱の植栽を忘れてはならない。

　②の遺跡・史跡の場合、例えば江戸期の移設民家であれば柿や桐といった有用樹木を、前栽には季節の移ろいに映ずる萩・山茶花・梅・万作等を、根じめには石蕗・万両・擬宝珠等を必要とするのである。つまり、大阪府服部緑地に所在する我が国最古の野外博物館である日本民家集落博物館のように、民家の庭先の植林が染井吉野では博物館学的深慮は何らなく、その結果不自然であり、ここで意図する環境・景観の復元を目的とする植栽ではないのである。

　また、炭焼き小屋であれば、地域によっても異なるが、姥目樫・椚・楢等の混成林を創出すること、あるいは竹細工師の家屋であれば周辺に孟宗竹・真竹・淡竹を、また竹細工に使用しない高野竹・四方竹等も植栽することにより、竹類の種類と模倣とそれらの比較、さらには人間との係わりも伝達することになろう。これが野外博物館のみが出来得る野外展示なのである。

　③及び⑤の地域性によるものは、移設収集型の場合においての植栽による地域・地方性の強調としての植生環境を意図する。具体的に奄美大島の高床倉庫を移設した場合、まず望まれるのはハイビスカス・ガジュマロ・アダン等であるが、降霜地域での環境展示としての培養が不可能であるものは除き、ソテツ等のイメージし得る植栽を実施するものである。

　④の集客を目的とするものは、山菜としての新芽、鑑賞対象としての花、食用となる果実等の要件を満たす草木を指すものである。具体的には、早春の福寿草や傾籠の花、晩春の蕨、初夏の山桃、初秋の栗・玄圃梨・胡桃等を指し、これらの草木の鑑賞や採集を目的とする地域の博物館への集客を期待するもの

である。

　以上の5点の目的により形成される野外博物館の基盤となる植栽展示空間は、その地域の風土の縮図であり現代社会においての"ふるさと"を決定づけるものとなるであろう。今日の社会において、まさに"ふるさと"を確認する明確な場所となるものである。この"ふるさと"の確認、郷土の確認の場こそが本来郷土・地域博物館が担うべき基本使命なのである。この理念の実践は従来の屋内博物館では十分と言えず、野外は屋内と比較して無限とも言える展示空間の確保ができ、あらゆる手段で郷土をここに凝縮することが可能な野外博物館でなされるべきである。このような観点が、野外博物館が持つ博物館としての最大の特質と言えよう。

　旅する巨人と称され民俗学の泰斗であった宮本常一は、「ふるさとの象徴はふるさとの年中行事である。そのふるさとが自分の生きざまを教えてくれた大事な世界であった。郷土を見つめることが何よりも大切なことであると思った。郷土の生活の中に民衆の生きる原形がある」[16]。と記したように、ふるさとの確認には現代社会においては、野外博物館こそがその任を果たすのである。

　さらには植栽のみに限らず、水・石の両者を展示要素として加味することにより、その環境のより一層の復元・再現が可能となり、充実した野外展示空間が形成されるのである。ここには昆虫や鳥類が自然と発生・飛来し、さらなる臨場感が生まれるであろうが、これとは別に一定の意図に基づく展示として動物を配することを忘れてはならない。確かに、野外展示は室内展示と比較して動感を内在する展示であるが、それでも動物を配置することにより、野外全体に一層の動感・臨場感・実在感等が加わるのである。

　このような観点に基づき野外博物館における野外展示とは、遺物・遺構・建物・自生物等の主体展示物のみを野外に配置するのではなく、それぞれの資料が有する自然的環境を、それが例え自然物であろうとも復元展示したものが、野外博物館なのである。

　以上のことを踏まえて、新たな野外博物館の必要要件を纏めると、野外博物館とは、その地域の文化・自然を併せ持った風土としての核となるものである。それは野外にあるということが第一条件になることは言うまでもないが、現代社会において増加の一途をたどる新規の文化財は野外博物館になる可能性を

持っていると考える。したがって、これらの新規の文化財を保存し、さらに活用するには野外博物館としての機能を持たせて、野外博物館としての役割を果たしていくのが得策と考える。もともとその文化財自体が野外にあることから、それだけをもって野外博物館と捉えてしまうのではなく、あくまでも核となる博物館が付設されて、初めてそれらの文化財は野外博物館になることは確認するまでもない。

　新規の文化財は当該地域の文化・自然を併せ持った地域文化資源であり、地域住民にとってはふるさとを確認できる場なのである。これら新規の文化財とは、世界遺産、文化的景観、重要伝統的建造物群、産業遺産、湿原、植物群落等であり、それらは原地保存されていることと、環境を伴っていることが重要な必要要件なのである。これらの新規の文化財を野外博物館として確立させるには核となる博物館と、さらには学芸員の配置が必要であろう。

　この核となる博物館と学芸員がいることで、これら新規の文化財は単に保存されるだけではなく、郷土博物館の役割を果たす施設となっていくのである。地域住民にとってはふるさとの確認となり、他国からの来訪者にとってはビジターセンターとして、また、教育活動も盛んに行なうことができるのである。地域おこし、観光資源としての展開も望めよう。

　博物館は営利目的の施設ではないことが基本であろうが、指定管理者制度の導入等により、企業が博物館の経営を行なうことも珍しいことではないのが現状である。例えば、福岡市の水族館マリンワールド海の中道は（株）海の中道海洋生態科学館が経営している水族館であり、利潤も追求する施設であるが、経営理念においても、教育活動においても博物館学的意識のもとに運営されている。仮に非営利のみを博物館とするならば、このマリンワールドは博物館という枠組みから除外されてしまうのである。したがって、野外博物館の分類においても、理念、条件等が整っていれば、非営利ではない施設もその分類に入れることとした。テーマパークは営利施設であるが、その中でも一部の施設は今後の改善を行なえば野外博物館の分類に含むことができるものもあり、水族館や動物園も野外博物館としての条件が整えば分類に加えなければならないと考える。

　第2節において野外博物館の分類を試みる。

第2節　野外博物館の分類

　野外博物館は以下で分類した如く①原地保存型野外博物館、②移設・収集型野外博物館、③復元・建設型野外博物館の三形態に分類を試みる。前述したよ

表Ⅲ-1　野外博物館分類表

		野外博物館の種類	具体例
原地保存型	人文系	遺跡・史跡整備・戦跡遺産	登呂・三殿台・吉野ヶ里・一乗谷・森将軍塚古墳
		近代遺産（産業遺産）	鉱山遺跡（夕張炭鉱・三井三池炭鉱）
		風土記の丘	西都原・さきたま・紀伊・八雲立つ・肥後古代の森
		文化的景観	近江八幡の水郷・白米千枚田の棚田・姨捨の棚田
		重要伝統的建造物群	馬籠・知覧・美山町北・白川村荻町・川越
		道の駅	垂柳遺跡・吉野ヶ里遺跡・おかべ
	自然系	路傍博物館	宮崎自然博物館
		国立・国定公園	白山（ビジターセンター）
		世界遺産	屋久島・白神山地・知床・小笠原諸島
		鍾乳洞・湿原・埋没林	秋芳洞・日原鍾乳洞・標津湿原・琵琶湖水鳥湿地センター・魚津埋没林・地底の森ミュージアム
		道の駅	奄美マングローブ館・湖北みずとりステーション
移設・収集型	人文系	建築物移設博物館	日本民家園・四国村・明治村・北海道開拓の村
		道の駅	日本昭和村
	自然系	植物園	小石川植物園・目黒教育園・旭川郷土博物館
		動物園・サファリパーク	よこはま動物園ズーラシア
		水族館	環境水族館アクアマリン福島
		岩石園・生態園	糸魚川翡翠園・北大岩石園・千葉県立中央博物館
復元・建設型	人文系	歴史博物館	耕三寺博物館
		野外美術館	美ヶ原高原美術館・箱根彫刻の森美術館
		逍遙・体験博物館	立山博物館（曼荼羅園）
		集落・民家博物館	房総のむら
		回想館	日本大正村
		道の駅	てんのう・秩父事件・美ヶ原高原美術館

うに新井重三は野外博物館を「野外博物館総論」において、現地保存型野外博物館・収集展示型野外博物館の２大別にした。しかし、千葉県房総のむらや秋田県潟上市の道の駅てんのうのように新たに建設された形態が実在することから、さらに③復元・建設型野外博物館としての分類を提唱するものである。

また、新井は現地保存型野外博物館を「現地」と表記したものであったが、筆者は「原地」を使用するものである。その理由は、現存の位置ではなく、本来の位置状態を意図する字義である「原」を使用するべきであると考えるからである。すなわち「原位置論」なる用語の意味する意図と同様である。

したがって、①原地保存型野外博物館は、遺跡・史跡、近代遺産、湿原・植物群等であり、いずれもが原地に営まれているものを指し示すのであり、これに対して民家園、岩石園等は移設・収集型野外博物館となる。重要伝統的建造物群および伝統的建造物群における保存民家は、もちろん原地保存型野外博物館となることは確認するまでもない。

新たに区分した復元・建設型野外博物館は、すべて復元の建築物により構成される広島県生口島に所在する耕山寺博物館や、すべて新しく建設した秋田県道の駅てんのう等に代表される形式を指し示すものである。

野外博物館とは、野外部の存在のみをもって野外博物館と称することは間違いである。情報伝達発信の核としての、屋根を持つ所謂博物館を併設しないものは野外博物館には成り得ないのである。我が国で初期の野外博物館の多くの共通特性として、核である展示施設を持たない点が挙げられる。これは北欧を訪れた日本人がスカンセンを見学して、スカンセンを範としたことの結果であると指摘できよう。この意味では澁澤敬三の影響は大きいと言える。しかし、川崎市立日本民家園は、小規模ながら核となる博物館を後天的に附帯した。このことは野外博物館の必要要件を実践の中から割出したものとして評価し得ると同時に、博物館意識の確立によるものと評価できる。ようやく野外博物館の様相を呈してきたと言えよう。

第３節　野外博物館の必要条件

本節では、野外博物館が置かれている現状を踏まえながら、博物館の４大機

能「展示」に焦点をあて、野外博物館の展示要素を中心にその必要条件を論じる。一般の博物館で展開される屋内展示との違いや、屋内ではできない、野外だからこそ可能な展示方法や展示理念を考察する。

また、現代社会において、映像は情報伝達の手段として最も一般的な方法であり、博物館においても屋内では映像展示が盛んに採り入れられている。しかし、野外で使用する事例は少なく、問題が多いのが現状である、したがって、今後の野外博物館での映像展示のあり方を考察する。

昨今、屋内博物館では教育活動が盛んに執り行なわれているが、これは野外博物館においても同様である。野外博物館の教育活動は、屋内での活動よりもさらに幅を持たせた企画が可能となり、生きた教育が実現できる場となると考え、博学連携の場として野外博物館を活用することの意義と、さらにボランティア、ユニバーサルデザイン、バリアフリーなど現代社会のニーズに合った博物館経営の考察を試みる。

1. 動態（感）展示

博物館展示を大きく分けると屋内展示と屋外展示に分類できる。屋外展示とは建物の中に持ち込めない大型資料や、ある程度風雨に耐えられることが可能な資料を屋外に置いてあるものを指す。この屋外展示に対して野外展示とは、屋外展示のような意図で展示しているのではなく、あくまでも野外を展示空間としているものである。屋内展示を静とするならば、野外展示は動、つまり動きのある動態展示が可能であり、野外博物館だからこそ成し得る展示技法である。

花が咲き、雨が降り、風が吹き、時の移ろいを感じることができるのが野外展示の特徴であり、これが動態（感）展示の基本であることは言うまでもない。さらに動物が飼育され、演示者がいて野外展示は臨場感のある展示に近づいていくのである。

①動態（感）展示の要素

本項では動態（感）展示でその要素となる動物飼育展示と、人が直接関与する演示者を中心に考察していく。第Ⅰ章で述べたように、棚橋源太郎はスカンセンの戸外博物館について動物の飼育展示・臭覚に訴える澁の臭い・コスチュームスタッフに着目し、五感に訴える展示の必要性を指摘している。

第Ⅲ章　野外博物館の概念と分類　137

　（略）各建物の内部設備、家具の類は何れも完全して居り、建物の外に
　もスカンディナビアの家畜や野獣が飼育されてゐる。（略）番人はその建
　物の時代と、元の所有地とに相應はしい服装をし、且つそれ等建物の内の
　若干では、機織のやうなその時代の家業に従事してゐるが、その多くは家
　族と共に園内に居住し、児童は通路の水撒きや、動物の飲水の世話をして
　ゐる。（略）製粉所の附近では甘味な粉の香りを、また澁工場の側では鼻
　を衝く澁の臭を嗅がされる如きもその一つ（略）

　このように、スカンセンでは当時から動物飼育展示が行なわれ、コスチュー
ムスタッフによる演示が行なわれていた。この二つの展示技法を取り入れるこ
とにより、野外博物館は臨場感ある、生きた博物館となるのである。これは野
外博物館だからこそ為し得る展示であり可能な限り実行すべきであろう。

　ⅰ．**動物飼育展示**　北海道札幌市の北海道開拓の村は広大であり整然とした
感を受けるが、その牧場には動物が飼育されていないため、やはり臨場感に欠
けた物足りなさを感じる。また同様に、博物館網走監獄の人形による展示も、
時の止まった展示となっている。それに対して愛知県足豊田市の足助村の牛の
展示や、テーマパークではあるが沖縄県恩納村の琉球村の水牛の展示は臭覚、
視覚、聴覚に訴えるものとなっており、五感に訴える生態展示の好事例である。

　動物園を除外して、博物館における動物飼育は問題点を多く含む。生命ある
資料管理は飼育、衛生、来館者への安全面等挙げればきりがない。しかし、動
物飼育展示を一つ取り入れることにより、展示効果がかなり増大することは足
助村や琉球村の事例からも明白なのである。また、北上市立博物館と併設して
いる岩手県北上市のみちのく民俗村では小魚を捕る網を設けるといった工夫が
見られ、園内の栗拾いも自由である。動物飼育では兎や鶏などの小動物を飼育
しているが、惜しむらくはその飼育方法が金網小屋の中で飼われていることで
ある。もう少し自然体での飼育であれば、さらなる臨場感のある野外博物館と
なるであろう。

　動物飼育展示が充実している野外博物館は後述する韓国民俗村が好事例であ
るが、本項では済州島の城邑民俗マウルの動物飼育展示を紹介する。この民俗
マウルは後述する安東河回マウルと同種のものであり、我が国の重要伝統的建
造物群保存地区と近似したものと言える。今ではあまり見ることができなく

なった韓国の伝統的家屋群が数多く残っている集落であり、実際に人々が生活している場でもある。この城邑民俗マウルは朝鮮時代に済州行政3県のうちの1県、正義県の県庁が500年間所在した都であり、国家重要民俗資料第188号に指定され、その景観は法律によって保護されている。増改築や修理に国の許可が必要という点は我が国の保存地区と同じである。有形・無形文化遺産が多く残り、保護されているものである。

　集落の入口で村の特産品の柿渋で染めた褐衣を着たボランティアガイドが出迎えてくれる。入館料は無料である。集落内は我が国の重要伝統的建造物群とは違って、観光地化された様子は感じられず、昔のままの集落を維持して公開しているものである。交通に不便な場所ということもあり集落の残存率は高く、その価値は高く評価されているのである。

　この集落の一つの特徴は黒豚の飼育展示である。黒豚が村の伝統的トイレに人糞処理の目的で飼育されており、伝統的トイレの構造と飼育形態が一目で理解できるようになっている。人糞を飼料として育った豚は成長が早く、味も非常によいとされ、この集落の特産物でもある。この豚を一匹飼っているだけで実に臨場感の富んだ展示となっているのである。この臨場感は野外博物館でしか成しえない展示なのである。さらに庭先には食用犬が飼われ、家畜の鳴き声や人々が発する暮らしの中の生活音と相俟ってこの村の生活感・生活臭が伝わってくるのである。

　この集落には博物館としての展示施設はないが、少し離れた場所に韓国民俗村と同種の済州民俗村があり、済州島の伝統的家屋を伝統工芸職人たちにより、正確に移築復元され展示公開している。城邑民俗マウルとは違って実際に住民が生活を営む場ではないが、コスチュームスタッフ等による演示が行なわれており、スタッフが捌く寸前の鶏を持ちながら館内を歩く姿も臨場感に富んでいる。また、済州島の伝統料理を出す食堂街があり、ここでしか食すことのできない料理を提供している。我が国の重要伝統的建造物群保存地区には情報伝達をすべき博物館の設置はごく稀であるが、城邑民俗村は、その情報伝達を済案州民俗村で発信しており、村の保存、郷土の保存としての役割を果たす地区となっている。

　ⅱ．**コスチュームスタッフ（演示者）**　スカンセン野外博物館は、開館当初

からコスチュームスタッフを配して運営されている。その後に続く多くの野外博物館では多かれ少なかれコスチュームスタッフによる演示が行なわれてきたが、我が国で取り入れている野外博物館は少ない。コスチュームスタッフとはその地方、その職業で着用していた衣装を身に付けて、博物館において演示をする人であるが、いくつかのパターンに分けられている。

先ず、当時の衣装を身に付けて来館者に接客、および案内をするタイプのコスチュームスタッフがいる。

博物館明治村の騎馬兵や北海道開拓村の女学生、警察官、薪割をする農夫などがそれに該当するものであるが、このタイプのコスチュームスタッフは来館者に対してのデモンストレーション的意味合いが強いものである。当時の衣装を着て往時を偲ばせるという役目を担っており、その博物館の特徴をアピールする存在となっているものである。このタイプのものは、テーマパークにも多く見られるもので、日光江戸村の忍者やお姫様などがそれに相当するものである。

次に当時の衣装を身に付けて保存公開している建物で仕事に従事しながら、実演および販売をしているタイプのものがある。実際にその建物に居住しながら仕事をしている事例はオランダのザーンセ・スカンス野外博物館のチーズ工房をはじめとして、海外の野外博物館に多く見られる事例である。このタイプが最も臨場感あるコスチュームスタッフであり、棚橋源太郎が見たスカンセン野外博物館のものと同じタイプの演示である。博物館明治村などのコスチュームスタッフが二次資料とすれば、まさにこのタイプのコスチュームスタッフは博物館における一次資料なのである。伝統工芸・伝統技術の伝承という役割を果たしながら、来館者に対してそれらを公開するというサービスを提供しているのである。

また、ボランティア、インタープリター的な要素を多く含むタイプのものとして、川崎市立日本民家園の草鞋を編む農夫や野外博物館ではないが青森県十和田市の十和田郷土資料館の帽子を編む老婦人などがこのタイプのものである。これらは、解説者・語りべおよび教育的な目的が強いものと言える。さらにこのタイプのうち、演示をしながら販売も目的とするものがあり、足助村の紙漉き、博物館明治村の牛鍋屋等がこのタイプのものである。野外博物館では、このような当時の食べ物や当該地域の郷土食が食べられるということ、またそ

図Ⅲ-1　明治時代の警官のコスチュームスタッフ（北海道開拓の村）

図Ⅲ-2　チーズ工房のコスチュームスタッフ（オランダ　ザーンセ・スカンス野外博物館）

第Ⅲ章　野外博物館の概念と分類　141

の地方の伝統工芸の製作工程を見た後でそれをお土産として購入できるということが大切な要素となってくる。あくまでも利益を目的とするものではなく、博物館意識の上に立脚した経営であることが望ましいことは言うまでもない。

②**植　栽**

　第1節で述べたように、野外博物館において植栽は重要な要素となるが、我が国の野外博物館、史跡整備に見られる植栽は充分検討して植樹されたものとは言いがたいものが多い。このような観点から、本項ではその問題点と改善策を踏まえながら論考していく。

　風土を形成する基盤要素である植物を博物館の展示に取り込めるのは唯一野外博物館であり、一般博物館では成し得ない要件である。したがって、植栽は展示であり、博物館意識に基づく情報伝達メディアであることから、その植栽樹種は目的によって選択しなければならないのは言うまでもない。しかし、我が国の野外博物館はその目的意識に基づく植栽がなされているものが少ないのが現状である。前述したように、想定される樹種選定の要件は、①時代性に基づくもの、②遺跡・史跡の性格によるもの、③地域性によるもの、④集客を目的とするもの、⑤その地域の植生復元を目的とするもの等である。

　①の時代性に基づく植栽と②の遺跡・史跡の性格による植栽とは、臨場感創出としての植栽を指すものである。

　例えばみちのく民俗村のたばこの植栽展示では、刈り取った後移築民家の軒下にたばこの葉を干す展示がなされている。このたばこの変遷展示は、まさに野外博物館であるがゆえに完成し得る展示と言えよう。

　さらに、③の地域性による植栽と④の集客を目的とする植栽、⑤の地域の植生復元を目的とする植栽は集客力高揚のための植栽にあたるものである。以上は野外博物館を構成する上での植栽について述べたものであるが、栽培展示について以下に述べていく。

　ⅰ．**栽培展示**　特に植物園における栽培展示について考察するものである。植物園を野外博物館の範疇に含めるか否かという点は後述するが、温室栽培を除いてほとんどの植物は野外で栽培されるのが一般的で、あえて植物園を野外博物館という枠に入れる必要性はないと考える。しかし、展示形態によっては野外博物館としての機能を持つ事例もあり、ここに再度確認するものである。

我が国最古の植物園とされる東京都文京区の小石川植物園（東京大学大学院理学系研究科附属植物園）は[17]、徳川幕府が設けた小石川御薬園から出発し、1877年に東京大学の設立に伴い附属植物園となり、一般公開されてきたものである。我が国の近代植物学の発祥の地として、現在も植物学の教育・研究の場となっている。植物は収集もするが、植物分類標本園、薬園保存園、山地植物栽培場などで栽培され、樹林内や林縁に育成されている。

　小石川植物園の展示形態の特徴の一つとして、栽培・展示施設がある。まず植物分類標本園は、植物の分類体系を生きた植物により具体的に理解できるように約500種の高等植物をエングラーの分類体系に従って配列展示している。次に薬園保存園は、徳川幕府時代の薬園からの樹木が残存していることを記念して、当時栽培されていた薬用植物を栽培展示している。このように、他の植物園では見られない栽培展示という名称をパネル化して使用している点が注目すべきことであろう。

　また、植物園の中に旧東京医学校本館、旧養成所の井戸、甘藷試作跡、柴田記念館、乾薬場跡等の歴史建造物や史跡を保存公開していることも野外博物館の理念に基づく植物園である所以である。つまり単に植物を育成し、公開するといった従来の植物園とは違い、歴史的、学術的に貴重な資料を保存・育成・栽培・公開していることが高く評価できる植物園である。これは、ユニバーシティーミュージアムの特徴の一つでもある研究を第一義とする植物園であることからも理解できよう。

　また、東京大学大学院理学系研究科附属植物園の分館として栃木県日光市の日光植物園があり、小石川では栽培困難な高山植物や寒冷地植物の研究と教育を目的として公開されている。日光植物園の栽培展示施設は、ロックガーデン（高山植物）とボッグガーデン（水生、湿地植物）がある。

　次に和歌山県南紀白浜に位置する南方熊楠記念館[18]は、記念館入口までの導入部が野外植物園になっており、その植物を逍遥しながら館に向かうように建てられている。栽培展示という観点からは外れたものとなるが、植物学に長けた南方熊楠の記念館らしい在り方で強い印象を受けるものである。植栽によってその館の特徴を位置付けていることが非常に効果的であり、南方熊楠を象徴したものとなっている。同様に南方熊楠顕彰館に隣接する南方熊楠旧邸の

第Ⅲ章 野外博物館の概念と分類　143

図Ⅲ-3　野外におけるたばこの栽培展示（みちのく民俗村）

図Ⅲ-4　移築民家で乾燥させているたばこの葉（動感による臨場感を有する変遷展示）

庭は南方自身の研究園であったこともあり、現在は整備されて栽培展示されている。南方が田辺市の特産品として奨励した安藤みかんも毎年結実し、栴檀、万両、梔子その他多くの樹木が栽培されている。来館者は落下した栴檀の実を拾って持ち帰ることができ、安藤みかんも落実したものは種子を貰うことが可能である。このように、花の種の一粒でも持ち帰ることができるということと、その館の職員の対応のよさが来館者を参加型見学に導き、ひいてはリピート客となっていく基本的な在り方なのである。

③静から動への変換―干柿・大根・洗濯物・煙・水―

野外博物館は、動態（感）展示と考えられる動物飼育やコスチュームスタッフ、植栽が重要であることを述べてきた。さらに本項では展示物による展示効果について考察していくものである。

野外博物館に移設された民家などは原地保存でない限り、その環境を失っているため整備された廃屋になってしまう可能性が出てくることは事実である。廃屋化させない手立てとして、囲炉裏に火をくべる方策が採られる。これは虫

図Ⅲ-5　干し大根とボランティアによるワークショップ
（川崎市立日本民家園）

害による被害を防ぐという観点からなされるものであるが、それまで人間が生活していた時は日常の生活から出る煙によって家屋は虫害から免れてきたもので、いったん生活から切り離された時点で虫害を受けることになるのである。防災上から考えた場合、火をくべることは非常にリスクを伴うが、虫害から家屋を守るには我が国の伝統的保存方法の一つである煙しかないのである。この煙は虫害だけではなく、移築民家の臨場感という面にも絶大なる効果を発揮することは言うまでもない。囲炉裏や竈に火がくべられた民家に足を踏み入れると、その煙の臭いは臭覚に訴え、さらに煙が目にしみるといった視覚にも訴えるものとなってくるのである。寒い時期であればそこで暖を取ることも可能であろう。湯茶のサービスがあればなおのことその民家にタイムスリップすることができるのである。さらに水場があれば臨場感は増していくのである。

　川崎市立日本民家園の移築民家の軒先には沢庵付けにする大根が干され、縁側ではコスチュームスタッフが草鞋を編んでいる。コスチュームスタッフは動きのある演示になることはもちろんであるが、この大根があるかないかでは相当に生活感が違ってくることは明らかである。つまり、この生活臭こそが臨場感であり、動きのある展示となってくるのである。本来静の展示であったものが動の展示に変化するのは、干し大根であったり、梅干や干柿、その他の何の変哲もない農家の軒先に吊るしてあるものの存在で、それらを展示するだけで効果が出るのである。また、裏庭の洗濯物もかなりの効果を発揮する。韓国民俗村では民家に干された洗濯物によって、今、野外博物館にいることを忘れてしまうような錯覚を起こすほどの臨場感がそこには演出されているのである。

　つまり、自然体が一番の臨場感を生むということであろう。移築された民家は整然と整備するのではなく、いかに生活臭が漂うものにするかによって臨場感の完成度は決まってくるのである。

2. 野外博物館の映像展示

①映像展示の特性

　映像展示の展示上の特徴について、青木豊は『博物館映像展示論』[19]の中で次のように論じている。

　　　博物館の展示構成上の映像展示の主たる特質については、おおむね次の

5点があげられる。

1) 見ることにより容易に理解が深められる。

2) 継続する動きであるため、従来の静止展示では展示不可能であったものが可能となる。

3) 多量の情報を伝達することが可能である。

4) 動きが展示に容易に組み込める。

5) 参加型展示が容易で、種々の形態が可能である。

　上記の特質の根底に共通することは、面白さといった博物館展示への興味の増進であり、それが博物館の面白さ、すなわち博物館のアミューズメント性の一翼を担うものとして期待されるのである。これが映像展示の最大のメリットであり、ひいては博物館の集客力の加増に直結するものであるとも考えられる。

　以上、青木が論じた映像展示は、室内における展示を基本としており、野外を展示空間とする野外博物館の映像展示も同様と考えられる。大きく異なる点は外部における展示空間は、室内と比較して広大な点を最大の特徴とすることである。それゆえに、展示空間に見合った映像展示を選択すべきであり、ここに大型映像の採用が可能である点である。もう一つの特質は、野外であるための制約である。つまり、映像機器の管理の上で大きな制約を受けることは言うまでもない。むしろ、情報伝達手段が室内空間より限定される野外展示空間にこそ、より必要とされる展示手法の一つであると考えられるのである。

②復元展示の問題点と映像展示

　原地保存型野外博物館における立体復元や移設・収集型野外博物館の古民家等の環境復元展示においては、映像の果たす役割はまだまだ不充分であるのが現状であろう。つまり、現在実施されている遺跡等における立体復元は、学術的に不明瞭な部分が少なくないにもかかわらず、見せるための復元が一般的であると言っても過言ではないのである。集落遺跡の縄文・弥生時代の竪穴住居はもとより、中世城郭や吉野ヶ里遺跡の高殿に至っては、その根拠を疑問視する研究者もおり、このような推定復元展示は、常に賛否両論の狭間に置かれていることも事実なのである。博物館展示は、正確な学術情報に基づく情報伝達でなければならないことは言うまでもないが、仮にイラストや模型などによる

情報伝達手段であった場合、研究の進歩により新たな知見がもたらされ、誤りが明確になった時は早急に修正が可能であることが、イラスト・模型等の平面的・小型の二次資料の特質である。

あるいは、島根県立古代文化博物館における出雲大社の復元模型のように、複数の学説に基づきそれぞれの模型を製作することにより、複眼的な展示による情報伝達を試みることも可能なのである。ところが、野外博物館の野外部における展示は縮小模型とはいかず、その展示空間の大きさから実寸大の立体復元展示が自ずと要求されてくるのである。

ここで問題なのは、前述したように縮小模型等であれば学術的に不具合が発覚した場合、修正や変更は容易であるのに対し、実寸大の立体復元展示物の場合は簡単には取り壊しや変更ができない点である。それは実寸大の規模を有することと、また多額の予算が投入されているからである。史跡における実寸大の立体復元展示は、見学者にとっては実寸大であるがために臨場感をもたらし、その印象性の強さで伝達情報が受け入れられやすいことを最大の特徴とするが、反面学術上や他の理由で不具合が生じた場合に、撤去や修正が困難である点も特徴の一つとなるのである。以上の難点を比較的容易に解決できる展示手段として映像展示が挙げられ、今後その必要性は増えるものと予想されるのである。

③佐々木朝登の提唱によるビュースタンド

以上の史跡における実寸大立体復元による問題点に取り組んだのが佐々木朝登であり、佐々木は千葉市に所在する加曽利貝塚博物館の野外部の整備構想の中で、ビュースタンドと自身が命名した機器の理論を発表した。佐々木の提唱したビュースタンドとは[20]、

　　面としての野外展示

　野外展示においては、その展示資料となるのは、当該区域内のすべてのものである。たとえば、貝塚そのものが展示の対象区域となるのであるならば、その範囲内においてのみ展示資料を求めなければならないが、史跡が歴史表現であり、その貝塚に縄文人の生活全般を語らしめるには、単に貝塚の範囲だけでは語りつくせない。たとえば、東京都の塵介による埋め立て地である「夢の島」だけで、東京の現代生活の全般を語れというよう

なものである。いきおいその範囲は、区域の外にまで及ばざるをえまい。

　舌状台地の先端部に集落が形成され、巨大な「馬蹄形貝塚」がつくられた時期は、台地の下まで海水または河川が入りこんでいたであろうし、台地と水面との間の斜面には、照葉樹が繁茂していたことであろう。入海や河川の対岸の集落との文化的・経済的関係が深まれば、その対岸の資料も必要となるし、そうなれば、エリアを対岸まで含めなければならない。たとえ最小の生活圏に限定するにしても、入海や河川の範囲までとりこみ、この貝塚形成が深く海や川に関わっていることの重大性を計画として見落としてはならない。

　また、台地上において馬蹄形貝塚の中央の広場は、最近の研究によって生産の場であったとされている。貝塚の外側に住居群が存在したのであるから、他の史跡公園に見られるように、サンプルとして住居を1戸だけ復元するのではなく、同時期の住居と認められるものはすべて復元すべきである。

　住居周辺の森林は当然伐開され、二次植生が発達していたであろうし、あるいは伐開されたあとは、焼畑とされていた場所もあったであろう。また栽培植物の畑も存在したであろう。そして自然植生は、台地の斜面に残されていたであろう。台地の下の川岸には、舟着場に数隻のくり舟がもやっていたに違いないし、網などの漁撈用具も当然認められたであろう。そして、台地の下には湧水があり、この集落の飲料水をまかなっていたであろう。

　もちろん、住居の内・外には、生活用具が構造的に完備されていたであろう。つまり、面として縄文人のこの地域における生活を可能にする基盤をなす条件は、すべて満たすべきである。(略)

　ビュースタンドは、耐久性のあるステンレス等が良く、石材など自然のものよりも、遺物とは関係を断った人工的なものがよい。

　これは区域内の各所に多用できるが、大人、子供のアイ・レベルを考慮して設計する必要がある。これに類似したものとしては、昭和新山の噴出の状況を示す三松ダイアグラムの方法がある。

〈設置の例〉

　○ 住居内では、食事はどうしていたのか？

○ 住居内で寝るときはどうしていたか？

○ 交易はどうしていたか？

○ 縄文中期のここの景観はどうであったか？

○ この森林は、どのような構成になっているか？（高層・中層・下層・林床）

○ 現在住宅地になっている場所はどうであったか？

○ 縄文海進のときにはどこまで水がきていたか？……などなど

ビュースタンドの機構は、映像展示の範疇に位置するものではなかったが、遺跡整備における展示技法としては画期的な理論であったものと評価でき得るものである。それは我が国の江戸時代の見世物の一技法であった立版古と同一技法とするものであった。つまり、手前に絵を重ねることにより復元建築物に植物等を原風景の中に組み込もうとする装置であったが、残念ながら実現されることはなかったのである。

ⅰ．ビュースタンドの問題点　佐々木の提唱したビュースタンドは、実現すれば電気を必要としない装置であるために、製作においても運営面でも低コスト、省エネであることを最大の特徴としたのであろう。中でも遺跡等では、電気等の配線が大きな課題となることは明らかであることからも待ち望まれる装置であると言えよう。前述したように理論は立版古であるが、基本画面を実景に置く点と、実寸である点、立版古の設置は室内を常とするのに対し、野外である点等から製作上非常に困難が予想されると考えられる。解決しなければならない点を挙げると以下の通りである。

一、実景をベースに立版古状に仮に板に描き、3D方式で配置した場合、逆光状態となり実景と配置物が一体化せず違和感が発生する。

一、仮に、手前に自然光を採り入れたとしても同様な違和感が予想される。

一、また、晴天、曇天等の光量の変異にも対応できない。

一、立版古の配置絵板を透過ガラスに描いた場合は、ある程度の臨場性は獲得できようが、やはり限定された光量の中での成功例であると思われる。

一、マジックビジョンの機構を取り入れた場合でも、実景の光量が一定でないためにその現象は必ず確保できるものではない。

一、セル画風に焼付け重ねたとしても、臨場感と立体感は難しい。

図Ⅲ-6　ビュースタンド（佐々木朝登・画『史跡整備の方法―縄文貝塚の整備―』より転載）

図Ⅲ-7　加曽利貝塚の現状（上）とビュースタンドをのぞいた様子（下）
（佐々木朝登・画『史跡整備の方法―縄文貝塚の整備―』より転載）

一、いずれの場合でも手前に配置した画の距離感をなくすことは難しい。

以上のような観点により、実現は不可能であると思われる。例えば、ジオラマでも背景を実景に置く例がないところからも理解されよう。そうした場合、コンピューター・グラフィック（CG）による合成映像が最も容易な手段であることは周知の通りである。

ⅱ．CG映像による「風景復元」　ここで言う風景復元とは、風景、景色を指すのではなく、人間の視野以上の規模の広範囲を復元対象とするものである。つまり、遺跡であれば佐々木が構想したビュースタンドによる把握画面と同一の映像をCGにより製作するものである。

内容は、佐々木が述べたように縄文集落であれば現在までの調査研究で得た知見を基本に集落を復元すると同時に、修景により民家・電柱・鉄塔等を隠すものである。また、映像画面の規模は遺跡がほぼ実寸大に見えることが臨場感を生み出す第一要素であるところから、大型ディスプレイが必要となる。

以上のように、ビュースタンド理論と同様に実在風景にCGによる推定復元の虚像を写し出そうとするものである。設置場所は、遺跡全体を見渡す意味で遺跡縁辺部より遺跡を望むか、あるいは野外博物館の核となる屋内展示室の屋上や遺跡に面する壁面等からの設置が望ましい。そして見る者が飽きない間隔で設置することが肝要である。

この場合、当然のことながら映像機器が目立たないように、地下シェルター方式や植栽による植え込み等で隠蔽することが重要であるが、これらの設営には遺跡等では現状変更を伴う行為であるため十分な注意が必要とされる。ただし完璧な合成画が完成したとしても、季節性や日照の度合い、太陽の働きによる陰影等の影響があることは如何ともしがたいであろう。

ⅲ．個別映像　全体像を明示する映像とは別に、個別情報を伝達する映像を意図する。基本的にはディスプレイによる形態であり、設置場所に工夫を凝らすことが望まれる。また、映像機器の概観と設置場所についても、青木は次のように記している[21]。

　　　これも映像機器の設置場所に共通する観点であるが、映像機器自体が露骨に目立たない工夫も必要である。（略）すなわち、映像に展示上さらなる臨場感および美感を加味するものは、展示物あるいは展示ストーリーに

即応した映像機器の外観であり、この点も映像機器を併存する博物館展示上では重要な要素となるものと考えられる。

　たとえば、埼玉県狭山市立博物館には、水中の魚類の棲息状況をテーマとするブラウン管映像がある。そのブラウン管は魚具である箱メガネのなかに設置されている。つまり、ブラウン管面を上面にして固定してあるわけであるが、見学者が箱メガネを覗くと水中に泳ぐ鮒や鯉の映像がながれているものであり、箱メガネを覗いた瞬間は真実に水中を覗いたかと錯覚するほど、臨場感に富んだものとなっている。当然それは、離れた場所から見れば木製の民俗資料としての状況を呈するものであって、映像機の外観の一部をなすものとは夢想だにできないものである。それほど奇を衒った配置と外観であることと、とにかく展示資料との間に違和感が介在しないものであり、映像機器の設置という観点から見た場合、完成された展示と賞賛されるべきものであろう。(略)

　要するに人文系博物館における映像機器の好ましい外観とはブラウン管およびスクリーン等の枠を視界から取り去ることであり、それには主題となる展示物や展示ストーリーに関連した枠を製作することであるといえよう。

以上の指摘にもあるように、ディスプレイの場合はそのフレームを含めて全体を隠したり、あるいは擬態を施すことが重要である。設置場所においても古木のむろ内や、古井戸の中、古墳の石室の内部であったり、復元された縄文時代の竪穴住居の埋甕炉の中や古墳・奈良・平安時代の竪穴復元住居内竈の中、草木・岩・石組等においての設置が望まれるのである。また野外であるため、種々のスクリーンが活用できることも特徴である。

3. 野外博物館の活動

①野外博物館の参加型展示・体験型展示

博物館では、見学者が参加する・体験するといった催しが盛んに執り行なわれている。ひと昔前のように、博物館はただ単に展示物を見に行くという概念から、自分も参加して楽しみながら学ぶ場という概念に変わりつつある。それに伴って学芸員の意識も向上して、様々な工夫を凝らしたイベントが行なわれ

第Ⅲ章　野外博物館の概念と分類　153

るようになった。参加・体験型展示の必要性としては、まず小学生の総合的学習の時間を利用した校外学習の場として、また高齢化社会の中でシルバー向けの講座を開催する場としてなど様々に考えられる。またその一つに博物館での疲労の回避にもつながることが挙げられよう。

　一般的に博物館展示は受動態展示であり、見学者は受身の側であるために疲労、鬱積、不満が残ることが多いが、このような不都合を回避する手立てとして見学者の参加という方法があり、見学者が参加することによって博物館展示は受動態展示から能動態展示へと変化し、博物館疲労も緩和されてくるのである。つまり、自分が参加することによって、疲労は楽しみ、達成感に変わっていくのである。それは大学の講義形態が一方的に聞くだけの半強制的な授業が苦痛感を伴うものであるのに対して、実習や演習などといった双方向性の授業の方が比較的疲労度が少ないのと同様のものである。

　博物館の参加型展示の代表格は、ミュージアムワークシートであろう。ミュージアムワークシートは入口でもらってその場で解けるような問題であってはならない。博物館の展示の中から答えを探していくことが第一義だからである。展示の中から答えを見出すということは、展示の熟覧、その結果博物館での滞留時間を延ばすこと、引いてはリピート客の確保に繋がっていくのである。したがって、ミュージアムワークシートは頻繁に問題を変えていく必要があるが、我が国の博物館の現状として、いつ行っても同じワークシートが置かれていることが多いのである。ワークシートを目的に来館する子どもが、二度目に行なって同じワークシートであったら少なからず失望することは予測できるのである。

　この参加型展示のワークシートもその特性から考えると、野外博物館に置くことにいくつかの問題が生じてくる。その代表的欠格事項としては、紙に印刷されたものであるために、野外にそのまま置くことが難しいのである。この問題を回避する方法として、植物園に多く見られるパネルタイプのワークシートや、民家の中に置かれるものや、それぞれ工夫を施して設置しなければならないのである。

　しかし、野外博物館における参加型展示は、ワークシートに代表される知的参加（マインズオン）よりも、体験型展示（ハンズオン）が圧倒的に多いのも事

実である。これは、野外だからこそでき得る最大の特徴でもある。ワークショップで多く行なわれている野焼きの縄文土器作りなどは、野外だからこそ価値がある体験であろう。民俗系の野外博物館であれば、年間を通じて年中行事を執り行なうことが可能であろうし、自然史系の野外博物館であれば四季折々の植物・動物・昆虫をテーマとしたワークショップが可能となってくるのである。それは屋内の体験型展示とは比較にならないほどの可能性と創造性を持つものである。以下、人文系と自然系の野外博物館のワークショップについて考察していくものである。

　ⅰ．**人文系野外博物館のワークショップ**　前述したように移築民家や民俗系野外博物館においては、一年を通じて年中行事をはじめとする種々の野外活動を執り行なうことができるのである。正月の餅つき、凧揚げ、コマ回し、鏡開き、七草粥、どんど焼きなどは昭和30年代にはどこにでも見られた風景であるが、現代社会においてはあまり目にすることがなくなった行事である。

　このような正月の行事は、年の始めに博物館の行事に組み込まれることが多く、親子連れで賑わうのもこの時期である。江戸東京たてもの園では移築建物の空地を利用して昔ながらの遊びの場を設け、焼き芋・甘酒などを売り、訪れる人たちをまさにタイムスリップさせているのである。同様の催しとしては、寒い時期にけんちん汁のサービスが博物館明治村でも行なわれている。このようなサービスはワークショップの観点からははずれるものであるが、棚橋源太郎[22] がスカンセンは郷土料理を食することができる野外博物館であると強調したように、博物館で楽しみながら食べられることに意義があるもので、野外博物館だからこそでき得る教育活動の一つでもあろう。したがって博物館側は、正月だから博物館に行こうというような魅力ある催しを積極的に行ない、一般社会で比較的時間にゆとりがある正月に博物館を開館させることがまず先決問題であると考える。

　ワークショップのうち人気No.1である勾玉作りは室内でも可能なものであるが、汚れを気にせずにできる野外での作業の方が開放的で指導しやすいことも事実である。同時にまた、野外の竪穴住居の前といった場であることが、臨場感を生み出す要因となるのである。

　長野県茅野市尖石縄文考古館では、当該館の専門領域である縄文土器作りが

行なわれている。野焼きの縄文土器作りは言うまでもなく野外で行なわれるものであり、遺跡を背景に土器を製作する臨場感と開放感は、野外でこそ味わえるものなのである。さらにまた、千葉市立加曽利貝塚博物館でも市民参加の縄文土器作りが国指定遺跡において行なわれている。考古学系の博物館が主となるが、縄文土器作りのほか、縄文土器を使って調理をする、縄文クッキーを焼く、竪穴住居を組み立てるなど、縄文人を体験するには野外での参加が楽しいものである。このように四季の移ろいの中での野外教育活動が実践できることが、野外博物館の野外たる所以でもあると考えられる。

青少年交友協会理事長森田勇造[23] は

　　野外文化とは、いかなる社会環境でも、人間らしく生きる知恵を幼少年時代から習得し、継続することの重要性、人間本来の生命力を培うための知恵、すなわち社会人としての基本的能力をいみするものである。野外文化の伝承を"野外文化教育"、野外文化の習得活動を"野外文化活動"という

野外文化活動を「自然と生活」「野外運動」「歴史と伝統」の三項目にまとめ、野外文化の子どもへの伝承の在り方として野外文化活動を体系付けたのであった。

まず、グリーンアドベンチャーを定義し、

　　「日本人は古来から自然とのかかわりがたいへん深い。衣食住のみならず、道具・美術工芸から文学や思想の世界まで影響されているので、日本文化は、自然を知らずして語ることのできない一面がある。

グリーンアドベンチャーとは未知なるものを一つずつ発見していく「自然の中の発見の喜びや驚き」という意味に解釈するものとその概念を示している。つまり、「身近な自然と対面し、その特徴や生活文化とのかかわりを認識する手段として考案された野外文化活動」としたのである。さらに

　　自然を通して日本文化を認識する手段として考え出された野外文化活動の一つなのである。日本の自然、特に植物は世界でも最も豊かで複雑だが、その自然の恩恵を被る日本人の文化も豊かで複雑である。日本の自然を知らずして日本文化を理解することはできない。

このように、実体験を通じて五感で具体的に観察する方法や知恵が大事であ

るとした理論であった。このグリーンアドベンチャーは、自然史系の活動に捉えられがちであるが、植物と生活文化のかかわりの中から年中行事を事例に挙げ、正月の植物がいかに宗教的な意味を持ち、日本の文化を形成したかを述べていることからも、その理念は人文系に近いものと見なすことができるのである。

　また、野外文化活動としての「野外伝承遊び」について、高度な文明社会における社会人を育成する上に、幼少年時代の野外伝承遊びの重要性を見直しているのである。さらに発展して祭りや年中行事の教育目的は、文化継承の場（異年齢集団が共に行動し、自分の立場をはっきり認識できる行事であり、その地方の風俗習慣や文化を知っている者が指導し、知らない者が見覚えたり、見習って行動する機会と場）、社会性の向上（祭りや年中行事の場では、町や村の顔役や先輩や同年輩にたくさん会い、先輩や同年輩と親しくなると共に、後輩への指導の方法も身につき、お互いに力を合わせて行事を遂行し、喜びも体験する。目的を一つにした社会の協調性が培われる）、自主性の開発（多くの人と共に行動しているうちに自然に自分の立場を認識し、主張したり、共に行動したりするようになる。自主性の開発に役立つ）、向上心の開発（自分と比較する対象者を見つけることによって、よりよくなろうとする向上心が芽生える）であるとする論であった。

　この観点からも理解できるように、博物館における年中行事の開催は意味深いものであり、教育活動として価値のある行事であることは明白であり、さらに野外博物館においてはその活動の幅も広がることは言うまでもないことである。日本文化の伝承を野外博物館が担うことにより、我が国の子どもたちの郷土心を育み、教育の範となるべく博物館を目指すことが重要である。

ii.　自然史系野外博物館のワークショップ　自然史系野外博物館のうち、市民参加活動を盛んに行なっているのは植物園が主たるものとなっている。前述したように植物園は基本的に野外博物館の範疇に含まれないと考えるが、東京都港区の独立行政法人国立科学博物館附属自然教育園[24]はその設置理念からも理解できるように、教育活動を盛んに行なっている植物園である。

　前記したワークシートは頻繁に内容を変える必要があることを述べたが、自然教育園のワークシートは月ごとに違うものを用意してあり、それには設問板の位置と今月の見どころが明記されている。見学者は、このワークシートを片

手に自然園を探索していくのである。このワークシートがあることにより、より一層園内の動植物を熟覧することになり、自ずと滞在時間も長くなるのである。自然の中を逍遥しながら、すべての解答を見出した時の達成感と満足感は、薄暗い屋内博物館でのワークシートよりもはるかに教育的であろう。1月のワークシートを制覇したら、今度は2月にまた訪れたいと思うことが博物館経営において最も重要であり、基本であるリピート客の高揚につながっていくのである。

その他自然教育園では、自然に親しみ、自然をより深く理解できるよう様々な教育活動を実施しているのが特長である。日曜観察会は、4月の春の自然教育園・鳥のさえずり・木の花、5月の春のチョウ、スズメのくらし、シイの林、光と植物・水の中の生き物など、毎月、毎週内容を変えて実施している。土曜自然教室は園内の鳥・虫・植物の観察を子どもを対象に実施している。また小・中学生とその保護者及び一般人を対象に夜の自然教育園や園以外で自然観察会も実施している。野外生態実習としては学生・教員・研究者・一般人を対象に、1テーマにつき2〜3日の講義と実習を実施しており、テーマは植物群落の遷移の調べ方・土壌動物の調べ方・鳥類生態の調べ方・自然観察の指導の方法など、毎年7〜8テーマを用意しているものである。

このように多岐に亘る内容と年齢層別、初級者から上級者までの対応を可能としたプログラムを用意しているのである。単に温室で珍しい植物を栽培して観覧させているレベルの植物園と大きく異なる点は、博物館の資料を最大限に有効活用して、教育に還元していることであり、この点は我が国の植物園の多くが、まだ達成し得ないのが現状と考えられるのである。

②野外博物館のボランティア

野外博物館におけるボランティアは、コスチュームスタッフ、園内整備、解説員等、多岐に亘るものである。交通費・昼食代が支給される場合とされない場合等、その在り方もそれぞれの館によって違っているが、共通することはボランティアの人たちの積極的な意欲によって支えられていることであろう。

野外博物館でボランティアが充実している館として、東京都小金井市の江戸東京たてもの園が挙げられる。ボランティア「ひじろ会」は2010年現在190名程の会員からなり、ボランティア養成を経て、たてもの園で活動している会

である。活動内容は多岐に亘り、毎週火曜日から日曜日の 10 時から 15 時の間、茅葺き民家の囲炉裏で火を焚いて薫煙している。これは前述したように虫害に対する方策とともに来館者がより一層の臨場感を味わえるという効果を発揮するもので、囲炉裏端でのボランティアガイドとの会話も博物館への親近感を生むものとなる。火をくべるだけでなく、民家周辺の草むしり、水うちなども活動の一つとなっている。

　また、園内のガイドは基本的に 20 名以上の団体につくもので、10 名に一人の割合で配置されている。事前に予約が必要であるが、園内では見どころ案内も行なっている。「七夕折り紙教室」では講師として指導したり、「綱島家年中行事」では梅干漬けや十五夜飾りの飾り付けを参加者と共に行なう。館の普及事業の支援を行ない、自主活動ではボランティアの特技や知識を活かして農園耕作、鉢物、花壇の手入れなどを含め、様々な活動を行なっている。

　さらに、たてもの園のボランティアの特色の一つに子どもボランティア制度があり、子どもたちが積極的に博物館で活動する機会を与えている。この制度は海外と比較して、我が国の博物館教育の水準が低いという現状を解消する点で非常に効果的であろう。小さい頃から博物館に慣れ親しむということが、博物館をいかに利用・活用するかという能力を身に付けることの最大の近道であり、さらに野外博物館での学びから様々な科学の芽が養われていくのである。現代社会で問題になっているコミュニケーション能力も自然と身につくであろうし、自然や動植物を愛でる気持ちも養われるのである。このような観点からも、この子どもボランティア制度は高く評価されよう。

　北海道札幌市の北海道開拓の村では、現在 200 名近くのボランティアが登録され、解説、演示活動、行事協力を通じて来村者のサービスにあたり、建物、村内全域の解説案内、わら細工、漁網つくろい、昔の巡査などの演示を行なっている。愛知県犬山市の博物館明治村では建物を案内するガイド、明治時代の機械を操作しながら説明するガイド、村内建物の修復活動等の他、学遊塾（子どもかがやきプラン）を博物館明治村と運営し、子どもに昔の遊びを教えたり、楽器を演奏するなどの活動を行なっている。野外博物館は広大な敷地を有していることから、ボランティア会の活動が盛んで、その人数も多いのが特徴である。このように野外博物館においては、ボランティアが大きな力となっている

と言えるのである。

③野外博物館のバリアフリー

野外博物館のバリアフリーは建築物の中と野外部に大別できる。建築物の中でのバリアフリーは、段差をなくす方法としてスロープを後付けしたり、上層部への移動のためにエレベーターを取り付けたり、その他点字ブロック・誘導用ブロック・障がい者対応トイレ・手すり・音声ガイド・ボランティアの案内などがある。

博物館における四大機能は資料の収集、保存、公開、調査研究であり、その保存と公開は常に相反する行為で、野外博物館の資料も同様なのである。保存を優先するか、公開におけるサービスを優先するかという問題は長らく言われてきたことでもあるが、現代社会においてバリアフリーを除外した博物館経営は成り立たないであろう。移築された建築物をそのままの形で保存することが目的であれば、公開する場は必要とされないのである。さらに野外博物館という特性からもアミューズメント的要素をかなり含む館が多く、移築建築物を活用利用することが第一義としている傾向が強いのも事実である。したがって、建築物のバリアフリーは保存と共存させながら出来る限り違和感がなく施されることが望まれるのである。

秋田県鹿角郡小坂町の小坂鉱山事務所は1905年に建設され、現在は復元建築されて保存公開している国指定重要文化財である。建物の中は展示室、レストラン、売店等として動態活用されており、裏手にエレベーターが後付けされている。このように保存建築物本体にあまり影響を及ぼさず、外見も違和感のないバリアフリーが理想的であると考えられる。野外博物館の事例ではないが、福島県大熊町民俗伝承館の移築民家には30数台のスピーカーが内蔵されており、1年の生活の様子が月ごとに放送されている。民家の中では地域の生活会話が環境音（風雨・戸の開け閉め、下駄の音等）と共に聞こえてくるというような臨場感に富んだ展示となっている。触覚展示と音の展示の相乗効果により、視覚に障害を持つ人には、より一層の教育効果を上げているのである。

次に野外部のバリアフリーはボランティアの案内サポート・車椅子の貸出し・椅子対応のトイレ・救護室・段差のないスロープのルート・点字の案内パネル・ガイド・誘導用ブロック・手すり等がある。博物館施設ではないが主に視覚障

がい者向けの事例として、大阪府堺市大泉緑地センサリー・ガーデン「ふれあいの庭」は誘導用ブロックと手すり・触知板（展示説明）・音声ガイド・車椅子対応の花壇等の設置が見られる。大阪府りんくう公園では誘導機能として通路に1本のアルミ製パイプが埋め込まれて、解説板・音声ガイド・点字案内が施されている手すりが設置されている。その他、点字パンフレットが用意されている野外博物館として川崎市立日本民家園が挙げられる。

　ミュージアムパーク茨城県自然博物館は、館内のみならず野外部においても視覚障がい者向けの配慮がなされている。5つのネイチャートレイルコースが設けられている野外部は、クイズを楽しみながら散策できるようになっている。このうち10ヵ所には観察の観点を示した案内板があり、観察の仕方が記されており、これらをたどりながら次々と観察していくことができるのである。さらに石で彫った昆虫を点在させたり、1mほどの昆虫・小動物の拡大彫刻を置いて触知展示を実施している。

　このようなバリアフリーから、さらに発展した考え方にユニバーサル・デザインがある。これは出来る限りすべての人（障がい者、高齢者、子ども等）に利用できるように製品・建物・空間等をデザインすることを意味するものであり、ユニバーサル・ミュージアムとは、博物館全体がすべての人に対してやさしい環境にデザインされた博物館のことである。青森県三内丸山遺跡「縄文時遊館」はユニバーサルデザインにより考案された誘導・案内方法が導入された館であり、野外部である遺跡と融合した回廊にこの機能が発揮されている。まずエントランスホールに点字による館内の利用案内スタンド、触知図が設置されている。総合案内カウンターには、これらの誘導設備案内スタンドがあり、床材、手すりのサンプルで触知識別できるように解説されている。これらの誘導用床材の開発と点字が施された手すりの開発等にあたり、ユニバーサル・ミュージアムの研究者である神奈川県立生命の星・地球博物館元学芸員奥野花代子氏[25]が携わったことにより、一層の充実が図られ、高齢者や聴覚障がい者にも配慮がなされている館となっている。

　また、植物園においては車椅子の対応やそれに伴うスロープといった通常のバリアフリーだけでなく、臭いの強い植物を展示し、味覚の展示、触覚による展示等で視覚障がい者への対応を行なっているところもある。結論として、我

が国の博物館は屋内でのバリアフリー、ユニバーサルデザインはかなり拡充されてきたが、野外博物館においては屋内に比較して細かな部分までは考慮されていないのが現状である。野外博物館においても改善を図り、すべての人にやさしく開かれた博物館づくりを実践することが今後の課題と言えるのである。

おわりに

　本章は新井重三の理論の見直しと新たな分類を図り、その結果野外に存在する多くの文化財が野外博物館に成り得ることを提案した。そこには情報発信を担う核となる博物館が必要であり、それは野外展示と関連したものでなければならないことを理論付けた。

　第2節においてはこれまでの先行研究を基本として野外博物館の新たな分類を試みた。その結果、新井重三が分類した従来の現地保存型と移設収集型の二分類に、新たに復元・建設型を加えることにより、新井を越えたオリジナルな分類を提唱することができた。現代社会において、様々な自然遺産、文化遺産を保存していく必要性が問われる中で、それら新規の今後も増え続ける文化財を保存、活用するには野外博物館化していくことが得策であることを提案したのである。

　さらに第3節において、野外博物館の必要条件の具体を述べた。野外博物館だからこそ可能な動態（感）展示として、動物・植物の飼育展示をはじめ、野外博物館で盛んに取り込まれているコスチュームスタッフ、さらには野外博物館の映像について考察を試みた。野外博物館は当該地域の風土の基本要素である植物を展示に取り込むことが可能であり、植物を取り込むことにより、その地域の文化・自然を併せ持つ核と成り得ることを提唱した。野外博物館とは郷土の確認を行なう場であり、ふるさとを体感する場であることが重要なのである。その郷土性を強く持つものが植物であり、屋内博物館には取り込むことが難しい展示だからこそ、野外博物館で取り込まなければならないのである。したがって、植栽が野外博物館における最大の必要要素と考える。また、野外博物館の諸活動に焦点をあて、野外だからこそ成し得るワークショップや、野外博物館におけるボランティアの活躍とその必要性、高齢化社会に必要されるバリアフリーにも論を広げ、これまで積極的に論じることがなかった分野を開拓

図Ⅲ-8 保存歴史的建物の裏側に設置されたエレベーター（小坂鉱山事務所）

図Ⅲ-9 車椅子専用の入口（江戸東京たてもの園）

することにより、今後の研究につなげていくものとした。

　次の第Ⅳ章では本章で試みた分類表をもとに、具体的な野外博物館の事例紹介を行なう。また、外国の野外博物館の事例としては郷土、風土、文化を継承し、保存と教育活動を盛んに行なっている韓国の野外博物館とマウルの保存を紹介しながら、世界的レベルで評価できる韓国の博物館を考察していく。

註

1) 新井重三 1989「野外博物館総論」『博物館学雑誌』14巻、第1・2合併号、全日本博物館学会
2) 棚橋源太郎 1930『眼に訴へる教育機関』賓文館
3) 木場一夫 1949『新しい博物館』日本教育出版社
4) 新井重三 1956「野外博物館」『博物館学入門』理想社
5) 藤島亥治郎 1978『野外博物館総覧』日本博物館協会
6) 長谷川　栄 1982「完成した野外彫刻美術館」『これからの美術館』鹿島出版会
7) 杉本尚次 2000『世界の野外博物館』学芸出版社92
8) 註4と同じ
9) 註1と同じ
10) 青木　豊 2006「野外博物館の現状と展望」『國學院雑誌』第94巻、第3号（通巻、1032号）、國學院大學
11) 南方熊楠 1912「神社合併反対意見」『日本及日本人』付録、南方熊楠全集7、平凡社
12) 落合知子 2006「野外博物館研究小史」『國學院大學博物館学研究室紀要』第30輯、國學院大学
13) 南方熊楠 1912『神社合祀問題関係書簡』南方熊楠全集7、平凡社
14) 註12と同じ
15) 青木　豊 2006「史跡整備に於ける博物館の必要性」『史跡整備と博物館』雄山閣
16) 宮本常一 1993『民俗学の旅』講談社学術文庫
17) 小石川植物園後援会 2004『小石川植物園と日光植物園』国立大学法人東京大学大学院理学系研究科附属植物園
18) 落合知子 2008「南方熊楠と野外博物館」『学会ニュース』No.84、全日本博物館学会
19) 青木　豊 1997『博物館映像展示論』雄山閣
20) 佐々木朝登 1983「Ⅴ　野外展示の方法について」『史蹟整備の方法―縄文貝

塚の整備―』千葉市史蹟整備基本計画策定委員会、千葉市教育委員会・文化課

21) 註 19 と同じ

22) 棚橋源太郎 1949『博物館』三省堂

23) 森田勇造 1995『野外文化教育の展開』明治図書

24) 財団法人野外自然博物館後援会 1999『自然教育園ガイドブック』独立行政法人国立科学博物館附属自然教育園

25) 奥野花代子 1999「博物館における視覚障害者への対応について」『視覚障害者と博物館』神奈川県立生命の星地球博物館

第Ⅳ章　野外博物館の具体例の検討
―韓国と比較して―

はじめに

　本章は第Ⅲ章において分類を試みた原地保存型野外博物館、移設・収集型野外博物館、復元・建設型野外博物館の表に基づきながら、日本及び韓国、一部欧州の野外博物館の事例紹介を試みる。先ず第1節では、第Ⅰ章の先行研究で野外博物館の提唱者たちが取り上げた事例も含めながら、歴史的な観点からの考察も試みる。

　また、これまでの研究において野外博物館の範疇には含まれなかった新規の文化財である近代遺産、文化的景観、世界遺産、湿原、埋没林等を考察し、これらは今後核となる博物館を併設すれば野外博物館に成り得る可能性があるのかを明らかにし、問題と課題を挙げてその方策を考える。

　さらに、新たな分類に設定した復元・建設型野外博物館の事例として、耕三寺博物館や逍遥・体験博物館、回想館等を取り上げてその理論構築を図ることを目的とする。このような考察を試みることにより、これまで野外博物館としての概念には含まれなかった、今後増加し続ける新規の文化財の保存と活用に一石を投じるものとしたい。

　第2節では、韓国の野外博物館を取り上げる。韓国の博物館の歴史は、2009年に100周年を迎えた。そのうち登録博物館だけでもおよそ500館の博物館が活動を行なっている。韓国の博物館政策は、韓国国内の教育と文化に対する積極的な貢献から推進されているもので、さらに経済発展をも重視したものとなっている。このことは、博物館の所管となっている韓国政府の文化体育観光部が掲げた「ストーリーと感動のある博物館文化造成―博物館1,000館時代」なる目標からも理解できよう[1]。

　韓国では1982年に「文化振興法」が制定され、1984年には「博物館法」が制定された。この制度により文化政策が国家発展の手立ての一つと数えられる

ようになったのである。1998 年に「文化観光部」が設置され、文化政策の中枢として位置付けられた。1991 年には「博物館法」が廃止され、「博物館及び美術館振興法」が制定され、より一層韓国の博物館支援制度が強化されたのである。

　我が国の博物館法に相当する「博物館及び美術館振興法」の内容は、文化施設の認定、学芸士の資格、博物館及び美術館の運営、国立博物館と大学博物館との関係や登録等である。本法に野外博物館なる語は示されていないが、第 5 条の適用範囲に野外博物館に相当する民俗村・野外展示公園が明記されている。

　韓国は教育熱心な国であり、それに応えるべく博物館の活用が盛んに行なわれている。2008 年に文化体育観光部が、国立博物館に対して毎月 1 回「博物館に行く日」を設け、様々なプログラムの作成をすることを博物館施策として打ち出した。また、韓国の学校ではゆとり教育の一貫として、郊外学習を行なう機会を設け、レポートなどの課題を与えることが多い。この「博物館に行く日」や郊外学習のプログラムとして、野外博物館の「韓国民俗村」が利用されることが多いのである。

　韓国の代表的野外博物館「韓国民俗村」は属性の保存と継承を行なっている野外博物館であり、「韓国民俗村」なしでは野外博物館を語ることはできないと考えられる。一般的にみて日本人は野外博物館というと、北欧圏に発祥した人文系野外博物館のスカンセンや、アメリカ国立公園を基盤とする自然系野外博物館の路傍博物館、つまり欧米の野外博物館を一般に野外博物館と考えるが、アジアで知る限り最大の野外博物館は「韓国民俗村」で、その理論及び構成は先進諸国である欧米には見られない要素を持つものである。

　以上の理由から韓国の「韓国民俗村」を取り上げることにより、現代社会に適合した、現代社会に求められる野外博物館の考察を行なう。また、我が国の伝統的建造物群と類似した韓国のマウルは、韓国において各地に点在しているが、中でも民俗の保存と継承を長きにわたり続けている安東河回マウルを取り上げ、我が国の町並み保存の在り方を考察していく。

第1節　日本の野外博物館

1. 原地保存型野外博物館

　三形態の中で原地保存型野外博物館は、最も理想的なタイプの野外博物館と言える。博物館に収蔵される資料はその環境を失っているものが多く、特に遺跡から出土した遺物等は、遺跡を博物館に持ち込みづらいことから元の環境、つまり遺跡から切り離され、単独で博物館の展示室に展示されるのが常である。その遺跡のデータは写真パネルや図版等で示され、遺跡は埋め戻されて今後目に触れることはなくなるのである。しかし、遺跡自身も多くの情報を含むものであり、遺物と相俟って完全な情報発信ができるものとなり、その保存は可能な限り必要なのである。その遺跡を博物館に持ち込む方法として、遺構移築標本や剥ぎ取り標本等があるが、やはり原地に保存する方法がその臨場感、迫力、保存価値において理想的な方法であることは確認するまでもない。本節は歴史系・自然系の原地保存型野外博物館を紹介する。

①遺跡・史跡・戦跡

　第Ⅰ章で論じた如く、黒板勝美は1911年に、「博物館学」の言葉を使用し、史跡保存を博物館学的に論じた。これは野外博物館である史跡整備は博物館が行なう必要があるとする主旨であった。その論著『西遊弐年欧米文明記』[2]の中で、以下の如く述べている。

　　　　博物館の設立に伴はぬ史蹟遺物の保存事業は少くともその効果の一半以
　　　上を失ふものである。伊太利、希臘その他の欧州諸國では何れでも平行せ
　　　られて居るばかりでなく、中には國立博物館で史蹟遺物の保存事業を監督
　　　するやうになつて居る

　また、博物館資料はそれぞれの時代、文化的風気の復元が伴わなければならないことを強調し、建築物をそのまま保存活用することの重要性を説いたものであった。その中でも野外博物館はその国の風俗・風土・文化を表すものであり、まさに当該国の縮図と言えるものと解釈したのである。さらに同書で、以下の如く論じている。

　　　　史蹟の一部及び遺物等は、その保存上博物館の如き、完全堅牢なる建築の

中に陳列せらるべき必要を認むること多ければなり、素より史蹟の一部及び遺物等は、能ふだけその舊地に保存すべきを原則とするはいふを待たず
　　（中略）
　第一現状保存、現状保存と云ふのは、史蹟遺物保存の最も主要なるものと思ひます。現状保存は、前にも申しました通り、史蹟は唯單に現状の儘に保存せらるべきものなりと云ふ第一の根本義を基にしたのであります。若し現状を保存することが出来ないことがありますれば、私は現状の一部分に属すべきものでも宜いから保存したいと思ひます[3]。
　このように黒板の論じた博物館学は史跡整備を主軸としたものであったが、それは現代の博物館学に引き継がれている理念が多いものであり、黒板の理念を基に今日の史跡整備が成り立っていると言っても過言ではない。
　また、棚橋源太郎は、野外博物館を意図する用語として「町村戸外博物館」を用いて、当該形態は郷土博物館の一変形と見なし、これらの建物は全く異なる環境へ移築すれば無意味なものとなることを指摘している[4]。博物館の資料

図Ⅳ-1　ポンペイ遺跡（イタリア　ナポリ）

第Ⅳ章　野外博物館の具体例の検討―韓国と比較して―　169

はそれが置かれていた環境を失っているものが多く、そのために臨場感の欠けた展示に始終するのが一般的であり、古い建物は原地に保存すべきで、そのものが置かれていた環境に存在することに意義があり、他の土地に移築してはならないと論じたものである。

　考古学園の紹介では海外諸国には先史時代民族居住跡、発掘地洞穴・石灰洞・湖上生活の跡・貝塚・ドルメン・ストーンヘンジなどを挙げ、巨石建造物等が考古学遺跡として保存展覧され、我が国も静岡県登呂遺跡、北海道網走市のモヨロ貝塚が適当な考古学園として、学芸の研究・教育上に利用できることを提案している。ポンペイ発掘都市は異彩ある戸外博物館の一つとして見なすべきとし、我が国では小規模ながら学芸教育上、相当価値あるものとして、奈良の平城京跡・藤原京跡を挙げている。このように史跡を広義の野外博物館として捉えている視点に注目する必要があろう。

　以上のように歴史学・博物館学を代表する黒板・棚橋は、我が国における史跡整備の重要性を博物館学的に唱え、同時に博物館の設置の必要性も論じたものであった。しかし、遺跡整備は原地保存はされるものの、多くが核となる博物館施設を持たないのが現状である。以下に事例として挙げる三殿台遺跡は出土遺物を展示する展示施設を持つが、その内容は貧弱なものであり今後の改善が望まれるものである。また、国営吉野ヶ里歴史公園においても活用の面は充実しつつあるが、核となる博物館施設が設置されていない。保存と活用の核となる博物館を設置することで完成された野外博物館となるのである。以下事例紹介を試みる。

　ⅰ．三殿台遺跡　神奈川県横浜市に所在する三殿台遺跡は、1963年に保存が決定し、1967年1月31日に横浜市三殿台考古館として開館したものである。この付近は明治40年代に縄文後期の貝塚である屏風ヶ浦村貝塚の名称で紹介されたが、遺跡全体の調査には至らず都市開発によりその姿を消していった。その後昭和30年代に横浜市史編纂のための遺跡分布調査によって、縄文時代、弥生時代中期・後期、古墳時代の三時代に亘る集落が確認された。さらに1961年に岡村小学校の整備工事計画が具体化されたのに伴い、同年夏に全面発掘調査が実施されたのであった。発掘調査の結果、250基以上の竪穴住居跡、夥しい出土遺物により、極めて価値の高い遺跡であることが学術的に立証

された。この学術調査の成果を踏まえ、1963年に永久保存が決定され、1966年4月2日に国の史跡に指定されたものである。

　1967年には台地の北側に横浜市三殿台考古館が開館し、一般公開された。発掘の様子は『科学読売』の「三殿台集落遺跡」[5]に見ることができる。

　　（略）土木工事でおびただしい遺跡が破壊されて全国的に問題となって
　　いるが、これは横浜市磯子区岡村町三殿台集落遺跡で、事前に科学的調査
　　が行われたまれな例の一つである

　このように、三殿台遺跡は事前調査が行なわれたことと、遺構に覆い屋をかけて住居跡保護棟として保存した、我が国では初めての本格的な史跡整備例である[6]。史跡整備の内容は三殿台考古館（収蔵庫及び展示室）、管理事務所及び資料保管倉庫、住居跡保護棟、復元住居（縄文時代中期加曾利E式期・弥生時代中期宮ノ台式期・古墳時代後期鬼高式期）3棟である。三殿台遺跡から発見された竪穴住居跡の遺構の大部分は埋め戻されたが、平面形や大きさのわかるものについては、その輪郭を地表面に擬木で表示している。さらに擬木の上面を縄文時代は赤色、弥生時代は焦茶色、古墳時代は黄土色というようにそれぞれの遺構の時代によって色分けがなされている。

　このような擬木等による遺跡の位置と形態を明示する表面表示は、それぞれの史跡整備によって様々である。遺構の輪郭を石で囲ったもの、コンクリートで固めてしまっているもの、低木の植栽によるもの、柱穴のみに低い柱を復元したものなどがそれらの一例である。なお、三殿台遺跡の擬木はシンプルなものであり自然な手法と言えるが、島根県出雲玉作史跡公園の史跡整備では、遺構面をすべて板状の擬木にしているために、不自然さが先行し目的が理解できず本来の目的を欠いたものとなっている。どこに遺構があるのかわからないような整備も問題であるが、あまり大袈裟に遺構を表示するのも改善の余地があるように思われる。

　前述したようにこの三殿台遺跡の史跡整備は初期のものであるが、40年前と現在の史跡整備のあり方はさほど変わりはないといっても過言ではない。また、史跡活用を積極的に行なっているものではなく、住居跡保護棟は現在見学が許されず、外から見るだけの展示になっている。しかし、現状凍結保存だけを目的とした史跡整備ではなく、文化財保護法にうたわれている活用を取り入

れたものであり、博物館を併設していることからも史跡整備の基本をなすものと評価できよう。

ⅱ. **国営吉野ヶ里歴史公園**　吉野ヶ里遺跡は、佐賀県神埼郡神崎町・三田川町・東脊振村の2町1村にまたがり所在する弥生時代の遺跡である。この遺跡は1986年からの工業団地開発に伴う埋蔵文化財発掘調査により、弥生時代後期の我が国最大規模の環濠集落とされるなど学術的に価値の高い遺跡であることが判明し、1991年5月に国の特別史跡に指定されたものである[7]。国営吉野ヶ里歴史公園は、吉野ヶ里遺跡の保存と活用を図るべく1992年10月の閣議決定を受けて設置された国営公園で、特別史跡指定区域と佐賀県史跡指定区域を含む国営公園区域と、それを補完、保護し周囲の自然環境と一体となった整備を行なう県立公園区域から構成されている。その基本方針は遺跡の保存と活用、魅力ある風景・環境づくり、新しい歴史文化の創造、国際交流の拠点として、レクリエーション環境の整備、地域振興の一翼を担う、段階的な整備の推進となっている。

図Ⅳ-2　国営吉野ヶ里歴史公園（佐賀県　神埼市）

遺跡の保存方法は遺構面が傷つかないように、確認遺構面より 30cm 以上の保存盛土を施している。竪穴住居・掘建柱建物は遺構面より 30cm 以上盛土をした上に柱を建てて復元、環濠は環濠遺構の底部より 50cm 以上盛土した上に往時の深さ、幅で復元を実施している。遺跡の活用としては弥生時代後期後半（紀元 3 世紀頃）を復元整備対象時期とし、発掘調査の成果をもとに復元整備を行なっている。主な復元遺構は環濠、南内郭、北内郭、墳丘墓、甕棺墓、倉と市である。公園整備のゾーニングは古代の森ゾーン、古代の原ゾーン、環濠集落ゾーン、入口ゾーンに区分され、環濠集落ゾーンは吉野ヶ里歴史公園の中心であり、北内郭、南内郭、環濠が復元されている。

都市公園には地方公共団体が設置するものと、国が設置する国営公園があり、国営公園は①一つの都府県の区域を越えた観点から設置される国営公園（イ号）、②国家的な記念事業や我が国固有の文化的資産を保存活用するために設置される国営公園（ロ号）があり、全国で 16 ヵ所が整備・管理されている。吉野ヶ里歴史公園は②の国営公園となっている。このような国営公園の活用について、佐賀県教育庁の七田忠昭[8] は、以下の如く述べている。

　　文化財はその地域の地理的要因や風土によってしか存在し得ないものであり、交通・通信基盤の整備による地域間格差がなくなりつつある現在でも、つよい個性をもってそれぞれの地域に存在している。（略）県民・国民の心のよりどころとして、地域浮揚のための観光施設として、埋蔵文化財はもっと活用されるべきものであり、「質の高い教育資源」・「質の高い観光地」としての要素をもっと活用すべきである。（略）公園内での各種体験で過去の人々の技や努力を知ったとき、発掘体験で土器や石器を自分の手で発掘したときの子供たちの歓声や目の輝き、破片を組み合わせて弥生土器を完成させたときの喜び合う親子（略）復元集落や各種展示・体験をつうじて（略）大きな教育効果が期待できる。

我が国の弥生時代遺跡の整備は静岡県登呂遺跡に始まるもので、登呂遺跡の整備は、所謂住居の遺構を保存しながらの露出展示、復元展示、出土遺物の展示といった基本的な展示形態であるが、後の史跡整備の基本になっていったものである[9]。つまり遺跡は保存するだけではなく公開し活用するという考え方が取り入れられたという点が画期的であり、さらに現在は学校教育・生涯学習・

地域振興に役立てるという概念に到達しているのである。吉野ヶ里の活動ほど大規模なものではないが、登呂博物館においても弥生の土笛作り・登呂の土器作り・弥生の貫頭衣作り・弥生の石包丁作り・登呂の下駄作り・火起こし器作り・土器と土笛の野焼き等の「登呂遺跡おもしろゼミナール」が開催され、ボランティアによる生涯学習活動が行なわれている。

我が国の史跡保存に関する保護政策制度は、1871年の「古器旧物保存方」、1874年の「古墳発見ノ節届出方」、1876年の「古社寺保存金の交付」、1897年の「古社寺保存法」を経て、1919年の「史蹟名勝天然紀念物保存法」に至ったもので、ここまでの条文は保存・管理を定めるものにとどまっており、活用の理念にまでは至ってはいない。1950年制定の「文化財保護法」で、初めて活用が明記された。

> 第一条（この法律の目的）この法律は、文化財を保存し、且つ、その活用を図り、もって国民の文化的向上に資するとともに、世界文化の進歩に貢献することを目的とする。

しかし我が国の史跡の活用はその後もあまり活発にはなされず、旧体制の史跡保存の理念が昭和40年頃まで続くことになる。三殿台道跡においてはその理念が変化しつつある時期の史跡整備のあり方を紹介し、吉野ヶ里遺跡において活用を積極的に取り入れた史跡整備の事例を紹介したものであり、今後はさらに活用の理念を取り入れた事例が増えていくものと思われる。

中国陝西省西安の兵馬俑博物館は世界遺産にもなっている史跡であり、様々な展示形態を取り入れている。史跡面積が広大であり、出土遺物の多さには圧倒されるものがあるが、出土した兵馬俑を復元修復して展示する形態、発掘した時の状況をそのまま展示する形態、現在発掘している状況をそれごと展示に取り入れてしまう方法、発掘はせずに凍結保存しているエリアといった様々な形で史跡の保存と活用を両立させている史跡である。我が国と大きく異なる点は佐賀県吉野ヶ里遺跡や青森県三内丸山遺跡のような参加型・体験型の史跡活用ではなく、あくまで保存・公開を主軸とした史跡整備形態である点である。我が国のように試行錯誤して集客力の高揚を図らずとも、史跡そのものが集客力を持つゆえに実物資料を公開するだけで世界からの集客が可能なのである。公開においては、このような観点を基本にした上での構想が必要である点を常

図Ⅳ-3　秦の始皇帝兵馬俑博物館（中国　西安）

に忘れてはならないのである。

　ⅲ．**戦跡遺跡**　戦争遺跡の研究や戦争博物館の建設は、近年多く見られるようになった分野である。大学キャンパス内の戦跡遺構の保存問題などはマスコミでも取り上げられ、保存公開に向けて盛んに活動がなされている。例えば、慶應義塾大学日吉キャンパスの戦跡遺構[10]は保存すべくその調査、研究がなされている。また、明治大学生田キャンパスに残る旧日本陸軍の「第9技術研究所」（登戸研究所）は、第2次世界大戦中に偽札作りや毒物、風船爆弾、枯れ葉剤の研究が行なわれたとされており、陸軍の中でも極秘研究施設であった。現在、生田キャンパスには偽札印刷の工場とされる木造建物、生物化学兵器・風船爆弾の研究場とみられるコンクリート建物、陸軍のマーク入り消火栓、動物慰霊碑などの当時の施設が点在しており、これらの施設の一部を利用した資料館「明治大学登戸研究所展示資料館」[11]が2010年3月に開館した。資料館として使用された建物はコンクリート造りの36号棟で、登戸研究所に関する図面・写真・書類を展示し、模型展示は最小限にして、実際に作られていた武

器・偽札をそろえて開館を目指したものである。

　文化庁は全国の戦争遺跡から国の史跡に指定して保存する選定を進めており、登戸研究所、長野市松代大本営予定地、鹿児島県知覧町などが候補地として挙がっている。

　アジアにおいて最大級の戦争博物館として韓国戦争記念館がある。屋内展示は延々と人形による大型ジオラマ展示が続き、屋外展示は館内に持ち込めない戦争に使われた飛行機、ヘリコプター、潜水艦、戦車等が整然と展示してある。このような展示は屋外展示であり、野外博物館でないことは言うまでもない。我が国では、戦闘機を格納した掩体壕（えんたいごう）として宮崎県の旧海軍宮崎航空隊赤江飛行場の掩体壕群や旧陸軍熊谷飛行学校の新田原分教所の掩体壕、千葉県茂原市の旧海軍茂原航空基地の掩体壕群、三重県鈴鹿市の旧陸軍北伊勢飛行場の掩体壕（登録有形文化財）、大分県佐伯市の旧海軍佐伯航空基地の掩体壕（登録文化財）、旧陸軍調布飛行場の掩体壕、茨城県鹿島市の旧海軍鹿島航空隊神ノ池基地の掩体壕、長崎県大村市の旧海軍大村航空基地の掩体壕等が残っているが、野外博物館として戦跡遺産を取り上げるには、単体で残っているものではなく、それが複数点在して、面として残っているものでなければならない。このような観点から、我が国の野外博物館戦跡遺産は大分県国東半島の宇佐戦争遺跡が好事例と考え、紹介するものである。

・城井1号掩体壕史跡公園

　1995年3月、大分県宇佐市は戦争を知らない世代に戦争の悲劇を伝えるべく、城井1号掩体壕を市の史跡として指定し、1997年に「史跡公園」として整備をした。戦争遺跡の史跡指定は、1995年3月の沖縄県南風原陸軍病院壕（沖縄県南風原町）に次いで全国2番目の指定である。開発等で消滅するケースが多いこともあり、我が国において戦争遺跡が保存対象となるのは比較的珍しいと言える。城井1号掩体壕は旧日本海軍宇佐海軍航空隊（海軍航空隊宇佐基地）の遺構で、現在は周辺地も含めて宇佐市が買い取り史跡公園として整備されている。この飛行場は東西1.2km、南北1.3kmで約150haの規模のもので、現在は水田や宅地となっており、その面影を残すのは10基の掩体壕とわずかな遺構だけとなっている。宇佐市は戦後50年の節目を平和元年とし、この負の遺産を平和のシンボルとすべく、この1号掩体壕を史跡指定にし、さらに自治省

の地域文化財保全事業として史跡整備を実施したものである。

　宇佐海軍航空隊は 1939 年に開設され、同年、第 12 連合航空隊に、翌 1940 年には練習航空隊へ編入、1945 年には特攻隊となった。これによりアメリカ軍機による激しい空爆を受け、付近一帯に大きな被害をもたらしたのであった。掩体壕とはいわば戦闘機のシェルターで、学生・地元の人々の強制勤労奉仕により造られたものである。しかし、戦後は宇佐市が史跡整備するまでは放棄されていたもので、残っている掩体壕の多くは民家の納屋や農家の農機具を保管する物置として使用されているのが通常であった。史跡公園の掩体壕の中には、国東半島沖で漁師の網にかかった零戦のエンジンが展示されており、この前面にかつての誘導路が復元されている。掩体壕正面にある説明板には終戦直後の航空写真が展示してあるのみである。周辺には宇佐航空隊滑走路跡、爆弾池（米軍機から落とされた爆弾でできた直系 10m ほどの穴で、現在は水が溜まり爆弾池と呼ばれている）、特攻隊慰霊碑、松の木（戦争末期、油の不足から松ヤニを集めて燃料代わりにしたもの）が関連遺跡として残されている。宇佐市では申し出により、ガイドによる掩体壕や宇佐航空隊などの説明案内を行なっている。また、地域おこしグループの「豊の国宇佐市塾」が、市内の宇佐海軍航空隊跡地、周辺の戦争遺跡をまわる「宇佐航空隊平和ウォーク」を行なっている。

　以上述べたように、城井 1 号掩体壕史跡公園は戦跡遺産を含む周辺一帯を史跡整備して保存公開するとともに、ボランティアガイド、ガイドツアーを行なうなどの特徴から野外博物館として捉えることができるものである。さらに核となる博物館の設置が望まれよう。

②近代遺産

ⅰ. 産業遺産（鉱山遺跡）　次に原地保存型野外博物館として近代遺産を考察する。近代遺産の鉱山遺跡については、博物館学的視座から鉱山遺跡に関して記述を残した福澤諭吉の『西航記』がその嚆矢と言える[12]。『西航記』の礦山學校[13] には、以下の記述が見られる。

　　　礦山學校に行く　此學校は專ら礦山の事を敎る所なり　敎師四十人、學
　　　生二百人、學科を八等に分ち、十二歳より學校に入り、一年一科を學び、
　　　八年にして終り、年二十歳、始て士官となる。學業は礦品の性を知り、之
　　　を分析する方術、金鑛に用る機器の用法等を研究す。學校中には魯西亞國

内に産する礦品を集め、親しく其物を示し、或は機器の雛形、或は礦山の形を紙にて造て其況を設け教授に便にす　又學校の傍に地を掘り、現に金坑の大さとなして縦横に通じ、坑の周圍に礦品の色を着し、金銀銅鐵坑の眞境を見るが如し。此坑に入るものは皆手に蠟燭を持て明を取る　坑の深さ縦横合て三町許なり

　このように、鉱山の坑道展示とその活用についての記述が確認できる貴重な文献であり、学校博物館としての概念も含まれていたのである。近年、我が国の近代化と繁栄の基礎を築いた製鉄所、造船所跡、炭鉱跡といった産業遺産が文化財として注目されている。明治維新後、国を挙げて急速な近代化を目指し日本の主動力となったそれらの産業遺産は、経済大国日本の原点と言えるが、その保存や活用の難しさを指摘されているのも事実である。つまり、産業遺産は城郭や寺院などの歴史的文化財と比較すると、廃墟になった建物・過酷な労働・労働争議・公害といった負の遺産としての概念が強いものが多く、異質なために、その地域の人々の理解が不可欠なものとなってくるのである。

　また、国産旅客機YS11、ブルドーザーなど高度成長期に活躍し、日本の近代化を支えた記念物を、関係学会が「遺産」として選定する機運が高まっている。日本機械学会の「機械遺産」、土木学会の「土木遺産」、日本航空協会の「重要航空遺産」、電気学会の顕彰制度、情報処理学会の「遺産」制度、日本化学会の化学の「語り部」などである。近代遺産は価値付けが定まる前に壊されたり散逸することがあるため、文化庁はこれらの貴重なものを保護する目的で、登録有形文化財制度を設け、1996年から建物、2004年から工業技術資料を含む美術工芸品も対象としたのである。また、経済産業省は地域活性化のために近代化産業遺産の認定を始めており、120周年の電気学会や50周年を迎える原子力学会などの記念事業として適している事例もある。

　1996年、文化財保護法に登録制度が導入されてから、地元の産業遺産を文化財登録して保存活用する運動がみられるようになったが、文化庁記念物課の史跡指定1,606件（2007年）のうち近代遺産の数は21件と少数にとどまっているのが現状である。本節では種々ある近代遺産の中でも、野外博物館として展開している事例が多い鉱山遺跡を中心に考察するものである。

ⅱ．**石見銀山遺跡**（島根県大田市）　2005年、文化庁及び島根県教育委員会

の主催のもと、国際記念物遺跡会議、国際産業遺産保存委員会その他専門家が参加して「鉱山遺跡の顕著な普遍的価値と保存管理に関する専門家国際会議」が開催された。その議論のまとめからいくつか抜粋して紹介すると[14]、

・鉱山遺跡を含む産業活動に関わる遺産は、遺産登録を推進する上で重要な分野である。

・欧州に興った産業革命に関する産業遺産とは異なり、それ以前に各地域の産業活動に関わる固有の遺産で顕著な普遍的価値を持つものについて正当に評価することが不可欠である。

・現在は停止した鉱山活動に起源を持つ伝承、祭礼、宗教儀礼など、鉱山遺跡の文化的景観に緊密に関連する無形の要素にも十分配慮し研究する必要がある。その無形の要素が地域の人々のアイデンティティに与える影響にも十分な配慮が望ましい。

・鉱山遺跡を含む産業活動に関わる遺産は、構成要素が多様で広域分布が想定できるため、包括的に保存管理する大網と具体的方法の計画を定める必要性がある。

・鉱山遺跡等で現在その機能が停止し、地下に埋蔵されている考古学的遺跡が想定できるものは適切な保存環境の確保に努める。

・現在も土地利用が継続している文化的景観としての性質を持つものは、住民生活に配慮した保存管理方法を定め、住民が積極的に参加できるよう施策を進める。

・鉱山開発技術に関する適切な説明を行なうため、見学コースを定め、効果的で安全な情報提供の方法を定める。その中には案内・解説・展示・調査研究等の機能を持つ中核的・衛星的な施設の開設を計画する。

　以上の事項を踏まえて石見銀山遺跡の重要性と価値が認められて、2007年に「石見銀山遺跡とその文化的景観」として世界遺産に登録された。上記のまとめの中の、案内・解説・展示・調査研究等の機能を持つ中核的・衛星的な施設の開設を計画するという点は、まさに博物館の必要性を謳ったものである。

　従来、産業遺産や土木遺産の価値評価は技術的な文化財価値としての見方が強かったため、その保存活用も残したものを単に見せるという展示に始終していることが多いのが現状である。文化遺産が残っても、すでに人が生活を営ん

でいない地域では住民の関与は望めず、風土・文化の伝承は希薄なものとなってしまうのである。しかし、石見銀山遺跡はかつて銀山の操業によって栄えた鉱山町や港町が、今日でも地域住民の生活の場となっており、さらにかつて精錬に必要とされた木材燃料の森林資源が今日でも豊かな山林として残っている。このように鉱山遺跡と自然環境が一体となって文化的景観を形成しており、その価値が評価されたのである。石見銀山遺跡は日本における初の産業遺産登録遺跡で、中世からの遺跡・精錬技術・景観などが残っていることが特徴である[15]。

　野外博物館の概念は、石見銀山遺跡の中心である銀山柵内の釜屋間歩・大久保間歩坑内をはじめとし、佐毘売山神社・龍源寺間歩・大森銀山重要伝統的建造物群保存地区（1987年選定）・温泉津重要伝統的建造物群保存地区（2004年選定）・港湾集落の沖泊地区を含む広域地域として捉えられ、エコミュージアム的な見方も可能であろう。

　世界遺産に登録されたことにより国内学の学識者の視察も増加すると思われるが、それに対応し得る、情報発信を担う核となる博物館の設置は必須なのである。

　ⅲ．**土肥金山・天正金鑛**　次に世界遺産に登録された石見銀山遺跡ほどの規模ではないが、保存・活用している事例を紹介する。

　伊豆半島には徳川幕府の草創期を財政面で支えた金山がいくつかあり、そのうちの一つ静岡県伊豆市の土肥金山では、現在土肥マリン観光（株）が観光施設「土肥金山」として観光坑道・土肥金山資料館「黄金館」・砂金採り体験「砂金館」を経営している。観光坑道は全長100kmに及ぶ土肥金山の坑道の一部を整備して、内部に動態ジオラマや動態人形による金採掘の作業を再現展示している。従来のような原地保存の採掘現場の展示とは違い、きれいに整備され明るい印象を受けるもので、テーマパーク的要素が強い施設となっている。

　資料館「黄金館」には世界一巨大な金塊の展示や体験型展示として、千両箱重量体験・金塊重量体験などがある。また、金の価値秤の展示は一粒の金からどれだけの金箔が生産されるかという説示展示となっており、非常にわかりやすい展示となっている。砂金採り体験「砂金館」では実際に温泉砂金の30分採り放題に有料で参加でき、子どもより大人が真剣に参加しているようである。

この土肥金山は前述したようにテーマパーク的要素の強い施設であるが、原地保存の金山遺跡を整備し、資料館を付設している点は評価できる。

この事例とは対象的に当時のままの姿を見せている金山遺跡は天正金鑛である。この天正金鑛は土肥金山の近隣に位置し、見学者にはガイドが20分程度で案内してくれる。野外には車のフロントガラスを利用した手造りの模型展示が並び、小規模の展示小屋がある。足場も悪く、最小限安全に歩けるだけの整備となっており、それが臨場感を出す要因ともなっている。坑道から出ると実物の坑道内を採掘体験ができるコーナーも設けられ、前述の土肥金山の「砂金館」の砂金採りとは違い、これは臨場感が伴うものとなっている。金山遺跡の保存はあまり整備しないほうが臨場感を与え、当時の負の部分も伝えやすいと考える。しかしその保存公開だけではなく、情報伝達を発信する博物館を付設することが何よりも重要であろう。

iv. 佐渡金山遺跡　新潟県佐渡市の世界遺産暫定一覧表記載資産候補提案書[16] によると、佐渡島には中世以来の西三川砂金山遺跡、鶴子銀山遺跡、新穂銀山遺跡、相川金銀山遺跡の4つの鉱山遺跡を中心とした金銀山が多数分布し、我が国で最も早く鉱業の近代化が進められた地であった。これらの歴史的遺跡や記念工作物が良好な形で残り、400年以上継続した鉱山の技術と経営の変遷を明示し、鉱山により形成された土地利用を表す景観・伝統的文化が継承されている。鉱山の開発により人口も増え、相川では計画的な町づくりが行なわれ大規模な臨海鉱山都市としての景観を形成したのである。富を得た山師達が寄進した根本寺、長谷寺、蓮華峰寺などの伽藍・石造物が、海岸段丘の新田開発・石切場・鉱山集落の景観とともに残され、神事芸能も伝承されている。

構成文化財には、国指定史跡1件、重要文化財3件、重要伝統的建造物群保存地区1件、県指定史跡1件、県指定有形文化財3件、県指定有形民俗文化財8件、市指定史跡2件、市指定有形文化財2件が含まれ、1995年に策定された保存管理計画のもとに管理団体である佐渡市と所有者が保存管理を実施している。構成文化財は、島の広範囲に分布するもので、構成要素が関連する建造物・芸能・技術伝承の場も周辺環境にあるため、資産と一体をなす周辺環境の保全が必要である。したがって文化財と一体をなす周辺環境は、住民生活の充実と町づくりを含めて、出来る限り広範囲の登録を目指したものである。

以上挙げた3事例は世界遺産に登録されたもの、また世界遺産登録を目指しているものや、世界遺産までは及ばないが保存活用を行ない町おこしを図っている例を紹介したものである。それに対して、炭鉱から観光への転換を進め、まちづくりの手本とさえ言われた夕張市は[17]、1960年代以降に閉山が相次いだことで観光に舵を切り替え、1980年に15億円余りをかけて炭鉱跡の坑道を利用して、観光の目玉である石炭博物館を開館した。その後も遊園地、めろん城、ロボット大科学館などハコモノ建設を続けたのである。炭鉱施設の跡地には「石炭の歴史村」が広がるが、そのほとんどがアミューズメント施設であり、炭鉱の歴史・文化を継承することを目的としたものではなかったところに破綻の原因が内在していたと考えられる。現在は夕張リゾート株式会社の運営により、石炭博物館、炭鉱生活館、ゆうばり化石館が展示を行なっている。

長崎市沖の端島（通称「軍艦島[18]」）は最近、近代化を支えた「産業遺産」として注目されている。1974年の海底炭鉱の閉山と同時に島民が離れ、炭坑施設や学校、大正時代の建築で日本初といわれる鉄筋コンクリート造りの集合住宅などが廃墟と化している。NPO「軍艦島を世界遺産にする会」が保存運動を行なっているが、老朽化が激しく、通常は上陸することができない島となっている。保存するには巨大すぎて維持費も莫大なものであり、崩壊が進む建物自体は危険が伴うため観光資源としてすぐに活用できないのが現状である。

以上のような近代遺産は今後も増加の一途を辿る遺産であり、これらを保存・活用していくには面として残し、単なるテーマパーク的な施設を建設するのではなく、そこには核となる博物館施設を建設し、学芸員を配置することが重要なのである。

③風土記の丘

風土記の丘は①の遺跡・史跡整備の一つではあるが、①の事例とは異なり文化財保護法の中の風土記の丘設置条例に基づいていること、さらに大きな違いは風土記の丘には必ず核となる展示施設である博物館が設置要件となっていることから①との分類を区分した。

風土記の丘は1965年に国史跡指定地の環境整備が国庫補助金事業として予算化されたのを受け、翌1966年に文化財保護委員会（文化庁の前身）が「風土記の丘設置構想」として打ち立てた構想である。つまり、日本全体が高度成長

期にスクラップアンドビルド精神で古きものを排除していった結果、国民の意識から危機感が生まれてこの構想に繋がったものなのである。風土記の丘設置要項の目的と事業計画の概要とは以下の通りである[19]。

風土記の丘設置要項（1970年5.28文化庁改正）

1　目的

　　各地方における伝統ある歴史的風土的特性をあらわす古墳、城跡などの遺跡等が多く存在する広域保存と環境整備を図り、あわせてこの地域に地方文化の所産としての歴史資料、考古資料、民俗資料を収蔵、展示するための資料館の設置を行い、もって、これらの遺跡及び資料等の一体的な保存及び普及活用を図ることを目的とする。

2　事業計画の概要

(1)　用地

　　古墳、城跡などの遺跡等を包含し、できるだけ自然環境を保った地域を選定する。基準の面積は、16.5万㎡（5万坪）以上とする。この地域は原則として公有化により確保するものとする。

(2)　環境整備

ア　計画の核となる各遺跡等については、その本来の歴史的、風土的性格に則って正確な修復、整備を行う。

イ　各遺跡をとりまく環境については、その地方特有の風土をあらわすことのできるよう配置し、必要な園路・標識・説明版の設置、植栽等を行う。

(3)　資料館の設置等

ア　資料館の規模、構造、建築意匠は収蔵・展示物の内容及び周囲の風致、景観を考慮に入れて決定する。

イ　資料館には、風土記の丘の見学者にその地域の歴史、風土を理解させるのにもっとも適当な資料を収蔵・展示する。

ウ　資料館には、収蔵、整理、展示、管理等の諸部門を置き、それに必要な施設、人員を確保する。

エ　必要がある場合には、その地方の歴史、風土にあった民家等の移築及びその他の施設等の設置を行う。

　このように風土記の丘は、広域保存と活用・環境整備、及び資料館の設置が

第Ⅳ章　野外博物館の具体例の検討—韓国と比較して—　183

図Ⅳ-4　八雲立つ風土記の丘（島根県　松江市）

主軸となった構想であった。1966年にその第1号である宮崎県「西都原風土記の丘」が設立され、1995年に第13号、つまり最後の風土記の丘にあたる「菊地川流域風土記の丘」が設立されて、風土記の丘構想は終了した。当初の条件であった各都道府県に1ヵ所という原則は結果として実現されなかったことになる。国庫補助事業に採用された13ヵ所の風土記の丘は次表の通りである。風土記の丘は表Ⅳ-1に挙げたものだけではなく、国庫補助事業を伴わないものも存在しており、さらには風土記の丘という名称のみを使用している資料館もあり、錯綜する原因となっているのが現状である。国庫補助事業以外の風土記の丘は表Ⅳ-2の通りである。以上が我が国の現存している風土記の丘であるが、その指定面積が遺跡等を含む16.5㎡（5万坪）以上を公有化により確保することが定義づけられたものであったために、昭和40年代から50年代をピークに、その設置は減少していった。本項では表Ⅳ-1に挙げた国庫補助事業としての風土記の丘と表Ⅳ-2の国庫補助事業以外の風土記の丘の両者から事例紹介をするものである。

　ⅰ．肥後古代の森　熊本県立装飾古墳館は、風土記の丘の中でも特に博物館学意識に基づいた活動が行なわれている。装飾古墳の保存問題と恒常的な活用を図るべく、学芸員による保存環境の研究が進められている。熊本県における装飾古墳の管理は「保存のための保存」であり、「公開のための保存」という

意識に繋がっていない[20] のが現状となっている。そのため装飾古墳館では野外博物館としての明確な目的意識を持ち、資料保存のみならず、市民への普及啓発活動にも力を入れている。

館内は屋外の古墳とリンクした展示になっているのは勿論であるが、学芸員が積極的に子どもたちの教育の場として解説を行なっている。全国の風土記の丘の保存と活用、研究と教育活動を博物館学的に発展させるモデル館として期待できる博物館である。何よりも熱心な学芸員の存在が大きいのである。

ⅱ．さきたま風土記の丘　埼玉古墳群は、行田市大字埼玉に位置する5世紀終わりから7世紀初めの9基の大型古墳群であり、国の史跡に指定されている。これらの史跡を含む約30万㎡が、さきたま風土記の丘として整備されている。古墳の中でも日本最大の円墳である丸墓山古墳、武蔵国で最大の前方後円墳である二子山古墳、国宝に指定された金錯銘鉄剣が出土した稲荷山古墳が著名な古墳である。また、1894年、地元の人により発掘された将軍山古墳は多くの副葬品が出土したが、その後墳丘は崩落し、その遺構・遺物を保存活用するために、埋葬状態を復元した実物古墳の横穴式石室を建物の中から見学できる将軍山古墳展示館が設置されている。この施設はさきたま史跡の博物館の分館であるが、実物資料である古墳の内部を展示室として整備し公開していることから、遺物を元あった場所から移動させて展示している展示方法、つまり環境を伴わない展示と比較して臨場感があり、迫力のある展示になっているのは言うまでもない。さきたま史跡の博物館の体験学習として、勾玉作り、金錯銘鉄剣のペーパークラフト（紙模型）、稲荷山古墳のペーパークラフト、古墳群の見学会、古代米の田植え、舞ぎりの火起し、石包丁の古代米刈入れ、埴輪作り、草鞋作り、土器で古代米を炊く、繭玉作り、綿くり等が行なわれている。このように野外だからこそ可能な体験学習を多く取り入れているのである。

ⅲ．紀伊風土記の丘　和歌山県和歌山市に所在する紀伊風土記の丘は、国指定特別史跡「岩橋千塚古墳群」の保全と公開を目的として1971年に設置され、翌年には登録博物館となったものである。和歌山市郊外の標高およそ150mの丘陵からその北斜面・麓まで約65万㎡の面積を持つもので、風土記の丘はその敷地全体が博物館施設となっており、「資料館」・「遺跡博物館地区」・「野外博物館地区」の3つのエリアから構成されている。「資料館」は紀伊風土記の

第Ⅳ章　野外博物館の具体例の検討—韓国と比較して—　185

表Ⅳ-1　国庫補助事業による風土記の丘

	府県名	名　称	設置	資料館名
1	宮崎県	西都原風土記の丘	1966	宮崎県立博物館分館西都原資料館（1968） ↓ 宮崎県立総合博物館分館西都原資料館（1971） ↓ 宮崎県立西都原考古博物館（2004）
2	埼玉県	さきたま風土記の丘	1967	埼玉県立さきたま資料館（1969） 埼玉県立さきたま史跡の博物館（2006）
3	滋賀県	近江風土記の丘	1970	滋賀県立近江風土記の丘資料館（1970） 滋賀県立安土城考古博物館（1992）
4	和歌山県	紀伊風土記の丘	1971	和歌山県立紀伊風土記の丘資料館（1971）
5	富山県	立山風土記の丘	1972	立山風土記の丘資料館（1972） ↓ 富山県立山博物館（1991）
6	島根県	八雲立つ風土記の丘	1972	島根県立八雲立つ風土記の丘資料館（1972）
7	千葉県	房総風土記の丘	1975	千葉県立房総風土記の丘資料館（1976） ↓ 千葉県立房総のむら（1986）と統合（2004）
8	岡山県	吉備路風土記の丘	1976	岡山県立吉備路郷土館（1976）
9	広島県	みよし風土記の丘	1976	広島県立歴史民俗資料館（1979）
10	大分県	宇佐風土記の丘	1981	大分県立宇佐風土記の丘歴史民俗資料館（1981） ↓ 大分県立歴史博物館（1998）
11	大阪府	近つ飛鳥風土記の丘	1986	大阪府立近つ飛鳥博物館（1994）
12	山梨県	甲斐風土記の丘	1986	山梨県立考古博物館（1982）
13	熊本県	菊地川流域風土記の丘 ↓ 肥後古代の森	1995	熊本県立装飾古墳館（1992） 山鹿市立博物館（1978）・菊水町歴史民俗資料館（1978）・温故創生館（2002）

表Ⅳ-2　国庫補助事業以外の風土記の丘

	府県名	名　称	設置	資料館名
1	栃木県	しもつけ風土記の丘	1986	栃木県立しもつけ風土記の丘資料館（1986）
2	茨木県	常陸風土記の丘	1990	常陸風土記の丘展示室（1990）
3	長崎県	壱岐風土記の丘	1990	壱岐民俗工芸文化館（1990）
4	栃木県	なす風土記の丘	1992	栃木県立なす風土記の丘資料館（1992）
5	山形県	うきたむ風土記の丘	1993	山形県立うきたむ風土記の丘資料館（1993）
6	岐阜県	風土記の丘史跡公園・古代集落の里	1993	風土記の丘学習センター（1993）

丘ビジターセンター的役目を果たしている展示施設で、博物館活動の中心となっている。岩橋千塚古墳の情報を中心とした展示のほか、博物館教育と学校教育の連携や、体験学習も盛んに行なわれている。野外展示として古代紀伊国の主要産業である塩作りが取り入れられており、和歌山市西庄遺跡で発見された製塩炉が移築復元されている。

「遺跡博物館地区」は特別史跡岩橋千塚古墳群約400基が分布するエリアで、古墳の石室内部を公開する古墳や復元修復した古墳を見学することができる。「野外博物館地区」は江戸時代の民家（重要文化財2軒、県指定文化財2軒）を移築した民家群、古墳時代の復元竪穴住居、万葉植物園がある。万葉植物園は面積が約1,650㎡で、万葉集で詠われている植物を植栽し、関連した歌の歌碑とともに逍遥することができる。万葉集に歌われた約170種のうち約80種の万葉植物が植栽公開され、柿本人麻呂や山上憶良の歌を記した万葉歌碑を5基設置している。

教育普及活動として土器焼き、勾玉作り・土笛・土器・埴輪作りなど「モノ作り」の体験を実施しており、モノ作り体験の中から楽しみながら学ぶ契機となっている。また、遺跡博物館・野外博物館という特性を最大限に活かすべく数々の体験事業を実施している。竪穴住居においては対話形式の解説を行ない、隣接する畑で古代の農具を実際に体験することもできる。石包丁による赤米の穂積、臼と杵で古代の脱穀体験、唐箕による米の選別、藁細工体験などが行なわれている。また、子どもたちだけではなく、ティーチャーズ・ルームを開設して学校教員むけの相談窓口を設けている。ここでは紀伊風土記の丘の活用方法、体験学習に関する研修について様々な相談ができ、学校教育と博物館教育の連携をうまく図っている。園内を有効活用するため、に古代楽器の演奏会や民家でのお茶会など様々なイベントも執り行なわれている。

ⅳ. しもつけ風土記の丘　最後に風土記の丘で市民に幅広く活用されている事例は、栃木県下野市国分寺に所在するしもつけ風土記の丘があげられる。核となるしもつけ風土記の丘資料館は、尼寺跡公園と天平の丘公園に隣接している。天平の丘公園には桜が植栽されており、花まつりが催され、ステージではカラオケ大会が企画され、空き地ではフリーマーケットが開かれている。屋台も多く出店され、ほとんどが常設された屋台となっているようである。風土記

の丘を意識して訪れるというよりも、花まつり等のイベントによる集客とはいえかなりの人で賑わっており、市民に愛される風土記の丘になっている。史跡は保存し、活用していくことで史跡整備の価値もより高いものとなっていくのである。このしもつけ風土記の丘は史跡の保存と活用が成功した事例と言える。

「風土記の丘構想」によって建設された風土記の丘は、その広大な公有地の確保が困難であることから、実際に交通の不便な場所に建てられたものが多いことがその共通特性の一つである。そのような観点から推測すれば、今後は建設されない可能性が強いが、現存する風土記の丘は史跡整備のあり方としては、保存と活用、さらに博物館施設を伴っていることから理想的なあり方と言えよう。さきたま風土記の丘、紀伊風土記の丘で紹介したように、野外博物館だからこそでき得る体験学習、環境を伴った原地保存だからこそ価値のある原地教育、現代社会に求められている学校教育と博物館教育の連携にさらなる活用が望まれるのである。

④文化的景観（重要文化的景観）

近年世界的規模で、棚田・里山・稲作といった「農林水産業に関連する文化的景観」が注目されるようになり、「フィリピン・コルディレラの棚田」が世界遺産一覧表に登録されたことを契機に、ヨーロッパ諸国のワイン生産に関連する葡萄畑の「文化的景観」が登録されるなど、その分野の研究も活発に進められてきている[21]。このような文化的景観は単に流行的に保存していくのではなく、地域文化資源として観光や町おこしに活用することが主たる目的であっても、その文化的景観の歴史的背景等を情報発信する核となるビジターセンターを設置し、学芸員を配置することにより、その地域の文化的レベルの評価は高くなると考えられる。今後も増加が見込まれる遺産であることからも、博物館施設の併設を考える必要があろう。

我が国の文化的景観の概念は、世界遺産に導入されるよりも古く、すでに文化財制度の中で保護対象となっていたものも含まれている。史蹟名勝天然紀念物保存法では名勝地・庭園・遺跡などが保護対象となり、その後制定された伝統的建造物群保存地区制度では、周囲の環境も包括した町並みが保護対象となった。このように様々な景観というものが文化財の概念として取り込まれていったのである[22]。

「文化的景観」はその地域の歴史及び風土の中で生まれたものであり、その保存は周辺環境を含めた面的保存として講じられることが重要で、我が国においても「文化的景観」の保存・活用への取り組みが盛んに考えられるようになったのである。この「文化的景観」の保存・整備・活用の調査研究を目的として、文化庁は2000年、「農林水産業に関連する文化的景観の保存・整備・活用に関する検討委員会」を設置した。2000年10月から2003年3月に至るまで、一次調査（2,311件）、二次調査（502件）を行ない、そのうち重要地域として180件を選択している。まず、一次調査における「文化的景観」の定義を農村漁村地域の自然、歴史、文化を背景として、伝統的産業及び生活と密接に関わり、その地域を代表する独特の土地利用の形態又は固有の風土を表す景観で価値が高いものとして2,311件の地域確認をした。そのうち次の1〜4の条件を2つ以上満たす502件を選択し、調査を行なっている。

    1. 農林水産業の景観又は農林水産業と深い関連性を有する景観で独特の性質と構成要素が認められること（特に、一般的にはあまり知られていないもので、重要であると判断されるものについて十分考慮すること）。

    2. 景観百選の類に選定又は出版物等において紹介され、一般的に風景上の価値が周知されていると判断できること。

    3. 現在においてもなお農林水産業又はこれらに代わる営みが継続され、景観が維持されていること。

    4. 近年の改変による大規模な影響を受けず、本質的な価値を伝えていると判断できること。

このような二次調査の結果「文化的景観」は次の分類が可能であるとした。

    I．土地利用に関するもの

    II．風土に関するもの

    III．伝統的産業及び生活を示す文化財と一体となり周辺に展開するもの

    IV．I〜IIIの複合景観

さらに、二次調査の502件からこのI〜IVの分類に該当する180件を重要地域として基準を定めた。

    I．農山漁村地域に固有の伝統的産業及び生活と密接に関わり、独特の土地利用の典型的な形態を顕著に示すもの

Ⅱ．農山漁村地域の歴史及び文化と密接に関わり、固有の風土的特色を顕著に示すもの

Ⅲ．農林水産業の伝統的産業及び生活を示す単独又は一群の文化財の周辺に展開し、それらと不可分の一体的価値を構成するもの

Ⅳ．Ⅰ～Ⅲが複合することにより、地域的特色を顕著に示すもの

また、以上の選択基準の他に次の4つの視点に留意したものである。

1. 「美しさ」及び「やすらぎ」など、その地域の原風景としての「文化的景観」が人間の感性に与える好ましい影響等についても考慮すること。

2. 絶滅危惧種などの貴重な生物及び多様な動植物の生息地となっている場合が多く、それらが自然の生態系において果たす役割についても考慮すること。

3. 特定の地域的特性を反映しつつ各地に共通して展開するもの及び社会的状況の変化に伴って消滅の危機に瀕しているものが多いことから、代表的なもの及び希少価値のあるものに配慮すること。

4. 農山漁村地域に固有の伝統的産業及び生活と密接に関わるものであることから、地域住民及び地方公共団体が一丸となってそれらの保存・活用に積極的に取り組んでいるなど、景観の維持に将来的な展望がてること。

以上の調査をもとに、文化財保護法に基づく現行の保護制度のうち、記念物の観点から重要地域の捉え方について検討しており、その中でも史跡の観点から見た「文化的景観」については、以下のとおりである。

歴史上又は学術上の価値の高い地割若しくは土地利用の在り方等を示す遺跡が、現代の農耕地又は林地等と融合することにより、独特の「史跡の景観」を形成しているものとしている。史跡はその周辺環境と一体となって存在するので、指定地の周辺地域を構成する地形、集落、農耕地、樹木等は史跡の歴史上・学術上の価値と深く関連して周辺地域の景観を構成するものと捉えている。この史跡の観点から考えても文化的景観は人間が関与して作り出した歴史産物であり、整備・活用の拠点としての博物館が必要不可欠と考えられるのである。文化的景観の選定を受けた地区はその保護・整備・活用の中で、博物館の設置を取り込んでいくことが望ましい。

文化財保護法改正後、新しい法体系の6つ目のカテゴリーとして文化的景観

が保護対象となった。文化財保護法における「文化的景観」とは、以下の文化財を指す。

地域における人々の生活又は生業及び当該地域の風土により形成された景観地で我が国民の生活又は生業の理解のため欠くことのできないもの
（文化財保護法第2条第1項第5号）

文化的景観は日々の生活に根ざした身近な景観であるため、日頃その価値は不明瞭であるが、文化的景観を保護する制度を設けることにより、その文化的価値を評価し、地域で保護し次世代へと継承していくことができる。このように国が指定した名勝地だけではなく、地域に残された固有のものを積極的に保護対象にしていく法律であるが、法律自体はその生業や生活を保護するものではなく、生活の中で形成されてきた景観地を保護するものである。

文化的景観のうち、文化財としての価値が特に重要なものについて、都道府県又は市町村の申し出に基づき、「重要文化的景観」として選定できる。重要文化的景観に選定されたものについては、現状を変更し、あるいはその保存に影響を及ぼす行為をしようとする場合、文化財保護法により、文化庁長官に届け出ることとされている。

また、文化的景観の保存活用のために行なわれる様々な事業（調査事業、保存計画策定事業、整備事業、普及・啓発事業）に対して国から経費の補助が行なわれる。重要文化的景観の選定制度は、2005年4月1日の文化財保護法改正によって始まった新しい文化財の手法である。平成24年9月19日現在、重要文化的景観として34件が選定されている。

近江八幡の水郷について、2006年1月26日、近江八幡市が申し出を行なっていた重要文化的景観「近江八幡の水郷」が全国初の国の選定を受けた。2006年7月28日には追加申し出されていた集落部分が追加選定を受け、景観を構成する上で欠くことができない建造物などを文化財保護法の対象として、円山町、白王町、船木町など合計7ヵ所が選定され、その選定範囲は近江八幡市白王町、円山町、北之庄町、南津田町他、約188.3haとなっている。近江八幡市の周辺は、古くから琵琶湖の東西交通を支えた拠点の一つとして栄え、1585（天正13年には豊臣秀次が城下町を開き自由な商工業政策が行なわれ、廃城以降も在郷町として栄えた地であった。円山集落は近江商人が築いた流通経路を通じて市場を

拡大し、葦の産地として有名になり、現在に受け継がれているものである。近江八幡の水郷は西の湖に展開する葦原等の自然環境が、葦産業などの生業、内湖と共生する地域住民の生活と結びついて発展した文化的景観である。

近江八幡の水郷の選定理由は、以下のとおりである。

①内湖と葦原などの自然景観が、葦産業などの生業や内湖と共生する地域住民の生活と結びつき、価値の高い文化的景観を形成していること。

②干拓や圃場整備によって内湖の多くが農地化され、湿地生態系の衰退や葦葺屋根等の減少に伴う景観の改変が著しく、文化的景観の変容が危惧されていることから、早急な保護が必要であること。

③文化的景観を未来に引き継ぐため、「近江八幡市風景づくり条例」を制定し、これに基づく「風景づくり協定」や「風景づくり委員会」等への

表Ⅳ-3　重要文化的景観

名称	所在地	選定年月日	選定基準								
			一								二
			1	2	3	4	5	6	7	8	
アイヌの伝統と近代開拓による沙流川流域の文化的景観	北海道沙流郡平取町	平成19年7月26日		○	○		○		○		●
遠野 荒川高原牧場	岩手県遠野市	平成20年3月28日 平成21年2月12日 追加		○							
一関本寺の農村景観	岩手県一関市	平成18年7月28日	○							○	●
利根川・渡良瀬川合流域の水場景観	群馬県邑楽郡板倉町	平成23年9月21日	○								●
佐渡西三川の砂金山由来の農山村景観	新潟県佐渡市	平成23年9月21日	○				○	○			
金沢の文化的景観　城下町の伝統と文化	石川県金沢市	平成22年2月22日					○		○	○	●
姨捨の棚田	長野県千曲市	平成22年2月22日	○								
近江八幡の水郷	滋賀県近江八幡市	平成18年1月26日 平成18年7月28日 追加 平成19年7月26日 追加	○		○		○				●
高島市海津・西浜・知内の水辺景観	滋賀県高島市	平成20年3月28日					○		○		
高島市針江・霜降の水辺景観	滋賀県高島市	平成22年8月5日					○		○		
宇治の文化的景観	京都府宇治市	平成21年2月12日	○				○	○	○	○	●
奥飛鳥の文化的景観	奈良県高市郡明日香村	平成23年9月21日	○				○		○		●

名称	所在地	選定年月日	選定基準								
			一								二
			1	2	3	4	5	6	7	8	
樫原の棚田	徳島県勝浦郡上勝町	平成22年2月22日	○							○	●
遊子水荷浦の段畑	愛媛県宇和島市	平成19年7月26日	○								
四万十川流域の文化的景観 下流域の生業と流通・往来	高知県四万十市	平成21年2月12日			○	○	○		○	○	●
四万十川流域の文化的景観 上流域の農山村と流通・往来	高知県高岡郡中土佐町	平成21年2月12日 平成23年2月7日追加	○		○		○		○	○	●
久礼の港と漁師町の景観	高知県高岡郡中土佐町	平成23年2月7日				○	○				
四万十川流域の文化的景観 上流域の山村と棚田	高知県高岡郡梼原町	平成21年2月12日			○		○		○		●
四万十川流域の文化的景観 源流域の山村	高知県高岡郡津野町	平成21年2月12日 平成24年1月24日追加	○		○		○			○	●
四万十川流域の文化的景観 中流域の農山村と流通・往来	高知県高岡郡四万十町	平成21年2月12日 平成23年9月21日追加	○		○		○		○		●
求菩提の農村景観	福岡県豊前市	平成24年9月19日								○	●
蕨野の棚田	佐賀県唐津市	平成20年7月28日									
長崎市外海の石積集落景観	長崎県長崎市	平成24年9月19日								○	●
佐世保市黒島の文化的景観	長崎県佐世保市	平成23年9月21日								○	●
平戸島の文化的景観	長崎県平戸市	平成22年2月22日 平成22年8月5日追加	○				○			○	●
五島市久賀島の文化的景観	長崎県五島市	平成23年9月21日			○						●
小値賀諸島の文化的景観	長崎県北松浦郡小値賀町	平成23年2月7日 平成23年9月21日追加		○		○			○		●
新上五島町北魚目の文化的景観	長崎県南松浦郡新上五島町	平成24年1月24日	○			○				○	●
新上五島町崎浦の五島石集落景観	長崎県南松浦郡新上五島町	平成24年9月19日						○			●
天草市﨑津・今富の文化的景観（旧名称：天草市﨑津の漁村景観）	熊本県天草市	平成23年2月7日 平成24年9月19日追加／名称変更	○			○			○		●
通潤用水と白糸台地の棚田景観	熊本県上益城郡山都町	平成20年7月28日 平成21年7月23日追加 平成22年2月22日追加	○				○		○		●
別府の湯けむり・温泉地景観	大分県別府市	平成24年9月19日					○	○			●

名称	所在地	選定年月日	選定基準								
			一								二
			1	2	3	4	5	6	7	8	
小鹿田焼の里	大分県日田市	平成20年3月28日 平成22年2月22日 追加	○		○		○	○			●
田染荘小崎の農村景観	大分県豊後高田市	平成22年8月5日	○							○	●

※重要文化的景観選定基準
一、(1) 水田・畑地などの農耕に関する景観地
(2) 茅野・牧野などの採草・放牧に関する景観地
(3) 用材林・防災林などの森林の利用に関する景観地
(4) 養殖いかだ・海苔ひびなどの漁ろうに関する景観地
(5) ため池・水路・港などの水の利用に関する景観地
(6) 鉱山・採石場・工場群などの採掘・製造に関する景観地
(7) 道・広場などの流通・往来に関する景観地
(8) 垣根・屋敷林などの居住に関する景観地
二、前項各号に掲げるものが複合した景観地

　　地域住民の参加・参画を通じて、文化的景観の保護に向けた積極的な取り組みを図ろうとしていること。
　④重要文化的景観になるため、近江八幡市は景観行政団体となり、景観計画を策定するなど、必要な条件が整ったこと。

　大きな内湖は明治期以降に干拓され、現在は西の湖だけが残るのとなっており、モデル事業の対象となった時期に近江八幡市は文化的景観の保護制度を活用し、葦原や農地を保護する方策を検討しており、地元ではこの文化的景観の保護を契機に産業の活性化を図っていきたいと願っていた。ここ数年チェーン店の派手な看板や建物が目立つようになり、近江八幡の景観は損なわれつつあった。市は全国初の景観法に基づく景観計画を作り、市域約7,700haのうち約1,600haを景観計画区域とし、建物の新築・建て替えの際は「外観部は木材、土、葦などの自然素材を用い、自然景観になじむ色合いにする」「屋根には傾斜を設け、いぶし瓦葺きか葦葺きを原則とする」などの基準を設けた。これは観光資源の観点からだけではなく、日常の生活の質を高める要素として景観を保護していく必要があり、このような規制が生活住民に対しての強制ではなく、自発的に地域の質を高めていく糧になっている事例である。

　このような住民を主体とした保存は重要伝統的建造物群に近似したものであり、重要伝統的保存地区にも情報発信を担う核としての博物館の設置が望まし

いのと同様に、この文化的景観地にも、それを取り巻く風土・文化・歴史・自然・民俗等の様々な事象と一体となった景観についての保存・情報展示施設が必要なのである。その景観とともに形成された文化・風土・伝統的工芸・産業等の情報発信をする博物館を設置することが必要であり、博物館を活動拠点として野外博物館と成り得る文化的景観の保護を行なうことが肝要なのである。

⑤重要伝統的建造物群

伝統的建造物群保存地区は野外博物館としてのみならず、エコミュージアム的要素を含むものであり、核となる情報伝達を行なう博物館の充実が必須である。情報伝達の核としての総合博物館の機能と内容の確立により、情報の伝達を目的とし、保存地区を単なる町おこしにつなげるのではなく、それぞれの保存地区でその地域独自の明確な個性を打ち出し、それを発展に導いてこそ成功であると考えられる。この個性化こそが保存地区にとっての文化の伝承・伝達であり、さらには集客力の高揚となってくるのである。この重要伝統的建造物群についてはさらに第Ⅴ章第2節で詳述するため、本節では住民と博物館が積極的に町並み保存に参加している事例のみの紹介にとどめるものとする。

ⅰ. 知覧町知覧伝統的建造物群保存地区　鹿児島県下に位置する知覧は、1980年12月に伝統的建造物群保存地区条令が制定されたのを受けて、歴史と景観を生かした町並みに着手したものである。景観障害である電柱、電話柱の移動、街路樹、舗装、水溝の整備を進め、翌1981年3月、地区内の7つの庭園が国の名勝指定を受け、11月に重要伝統的建造物群保存地区に選定された。

この地区の特色は、武家屋敷群の見事に手入れされた生垣と庭園を代表とするその景観の素晴らしさであろう。庭園は江戸時代中・後期から明治にかけての作庭になるもので、森氏庭園のみが池泉庭園で、他は枯山水となっている。これらの庭園の意匠は築山を奥に設置し、立石を主軸として枯れ滝を組んで石組・石塔・燈篭を配している。背後をつつじ・さつきの大刈り込みとして、その外側つまり道路との境にチャ・イヌマキの生垣を波状に刈り込み、母ヶ岳を借景に取り込んでいる。この作庭方法は琉球庭園の影響を受けたものであり、これらの生垣のみならず、様々な樹木を環境物件に特定している。これらの生垣・石垣・樹木から生み出される景観は、価値の高いものとなっている。南九州市立ミュージアム知覧は館と文化財業務を遂行しているもので、知覧フィー

ルドミュージアム事業を展開している[23]。

　　　町内に点在するこれらの文化財を結びつけ、総合的に顕彰することで、
　　町全体を野外の博物館と捉えて整備し、地域を深く理解することで、町民
　　の文化財保護に対する啓発と地域に愛着や誇りをもってもらおうと始まっ
　　た。併せて町を訪れる旅行者を誘導し、町を知ってもらうねらいもあった。
　　（略）町としては、近い将来、地域の住民が主体となって管理し、行政が
　　これを支援するという１つのエコミュージアムの形に移っていくのが望ま
　　しいと考えるが、フィールドミュージアム事業がその足掛りとなっている
　　のは確実で、事業は次の段階に入っている。

　このように、町全体を野外博物館として整備し、さらにエコミュージアムへ
と移行させていくことを提案している。また、知覧は沖縄戦の時に本土最南端
の陸軍特攻基地となったこともあり、後世に語り継ぐ目的で「平和の尊さを語
り継ぐ町」を宣言し、「知覧特攻平和会館」を開館している。これに伴いミュー
ジアム知覧は特攻基地の聞き取り調査を進め、企画展を開催するなど公開・活
用を図り、隣接する特攻平和会館との連携を深めている。知覧に残る旧石器・
縄文時代の遺跡、中世の山城、近世の武家屋敷、生産遺跡、特攻基地の戦跡、
有形・無形民俗文化財を有効活用する町づくりが進められた。麓の武家屋敷
群とその景観を含む様々な文化財の調査・保存・活用の取組みもミュージア
ム知覧を核とした知覧フィールドミュージアムの一環として位置付けたもの
である。

　このミュージアム知覧は町並み保存に関する展示は少ないものの、このよう
に博物館が核になって保存地区の活動を行なっている点で評価できるものであ
る。町並み保存は住民による保存運動が基本となっているもので、この住民を
取り込むことによって、地域博物館はより一層市民と密接な、市民に開かれた
郷土博物館になっていくのである。

　ⅱ．京都府北桑田郡美山町北保存地区　　重要伝統的建造物群保存地区の中で
も、特に山村集落は交通の不便な地域が多いが、それにより都市開発を免れ昔
のままの景観を維持しているという利点も認められる。山村集落に限らず保存
地区に選定されている地域は交通の不便な所に位置しているものも少なくな
く、より一層住民の結びつきも強いものとなっている。観光名所として町おこ

しが成功している地域もあれば、過疎化が進む地域も多く見られる。いずれにしても代々受け継がれた歴史遺産を残していくという意識は共通しているのである。地域と共に歴史を刻んできた建造物を失うことは、その地域のアイデンティティーを失うことになるのである。

美山保存地区は京都府北部、標高 800～900m の丹波高地に位置する山間にあり、集落は山間の狭い河岸平野を田地としたが、林業が生活基盤であり、流通確保が困難であったため、京都を主市場とする木炭生産と養蚕に重点が置かれていた。1985 年には 458 棟が存在した茅葺き屋根建造物群は現在 60 棟余りが残っている。美山町北地区の茅葺き家屋は入母屋造りで、千木、破風などの構造美に優れる北山型と称されるタイプのもので、その素朴な農村風景と併せて学術的にも内外から高く評価されている。雛壇のような段丘状の南傾斜面を石垣で固め、屋敷は中央に主屋と納屋を並べ、周辺に附属屋を配す。主屋南面の広い前栽には屋敷木を植え、北面は家庭菜園か果樹を植えている。前栽の道と接する部分に季節の草花を植え、より一層の景観を彩っている。

美山では、茅葺きの若手職人の育成に力を入れており、その若者の中には実際に茅葺きで生活し、茅葺きの技術を磨いている者もいる。一棟葺くのに準備作業を除いて、20 数人で 2 日掛かりと言われており、その多くは管理の楽な鉄板葺きセメント瓦葺きに移行する傾向にあるが、住民が一致団結して「北村茅葺きの里保存組合」を設立して保存運動を行なっている。材料の茅の栽培、備蓄、葺き替え職人の育成、葺き替え工事の支援等を長期に亘り実施している。また、町当局も財政支援など官民一体とする保存活動が展開されている。

資料館となっている茅葺き民家は、屋号を伊助家と称し、建築年代は 1750年代と推定され、地区住民の協力のもと民俗資料館として公開・活用されていたが、2001 年 5 月に原因不明の出火により全焼したのである。調査時には焼け焦げた蔵だけが残っており、これは日本の蔵が火災に対していかに強いかということの実証例でもあるが、反面、火災に対する茅葺き民家の弱さが浮き彫りにされた例でもある。保存地区では茅葺き家屋を火災から守るために地区全体に放水銃の設置事業が進められたが、防犯・防火対策はいずれの地区においても重要な課題であることは確認するまでもない。

この美山は次に挙げる白川郷ほど観光地化されておらず、作為的な土産物屋

が建ち並ぶ集落ではないが、駐車場に隣接された小規模の土産物屋が賑わっていることからも、駐車場と併設して博物館の設置が必要であろう。この集落の歴史・民俗・風土等を紹介する博物館を設置することで、訪れる側に情報を伝えるだけでなく知的満足も与えるのである。また、火災によって資料が消失したことからも、資料保存に携わる学芸員の配置が必須なことは言うまでもない。

ⅲ．**白川村荻町重要伝統的建造物群保存地区**　岐阜県白川村荻町保存地区は合掌造民家群が一画に残る山村集落で、1995年に第19回世界遺産委員会で平村相倉保存地区・上平村菅沼保存地区とともに白川郷・五箇山の合掌造り集落として世界文化遺産に登録された地区である。白川村荻町は前述した美山と比較すると、訪れる観光客の数が非常に多く、それにともなって問題も生じているのが現状である。世界遺産登録前には70万人ほどの観光客が、世界遺産登録後は倍以上の150万人までに増えている。その多くは大型観光バスで乗り入れてきて、1～2時間程度の滞在で帰っていくのである。この短い滞在時間ではゆっくりと集落を散策し、その風土・文化を理解するのは難しい。土産物屋にいる時間の方が長いというのが実状ではないだろうか。

　我が国の保存地区には、看板や幟旗が目に付き、郷土の産物以外の土産物が置かれるといった、所謂観光客相手の商売が全国に多く存在している。高い駐車料金を取り、外国産の土産物を売ることが、いかにその地域の質を落としているかを今一度考える必要があると思われる。荻町では数件の民家が、実際に現在も居住しながらその民家を公開施設として活用している。部屋の一部に民具を展示したり、家族が解説を行なっている民家もある。このように原地保存された一次資料のありのままの姿をみることは非常にインパクトの強いものであり、臨場感に富むものである。短時間滞在型の観光ツアーの来訪者にとっては、そのような展示で満足する以外はないのが現実であろうが、世界遺産に登録された価値ある集落の歴史・文化・民俗・風土・自然といった様々な分野の情報を発信する総合博物館の設置は必要であろう。実際に国内外から多くの専門家が調査に訪れて研究がなされていることからも、まず地域博物館がその任を果たさなければならないのである。このようなことは、全国の保存地区に言えることである。その核となる博物館の設置があって初めてエコミュージアム構想に繋がっていくのであり、野外博物館としての位置付けもなされるのであ

る。

⑥国立・国定公園

　木場一夫は名著『新しい博物館』[24]（1949）の中の第10章、「路傍博物館」の項目の中で「路傍博物館とはアメリカ博物館協会、戸外教育委員会委員長であったバンパス博士（Dr. Hermon Carey Bumpus）によって命名されたもので1921年にヨセミテ渓谷に誕生したのが世界の中の第1号である。」とし、アメリカの国立公園の中にある路傍博物館（Trailside Museum）を野外博物館として位置付けると共に、自然系のものばかりでなく人文系の戸外博物館（Open-air Museum）も含めて野外博物館と呼ぶべきであると提唱した。

　また、棚橋源太郎は[25]、「国立公園の地域内にある小規模の陳列館、自然観察の細道、観望所、地学園、自然動植物園、天然水族館などを公園博物館」と紹介し、さらに「何か特別重要な資料のある場所には、小さい路傍博物館を設けるのがよい」としている。「風光の明媚なこと、山水の秀麗なこと、我が国に於いても観光や研究のための外客を誘致するために、将来益々国立公園を増設し、その設備の一つとして適当な場所に登山博物館、戸外博物館を建設して、国民の教育と共に、観光客や研究者の便に資するようにしなければならない」としている。つまり路傍博物館とは、我が国の国立公園などに設置されたビジターセンター的施設であると言えよう。

　しかしアメリカの国立公園はあくまでも National park であり、Museum ではないことと、さらに我が国の国立公園は博物館学的意識に乏しく、木場や棚橋が提唱した理念とはかけ離れたものになっているのが現状である。我が国の国立公園に付設された博物館施設は、そのほとんどが小規模であり、内容も生息する生物・植物を主とした展示にとどまっていることが多い。当該地域の特質を総合的に展示する博物館を持つ国立公園は皆無で、改善する姿勢も見られないようである。以下はビジターセンターの好事例である白山国立公園を事例に挙げ、我が国の国立公園の博物館施設を考える。

　ⅰ．**白山国立公園**　白山国立公園は、富山県、石川県、福井県、岐阜県の4県にまたがる白山を中心とした国立公園である。1955年7月1日に白山国定公園として国定公園に指定され、1962年11月12日に全国20番目の国立公園に指定された。指定地域は東西約20km、南北約40kmの範囲に亘り、面積

47,700ha を計る。そのうち原生的自然植生域が８割以上を占め、広域にブナの原生林を保有していることから、我が国有数の原始性の高い国立公園となっている。

また、白山は高山帯を有する山岳として我が国最西端に位置するため、白山を西南限とする貴重な動植物が多く生息しているのも特徴である[26]。また、ツキノワグマ・ニホンカモシカ・イヌワシなどの大型野生生物が多数棲息し、我が国有数の自然性の高い国立公園としてユネスコの「人間と生物圏計画（MAB）」に基づく生物圏保存地域に指定されている。このような自然を守るために石川県では各種調査研究を実施し、保全のために様々な施策を展開している。その中心となっているのが白山自然保護センターである。白山自然保護センターは本庁舎・中宮展示館・市ノ瀬ビジターセンター・ブナオ山観察舎・国立公園センターから成り立っている。

・本庁舎

1983 年に完成し、通常の業務が行なわれる施設で、白山国立公園や県立自然公園の許認可業務の窓口になっている。実験室や温室で実験や解剖、分析を行ない、調査研究で収集した資料や標本を資料室や標本庫で保管・管理している。また、図書室やレクチャーホールも併設されている。

・中宮展示館（白山国立公園中宮温泉ビジターセンター）

1973 年に白山自然保護センターが開設されると同時に併設された施設である。本庁舎が完成した後も、白山地域の自然を紹介する中心的な施設となっている。1983 年のリニューアルで「ブナ林展示室」が設けられたが、1986 年に雪崩の被害により展示物が大きなダメージを受け、新たな展示室の建設がなされた。それまでの展示技法であったジオラマ・模型による再現型展示から、来館者が実際に体験できる参加型展示が取り入れられた。「森に遊ぶ」コーナーでは白山のブナ林を擬似体験でき、「白山と生きる」コーナーでは白山麓の人々の暮らし、自然に生きる知恵、民話、自然と人間との関わりを紹介している。

レクチャーホールでは白山の鳥類、昆虫、高山植物、化石、火山を標本や模型で展示し、ハイビジョンコーナーでは 100 インチハイビジョン上映システムを導入している。展示館周辺には「白山そのものが博物館」の考えに基づき、動物・鳥・植物の観察ができる「蛇谷自然観察園」や水中昆虫が観察できる「川

の生態観察園」がある。「野猿広場」では 1965 年から吉野谷村が野生のニホンザルの餌付けに成功し、研究、観察がされてきたが、ニホンザルの作物被害が顕著になった 1995 年からは餌付けを中止して山へ帰す努力をしている。その他学校や公民館行事の利用やボランティアガイドによる案内を行なっている。

・ブナオ山観察舎

　直接目にすることが難しい野生動物を、直接観察できる施設として 1981 年に全国に先駆けて開設された施設である。1 階には解説パネル、ニホンカモシカの剥製・骨格標本、ニホンザルや野ウサギの食べ跡やフンを展示している。2 階には大型双眼鏡・望遠鏡が設置してあり、対岸のブナオ山の斜面に現れる野生動物が観察できる。職員が駐在して観察指導やミニ観察会を行なっている。

・市ノ瀬ビジターセンター

　2000 年 6 月に環境庁（現環境省）によって開設され、市ノ瀬が白山登山の重要拠点であることから、登山に関する情報提供や指導、自然観察のための情報提供を行なっている。情報検索コーナー・ハイビジョンコーナー・展示コーナーがある。周辺には岩屋俣谷園地、根倉谷園地などの自然観察路や自然観察施設が設置されており、職員及びボランティアガイドによる案内が行なわれている。市ノ瀬ビジターセンターが開館する前は、情報提供や登山指導は 1982 年に環境庁（現環境省）が開設した国設白山鳥獣保護区管理センター（市ノ瀬ステーション）が行なっていたもので、その館内にはバードカービングコーナーや動植物のパネルがある。

・国立公園センター

　2000 年 6 月に開館した施設で、白峰村が整備した「ふるさと交流センター」と建設省（現国土交通省）が整備した「白山砂防科学館」とを屋根付き廊下で連携している。白山に関する図書・映像・情報探索装置などで白山国立公園を紹介している。その他研修会・講演会・写真展などが開催されている。

　石川県白山自然保護センターは、白山地域の自然の保護管理・調査研究・普及啓発を目的に 1973 年に設立された。センター内に事務局を置く白山自然保護調査研究会は、白山地域の自然及び人文に関する学術調査を行ない、白山の自然保護と適正な利用に資することを目的としている。普及教化事業の一環である、普及誌『はくさん』・『白山の自然誌』を発刊している点は特筆すべきで

あろう。我が国のビジターセンターではあまり調査研究活動が行なわれず、その展示も貧弱なものが多いが、白山自然保護センターにおける年4回の『はくさん』と年1回の『白山の自然誌』シリーズの刊行は、博物館としての役割を充分果たしているものである。

　『はくさん』は1973年、『白山の自然誌』は1979年から継続して発行されており、その刊行の目的は、白山の豊かな自然と人々の暮らし、自然保護に対する理解を深めてもらうためとして、無料で配布しており、インターネットでも情報を提供している。その他自然体験プログラムである「白山まるごと体験教室」や「白山フィールドセミナー」を開催している。調査研究については、白山地域の動植物、地質、人文について基礎的、応用的な調査を行ない「白山自然保護センター研究報告」として発表している。この調査研究は、通常調査とプロジェクト調査に2分され、前者は職員及び県内外の大学の研究者からなる白山自然保護調査研究会の委託で実施され、後者は県の研究機関、他県や国の研究機関と共同で実施している。その調査の内容も多岐に亘り、充実したものとなっている。

　保護管理として、白山国立公園の避難小屋や登山道などの登山施設の整備と改修、高山植物群落の保護事業、ブナ林の保護復元を行なっている。以上述べたように博物館の4大機能の中の、保存、公開、調査研究がなされている点からも高く評価でき、国立公園の核としての役割を果す博物館と見なすことができる施設である。

⑦世界遺産

　世界遺産とは1972年11月、第17回ユネスコ総会にて採択された「世界の文化遺産および自然遺産の保護に関する条約」のことで、我が国は1992年9月30日に125番目の締約国として加盟した。世界遺産は文化遺産、自然遺産、複合遺産のいずれかの遺産として登録され、各国政府がユネスコに推薦する遺産候補の暫定リストに入ることが前提となる。それまで対極にあると見なされてきた文化と自然を区別することなく保護していくところに大きな特徴があり、我が国の場合は文化遺産の候補選定は文化庁が、自然遺産は環境省が担当している。我が国で登録された世界遺産[27]は次表の通りである。しかし、この世界遺産も文化的景観などと同様に登録すること、保存することに重きが置

かれ、博物館施設の併設はあまり重視されていないのが現状である。核となる博物館の設置と学芸員の配置があって、初めて世界遺産は野外博物館としての機能を果すのである。本項は博物館施設を併設している登録遺産のうち、自然遺産である白神山地及び知床のビジターセンターを取り上げて問題と課題を考察していく。

世界遺産推薦の目安となる登録基準は文化遺産が6項目、自然遺産が4項目あり、いずれもそれらの項目についての情報を提供する施設の設置が必要であるが、我が国の登録遺産に付設された優秀な博物館はいまだ完成されていないのが現状である。自然遺産についての登録基準は[28]以下の如くである。

- ひときわすぐれた自然美および美的要素をもった自然現象、あるいは地域を含むこと。
- 生命進化の記録、地形形成における重要な進行しつつある地質学的過程、あるいは重要な地形学的、あるいは自然地理的要素を含む、地球の歴史の主要な段階を代表する顕著な例であること。
- 陸上、淡水域、沿岸・海洋生態系、動・植物群集の進化や発展において、重要な進行しつつある生態学的・生物学的過程を代表する顕著な例であること。
- 学術上、あるいは保全上の観点から見て、顕著で普遍的な価値をもつ、絶滅のおそれのある種を含む、野生状態における生物の多様性の保全にとって、最も重要な自然の生息・育成地を含むこと。

これらのいずれの項目をとっても、それらの情報を発信し、調査研究する博物館施設の必要性が認められるのである。

ⅰ. 白神山地　白神山地のブナ林は原生状態の保存に優れ、動植物の多様性においても特異的な森林であることから、1990年に森林生態系保護地域に設定、1992年に自然環境保全地域に指定、1993年に屋久島とともに自然遺産では我が国初の世界遺産一覧表に記載されたものである。1995年にはその遺産地域の価値を損なうことなく保全していくために「白神山地世界遺産地域管理計画」が策定されたのである。

白神山地に設置された青森県西目屋村の白神山地ビジターセンターは、従来のような小規模のスペースに褪色した展示パネルや劣化した動物の剥製が置か

第Ⅳ章　野外博物館の具体例の検討―韓国と比較して―　203

表Ⅳ-4　日本の世界遺産

登録遺産名	登録年	分類
法隆寺地域の仏教建造物	1993	文化
姫路城	1993	文化
白神山地	1993	自然
屋久島	1993	自然
古都京都の文化財（京都市・宇治市・大津市）	1994	文化
白川郷・五箇山の合掌造り集落	1995	文化
広島平和記念碑（原爆ドーム）	1996	文化
厳島神社	1996	文化
古都奈良の文化財	1998	文化
日光の社寺	1999	文化
琉球王国のグスクおよび関連遺産群	2000	文化
紀伊山地の霊場と参詣道	2004	文化
知床	2005	自然
石見銀山遺跡とその文化的景観	2007	文化
平泉―仏国土（浄土）を表す建築・庭園及び考古学的遺跡群	2011	文化
小笠原諸島	2011	自然
富士山―信仰の対象と芸術の源泉	2013	自然
富岡製糸場と絹産業遺産群	2014	文化

れているビジターセンターとは違い、世界遺産白神山地の情報発信を充分に果たす施設となっており、博物館学的観点から優秀と言える施設である。映像体験ホールでは、70mm大型映像システム「アイマックス」による世界遺産白神山地の四季を日に5回上映している。展示ホールではブナについての展示を中心として、世界遺産関連の展示も行なわれている。特別展も年4回催され、入館料は無料である。その他インタープリテーションプログラム・自然体験事業・ネイチャースクール・ネイチャークラフトが開催されている。自然・遺産を通訳するという意味合いを持つインタープリテーションは、白神山地の自然・文化・歴史的遺産を人々に伝える活動にあたるもので、インタープリターによる一方的な解説ではなく、双方向性の活動となっている。これは主として、児童・生徒の自然体験・環境教育に役立てることを目的としている。このプログラムでビジターセンターの展示ホール・映像ホール・会議室・工作室・展示林が活用され、トレッキングインタープリテーションではブナ林散策道・ブナ巨木ふれあいの小径において、自然観察や環境、世界遺産について学習し、インター

プリテーションフィールドではネイチャーゲームや樹種を観察するなどの学習プログラムとなっている。

　自然体験事業とは月に1回程度の開催で、「二ッ森で白神山地の風景を楽しもう　世界遺産白神山地を見る」、「満天の星空と白神山地を観察しよう　星降る白神山地」、「ブナ遺伝子資源保存林を訪ねて、白神山地の植生を学ぼう　樹木医と歩く白神山地」等の自然史系の学習がプログラムされている。対象は主に小学生高学年以上で定員40名としている。それに対してネイチャースクールは人文系の学習プログラムとなっており、2008年度は6月「歴史の道を辿る」と3月「白神山地の昔と今」の2回が予定されている。

　以上のように白神山地ビジターセンターは多くの小・中学校の生徒たちが訪れ、館内での学習だけではなく、実際に屋外で世界遺産白神山地を体験し学ぶことができる。世界遺産白神山地を広大な野外博物館として捉えて、その情報を発信する核となる博物館を地域に建設することにより、さらにその登録の意義も価値も確かなものになるのである。野外でしか体験できないこと、自然の中からしか感じとることができない多くのことがここでは可能なのである。白神山地にはこのビジターセンターの他に、白神山地世界遺産センター（西目屋館）がある。このセンターは前述した「白神山地世界遺産地域管理計画」に基づき、世界遺産地域の保護管理、白神山地の自然環境に関する調査研究を推進するために整備されたものである。職員・研究者のための管理研究スペースは白神山地の調査研究に利用することができ、世界遺産条約の概念・白神山地の自然に関する展示・資料コーナーは自由に観覧することができる。白神山地ビジターセンターはビジターセンターの観点からも、世界遺産に付設する博物館の観点からも充実した施設である。

　ⅱ．**知床世界遺産センター**　北海道知床は、2005年に世界遺産に登録された自然遺産である。知床国立公園玄関口に位置する知床自然センターは、1988年9月に斜里町により設置され、（財）知床財団が管理運営を行なっている。『自然トピアしれとこ管理財団　設立10周年記念誌　1988〜1998』によると、知床自然センターは「知床国立公園の斜里町側入口に位置し、公園内の自然を保全しながら利用者の受け入れ調整、教科活動を図る公園計画上に言う博物館展示施設と位置づけられている」と謳われている。ダイナビジョン館では知床の

四季を上映しており、大人が 500 円、小人が 200 円の観覧料が必要である。自然情報掲示板では周辺情報を掲示し、またロビー展として知床に関する絵画や写真を展示している。いずれも小規模なもので世界遺産知床を理解するには情報が乏しいものであり、このセンターの中心的な施設は土産物の売店になっているのが現状である。

　しかし、2009 年 5 月に環境省・林野庁・北海道が提出した知床世界自然遺産地域管理計画（案）によると、知床自然センターは「知床半島の原生的な自然環境の保全及びその再生と賢明かつ持続的な利用の推進を目的として、自然保護思想の普及啓発や利用案内、自然観察、ボランティアの指導育成、安全指導その他の情報発信の拠点施設として位置づけ、運営を行なっていく」とあり、「知床フィールド講座」・「ミニレクチャー」・「100 平方メートル運動の森体験」といった自然体験の各種プログラムの提供やボランティア活動に重きを置いた、博物館展示の要素は希薄な施設のようである。

　2009 年 4 月 19 日に環境省によって、知床世界遺産センターが道の駅うとろ・シリエトクに隣接して開館し、知床に棲息する動物の実物大の写真・ヒグマの爪痕の模型を展示している。同 6 月には知床世界遺産ルサフィールドハウスが開館し、海洋生態系と陸上生態系の相互関係や、今日までの知床における人と海との関わりを展示している。世界遺産登録時に比較すれば、少しずつではあるが改善が見られるものの、知床は海外からも観光客のみならず学識者も多く訪れる地であり、知床の情報を発信する総合博物館レベルの博物館施設が望まれる。

⑧鍾乳洞・湿原・植物群落・埋没林

　最後に自然系遺産の鍾乳洞、湿原、植物群落、埋没林の事例を紹介する。これらも原地保存を基本としながら、博物館を併設して活動しているものもあるが、あくまでも野外博物館の意図によるものではない。これらを野外博物館としての機能を持たせれば、活動の幅も広がり、集客力も見込めると考える。そこには核となる博物館と学芸員の配置は言うまでもない。

　ⅰ．秋芳洞　鍾乳洞は前述の鉱山遺跡と保存の「ば」は類似するものであるが、鉱山遺跡は営まれた歴史が関与する点において鍾乳洞とは分類を異にした。この鍾乳洞は新規の文化財ではなく、その保存は古くから行なわれ、博物館を

伴い、調査・研究・展示・公開がなされてきたものもあるが、集客力において
は年々減少の傾向にあり、より魅力ある野外博物館づくりの必要が求められる
のである。

　我が国の鍾乳洞のうち、その規模と博物館施設を伴う点で第一に挙げられる
のが、山口県の日本最大のカルスト台地「秋吉台」にある秋芳洞である。1926
年、皇太子時代の昭和天皇がこの鍾乳洞を探勝し「秋芳洞」の名をつけ、国定
公園にして国の特別天然記念物に指定されている。また2005年11月、国際的
に重要な湿地として、我が国で地下水系として初めてラムサール条約湿地に登
録された。なお「秋芳洞(しゅうほうどう)」のある秋芳町(しゅうほうちょう)は1955年秋吉村などが合併した際に、
秋芳洞が町名の元になったのであるが、地元住民が「しゅうほうどう」と呼ん
でいたことから町名は「しゅうほうちょう」となった。しかし、昭和天皇は「あ
きよしどう」と命名していることから、現在鍾乳洞の正式名称は「あきよしど
う」であり、町名は「しゅうほうちょう」となっている。秋吉台は「秋吉」の
字をあてている。

　秋吉台管理事務所は秋吉台科学博物館が兼務しているため、秋芳洞などの利
用許可願いは博物館が行なっている。秋吉台科学博物館は秋芳洞の情報を発信
する博物館として活動しており、入館料は無料、学芸員が常駐している。鍾乳
洞の実物ミニチュアの展示、秋芳洞の成り立ち、秋吉台の自然について学ぶこ
とができることから、秋芳洞を訪れる前に見学することがより望ましいのであ
る。次に活動事例を挙げると、

- ・5月と6月は修学旅行の対応を優先するために行事は行なわれない。常
  設展示が中心となり、特別展示は行なわれない。
- ・町立の小規模な博物館ということから秋吉台に限定しての展示である。
- ・秋吉台の石灰岩の自然が展示教育活動の主テーマとなっている。
- ・博物館は自然観察会・自然研究奨励・外郭団体の世話などの活動を行なっ
  ている。学芸員が分担を決めて活動し、展示・社会教育を行なう基礎研
  究に取り組んでいる。
- ・自然観察会は自然に親しむ会と「初夏の野草」・「秋の七草」・「湧水めぐ
  り」等を共催、標本の集め方、同定会、エコミュージアムと「コウモリ
  の観察」・「化石採集」等の活動を行なっている。

第Ⅳ章　野外博物館の具体例の検討—韓国と比較して—　207

・自然研究奨励とは、秋吉台を対象にした研究に自然研究奨励賞を出しているもので、秋吉台に限定していることから町内児童が大半を占めている。

・館外の有識研究者に協力を求める顧問組織・運営に協力を求める運営協議会・学芸に協力を求める学芸委員会、その他秋芳町自然保護協会、秋吉台の自然に親しむ会、パークボランティア、山口大学洞穴研究会、山口ケイビングクラブ等がある。

・秋芳町自然保護協会は1969年、国定公園・特別天然記念物・秋吉台周辺の自然に親しみ、調査研究し、自然資源の保持等広く自然保護に努めるとともに、これに関し認識を深め、世界文化の昂揚に貢献することを目的に設立された。実際の事業内容は以下の通りである。

　・自然に関する調査研究及び資料収集

　・自然保護思想の普及・宣伝のための刊行物作成・頒布、講習会等の開催

　・自然保護に関する諸団体との連絡提携

・山口ケイビングクラブは秋吉台で年4回のケイビング（洞窟探検）をしている同好会で、博物館に事務局を置いている。年1回の雑誌発行、洞窟探査会・研究発表会・救助訓練会・交流会等を活動している。

　以上のように、多くの諸活動を盛んに行なっている秋吉台科学博物館は1959年に完工された歴史ある博物館であり、調査研究においても充実しており、研究紀要の刊行も地道に続けられている。前述したように関連団体の活動も盛んに行なわれ、秋芳洞の情報発信の核としての機能を持つ博物館である。このように、原地保存型野外博物館の保存と活用において、ただ単に公開するだけではなく、核としての研究機能を備えた博物館の付設が最も好ましく、さらに入館料が無料で、学芸員が常駐している点も高く評価できるものである。

　秋吉台の地域は長らく公営の観光産業で潤ってきたが、最近の来訪者減少により収入源も激減し、2006年度で12億円の累計赤字を抱えている。これに対して合併による新市誕生を機に貴重な自然財産を見直す機運が高まっている。2007年に観光客の掘り起こしを狙いに、秋吉台地域エコツーリズム協会が設立され、事務局長は市の課長が務めるが、表に立つのは市民で、学芸員・愛好家会員が解説者としてツアー参加者を案内している。長年地道に続けてきた調

査・研究を絶やすことなく、今後に繋げていくように願いたい。

ⅱ. **龍河洞**　高知県香美市の国指定史跡天然記念物である龍河洞も、博物館を付設した鍾乳洞である。この鍾乳洞は山頂付近の盆地に溜まった雨水が、永い時間をかけて創り上げた全長 4km、1 億 7,500 年前の石灰岩の鍾乳洞である。龍河洞には洞窟出口付近に弥生時代の遺跡があり、土器が鍾乳石に巻き込まれて取れない状態で保存されている。龍河洞博物館は、この龍河洞の生成についての地史的、科学的解明、洞内生息動物の生態研究、弥生時代遺跡の保存と展示、洞外自然環境の学術的資料化といった地質・岩石・生物・考古・地史・人類などの分野に亘る資料を展示公開している。入館料は無料、年中無休である。財団法人龍河洞保存会は、龍河洞の管理と保存に努めている団体で、その目的は、・龍河洞の管理、そして保存すること・観覧者または研究者の便益を図ること・龍河洞を広く世間に知らしめるために必要な諸事業をすること・その他、本会の目的達成上必要な事業をすることとある。その他珍鳥センターは、天然記念物のオナガドリ、東天紅、うずらちゃぼ、大軍鶏、小地鶏などの土佐に産する特殊な鶏や天然記念物に指定されている鶏を中心に飼育展示し入館料は無料であるが、命ある資料を展示する施設として、環境の改善を望みたい。

ⅲ. **標津湿原**　湿原の保存は広範囲に及ぶものであるので、近隣の遺跡等を取り込んだ野外博物館が可能である。核となる博物館は、遺跡に関する展示は勿論のこと、遺跡からの出土遺物のみならず、湿原に生息する生物や植物に関する詳細な展示も必須である。つまり総合的な展示が求められるのである。このような観点から標津湿原の保存はその好事例であり、以下に紹介する。

北海道標津郡に位置する国の天然記念物標津湿原は、その湿原に流れるポー川に沿って史跡伊茶仁カリカリウス遺跡が展開している湿原である。開町 100 年を記念して 1980 年にポー川史跡自然公園が開園し、その公園の中には遺跡・湿原・町の歴史を展示する歴史民俗資料館や野外博物館である開拓の村・原地保存されたカリカリウス遺跡が公開されている。面積は 544ha、入園料 310 円、開園期間中（4 月 29 日～11 月 23 日）は無休である[29]。

・**標津湿原**

1979 年 8 月に約 80ha が天然記念物に指定され、湿原は湿原植物が生育した高層湿原が主体となっている。湿原の中に木道があり、そこには植物パネルが

第Ⅳ章　野外博物館の具体例の検討―韓国と比較して―　209

設置され、湿原植物を観察しながらカリカリウス遺跡への導入路となっている。

・開拓の村

歴史民俗資料館の野外部分に海底電信基地、開拓の村の学校・農家・番屋・納屋・網蔵などが復元されて開拓者の生活を再現している。内部にはそれぞれの資料を露出展示している。ボランティアによる活動も行なわれている。

・カリカリウス遺跡

1979年5月に史跡標津遺跡群の一つとして約370haが指定され、北方地域独特の窪んだままの縄文時代から擦文時代の竪穴住居跡が1,500以上とアイヌ文化期のチャシ跡が残されている。遺跡には遊歩道、復元住居、パネル、体験学習施設が整備されている。

北海道北見市標津町は世界遺産暫定一覧表記載資産候補に係る提案書として「北海道東部の窪みで残る大規模竪穴住居跡群」の資産名称でカリカリウス遺跡を候補にあげている。

以上述べたように、標津湿原は歴史民俗資料館を核として、開拓の村、カリカリウス遺跡を取り込んだ広大な野外博物館になっている。ポー川史跡自然公園の活動事業として、土器づくり教室、巣箱づくり教室、探鳥会、サマー教室、ポー川まつり、発掘調査見学会、遺跡の森観察会、伊茶仁カリカリウス遺跡保存修理事業等が行なわれている。また学校との連携活動として解説活動や、体験学習施設を利用しての学習プログラムが組まれている。保存と活用が成功した事例であろう。何となれば核となる博物館があり、学芸員が配置されていることが要因であることは言うまでもない。

ⅳ．**釧路湿原**　釧路湿原は、北海道道東の釧路平野に位置する面積18,290haの日本最大の湿原である。1967年に天然記念物（天然保護区域）、1980年にラムサール条約登録地、1987年に周辺を含む約26,861haが釧路湿原国立公園に指定された。釧路湿原の自然保護は1935年に、「釧路丹頂鶴繁殖地」として2,700haが国の天然記念物に指定されたのを発端に、1967には生育する湿原植物、その他の鳥類の価値が評価されて「天然保護区域」に指定変更され、指定範囲は約5,600haに拡大された。現在湿原一帯は「釧路湿原国立公園」の特別地域に指定されている。湿原内では国土交通省、環境省による「釧路湿原自然再生プロジェクト」による自然再生事業が行なわれている。

湿原の東端には「細岡展望台・ビジターズラウンジ」「サルボ展望台」「コッタロ展望台」がある。また、西端には「釧路市湿原展望台」「温根内ビジターセンター」があり、探勝歩道が整備され、湿原植物や鳥類の観察ができる。

・釧路市湿原展望台

釧路市湿原展望台は 1984 年 1 月にオープンした、湿原に群生する「ヤチボウズ」をモチーフに建設された施設である。2007 年 4 月のリニューアルにより、「水の大地」釧路湿原を再現したジオラマ「四季の湿原」・ライブ映像を上映する 65 インチ液晶モニターによる映像展示、展望室などが設けられている。湿原展望台周辺 2.5km の遊歩道には 7 ヵ所の広場とサテライト展望台があり、温根内ビジターセンター及び北斗遺跡に通じている。いざない広場からサテライト展望台までの右回り約 1km は車椅子可能のバリアフリーになっている。

この釧路湿原の事例は標津湿原の保存形態に及ぶものではなく、今後の充実が望まれよう。

史蹟名勝天然紀念物調査員吉井義次は「泥炭地と植物」[30] の中で、北海道泥炭地の保存を次のように述べている。

現在北海道の諸所に在る様な、廣い泥炭地も、何れ他日は化して耕地となり、住宅地となるべきもので数十年後には全く今日の面影を示さざるに至るべきものであるから、今其の一部を撰び、自然の状態に保存して永く相傳へ、之を將來の住民の目前に示し得るならば、郷土發達の状を語る生きた標本であり、祖先の努力をも追想せしめ得、其の効果は實に萬巻の郷土發達史を編むにも勝ることは明のことであると思う。即ち私は單に此點だけでも、泥炭地の一部保存を認める。

このように、吉井の述べた郷土發達の状を語る生きた標本である北海道の自然は、まさに野外博物館であり、その情報伝達を提供する核となる博物館の設置が望まれるのである。その博物館の利用によってさらに野外博物館は生きた標本となり、児童の育成に役立つものとなるのである。

ⅴ．埋没林 埋没林とは、火山噴火に伴う火山灰・火砕流、河川の氾濫による土砂堆積、地すべり、海面上昇などで埋もれた林のことで、世界各地で確認されている。埋没林はその森林が生育していた場所全体が地下密閉されて、種子・花粉・昆虫が一緒に遺存するため、当時の環境復元の際の手がかりとなる

第Ⅳ章　野外博物館の具体例の検討—韓国と比較して—　211

図Ⅳ-5　標津湿原（北海道標津郡ポー川史跡自然公園　前方丘陵上にカリカリウス遺跡が所存する）

ものである。その保存方法は自然乾燥・樹脂含浸・液浸などが挙げられ、多くは屋内での展示となっている。我が国の埋没林を保存する施設は博物館としての機能を有し、学芸員を配置し、市民活動も行なわれている点で評価できるものである。以下、埋没林を専門とする博物館の事例を紹介する。

　仙台市地底の森ミュージアムは旧石器時代を中心とした博物館で、富沢遺跡から発掘された2万年前の旧石器時代の遺跡面を原地保存し公開している[31]。1987・1988年に小学校建設に伴う「富沢遺跡第30次調査」が行なわれ、縄文時代の倒木、弥生時代から近世に至る水田跡、植物の根・茎が残る泥炭層が見つかり、その下から約2万年前の旧石器時代の活動跡・森林跡が発見された。この発見により、建設予定であった小学校は別の場所に移され、遺跡を原地保存及び公開するために地底の森ミュージアムの建設がなされ、1996年11月に開館した。遺跡を原地保存して公開するために、床面のない特殊建築土木工法と「ポリシロキサン」を使用した保存処理が採用されている。

212

・特殊建築土木工法

埋没林展示の常設展示室は地下に位置し、保存公開を可能なものにしている。工事による遺跡へのダメージを極力おさえ、地下水の浸入を防ぐために厚さ80cmの外壁を地下20mの深さまで築いている。

・保存処理方法

ポリシロキサンと呼ばれる無色・無臭の保存処理剤が使用された。ポリシロキサンはケイ素化合物の一種で、化学反応により水に溶けにくくなり、分子レベルで水の動きを抑え、カビの発生を防止する特性を持つ。また、分子構造式を変えると親水性にも疎水性にも可能な性質を持つ。泥炭地遺跡ということから、樹木用と土壌用の異なる2種類のポリシロキサンを使用している。

また、野外部には「氷河期の森」として2万年前の氷河期の富沢の森を再現している。樹木の種類及び配置は調査結果に基づくものであり、当時に近い景観を展示している。体験教室として、「勾玉づくり教室」・「親子でつくろう古代米」・「さわってみよう富沢遺跡」などが開催され、博物館だよりも刊行されている。このように地底の森ミュージアムは遺跡を原地保存し、展示・公開を行ない、野外部を再現し、体験学習が盛んに行なわれ、研究もなされていることから評価できるものである。

同様の事例として富山県魚津埋没林は、1930年以前から地元の漁師や海水浴客にその存在は知られており、中学校の教諭も授業に取り上げていたのである。魚津港修築工事の際に樹根が出土し、その後当該教諭の研究発表を経て、1933年富山県が魚津港工事現場北側砂浜を天然記念物に指定した。1936年文部省が魚津埋没林を天然記念物に指定し、仮設保存舎で埋没林を保存した。1954年に自然保存館が完成し、翌1955年に魚津市立埋没林博物館として開館し、同年、文化財保護委員会より特別天然記念物の指定を受けるに至ったものである。1982年にリニューアルオープンし、2005年に50周年を迎えている[32]。

特別天然記念物は文化財の指定体系上、国宝に相当するとされており、特別天然記念物指定を受けているのは、それを埋蔵する土地であり、その指定地は博物館の敷地内に含まれるものである。つまり指定地に立地する水中展示館とドーム館は埋没林が発掘された場所をそのまま保存展示施設としていることから、原位置で観察することができるのである。魚津埋没林の樹種は、大部分が

第Ⅳ章　野外博物館の具体例の検討―韓国と比較して―　213

図Ⅳ-6　富山県魚津市立埋没林博物館

杉で、大きなもので直径4m、周囲12m、樹齢500年と見られるものなど、大小200株余りが発掘され、天然記念物の中でも地質鉱物（化石）に分類され、埋もれている樹根を含む土地6,150㎡が特別天然記念物の対象となっている。前述したように埋没林が形成される要因の中で、魚津埋没林は約2000年前に海水面下に水没した後、片貝川の氾濫で流出した堆積物に覆われたと考えられている。この周辺は片貝川扇状地の扇端部にあたり、地下水が豊富で細菌の繁殖・植物の分解を防いだことにより樹根が残されてきたのである。魚津埋没林の展示方法には、水中展示と乾燥展示がある。水中展示館は海中で樹根が発見された状態で縦8m、横16m、深さ2.5mのプールに保存展示されている。このプールは1952年に発掘された場所を利用し、水は地下水をポンプで汲み上げたものである。この全体がプールになっている展示室は床面が水面下1mの水位表示があり、地下では観察窓から樹根を観察できるようになっている。その他、乾燥展示室では1930年の魚津港工事で出土した資料が乾燥標本として展示されている。以上2館は埋没林を原地保存し、それらの埋没林に関する展

示をテーマとした博物館である。原地保存といえども、当時の環境はすでに失われているものであるが、実物資料をその場で保存し、見せることは何よりも臨場感に富むものであり、好ましい展示形態と言えるのである。

2. 移設・収集型野外博物館

一般的な野外博物館として扱われるタイプがこの移設・収集型である。移設・収集型野外博物館とは、原位置から他の場所に移して、復元および建築するタイプの野外博物館である。したがって元の環境を失っている資料がほとんどであり、環境復元が大きな要件となるのである。この環境復元がうまく成されているか否かで、その評価が決定するといっても過言ではないのである。以下、事例を挙げながら考察する。

①建築物移設博物館

海外及び我が国のいずれにおいても、民家を主対象とする野外博物館が一般的である。スカンセン野外博物館、ノルウェー民俗博物館、川崎市立日本民家園、博物館明治村等々、その収集基準や分類に差異はあっても、民家等の建造物を移設保存し、公開している点は共通している。大きく分けて①特定地域を限定して収集するタイプ、②時代を限定して収集するタイプ、③全国の地区から収集するタイプ等に分類できる。

ⅰ. 地域を限定して収集している野外博物館　地域を限定して民家等の建造物を移設・収集している野外博物館は、北海道開拓の村、みちのく民俗村、福島市民家園、飛騨民俗村、四国民家博物館等がある。地域を限定するということは、つまり郷土を保存する、風土・文化を伝承する役割を担う施設と言える。したがって他県からの来館者は言うまでもなく、当該地域の学校教育はもちろん市民の生涯学習に貢献する場でなければならないのである。自分たちの住まう地域の風土・文化を知見する最も有効な場所と言えよう。本項ではみちのく民俗村、四国民家博物館の事例を紹介しながら、どのような点で野外博物館が活用され、意義がある施設となっているかを考察していくものである。

岩手県北上市のみちのく民俗村は、北上市立博物館・北上埋蔵文化財センターに併設された野外博物館である。北上川流域に存在した江戸時代から大正期の古建築20棟以上を計画的に移築し、藩政時代の村の環境も再現して公開して

いる。民俗村導入ゾーン・南部伊達領境ゾーン・北上川流域古民家ゾーン・縄文時代と古代遺跡ゾーンの４ゾーンから構成され、当該野外博物館の最大の特徴は、水田・畑・池、さらには里山をも取り入れている点である。したがって、これらの環境を活用し、年間を通じて郷土に関係深い様々な催しを執り行なうことが可能なのである。郷土の自然探索会は早春の里山観察や初夏の月山など、北上周辺を散策しながら自然観察する講座である。また、神楽・剣舞・田植踊・太鼓などの芸能公演の開催や、祭り行事として、伝統芸能の公演が行なわれる。その他年中行事の再現として五月節供、馬っこつなぎ、こと八日、年縄づくり、ミズキダンゴづくりなども行なわれている。

　以上の行事からも理解できるように、地域文化の伝承を行なう場所としては最も適しており、民家野外博物館だからこそ可能と言えるのである。また、展示の中にも様々な工夫が見られ、民家の軒先には大根や柿が干してあり、庭先にはたばこや野菜が栽培されている。池には魚とりの網が置かれ、園内の栗は自由に拾って持ち帰ることができる。何かを持ち帰れることが、リピーターになってもらう手立てとして非常に有効な手段であることは確認するまでもない。山菜採り、栗拾い、銀杏拾いなどが園内の環境を崩さない程度に許されていれば、子どもからお年寄りまでさらに楽しく見学ができよう。みちのく民俗村はそれが可能な野外博物館なのである。

　同様に福島市民家園は福島市上名倉のあづま総合運動公園内に、福島県県北地方の江戸中期から明治初期の民家を中心に、幕末から明治初期の旅館・国指定重要文化財の芝居小屋等が移築復元されている。四季折々に年中行事の再現や、民具製作の実演が行なわれている。実演行事は裂き織り・古武道演部会・糸とり・機織り、年中行事は男の節句・田おこし・田植え・むけの朔日・たなばた・盆の行事、体験行事はおりがみ・粉ひき・わら細工・子どもの遊び、体験学習は昔の一日などである。このように福島市民家園は、体験学習を通じて、さらには展示を通じて、郷土博物館としての機能を果している野外博物館である。

　また、歩道にはウッドチップが敷かれて自然感の創出と共に歩きやすくもなっている。ウッドチップはコンクリートの舗装道とは違い、足に優しく負担をかけない利点があり、さらに野外という自然環境と溶け合った優秀な材質である。所々に福島地方の民俗伝承の展示が見られ、民家の庭先も自然体であり、

季節にはあやめが楽しめる。環境復元の点も優秀な野外博物館と言えよう。

　香川県高松市の四国村は、四国各県と兵庫県の江戸時代から明治時代の民家を中心とする建築物を移設収集した野外博物館である。前述したみちのく民俗村や福島市民家園と比較すると整然とした感じが強く、生活臭を体験できるタイプの野外博物館ではない。四国村に新たに開館した美術館と庭園が、さらに違和感を増幅させる要因となっていると考えられる。あくまでも自然体ということが、野外博物館では臨場感を醸し出す最大の展示技法なのである。

　ⅱ. **時代を限定して収集している野外博物館**　このタイプの代表的野外博物館は、愛知県犬山市の博物館明治村が第一に挙げられる。明治建築は江戸時代から継承した優れた木造建築の伝統の上に、新たに欧米の洋風建築様式が取り入れられ、近代建築の素地を築いたものであるが、震災・戦災によりその多くが失われ、さらに高度成長期において破綻に拍車がかかったことは周知の通りである。このような状況を危惧した名古屋鉄道株式会社社長土川元夫と初代館長谷口吉郎博士の協力のもとに明治村が創設されたのである。1962（昭和37）年に財団法人として発足、1965年に開村し、当時は施設物15件に過ぎなかったものが、現在は67件に達し、敷地面積も100万㎡の広さとなっている。それらの移設復元された建築物は明治時代から昭和初期のもので、旧所在地は日本全土、さらにはシアトル、ハワイ、ブラジルといった外国の建造物も含んでいる。それら移築された建造物がその文化財的価値を最大限に引き出せるような環境づくりにも力を入れている点が、当該野外博物館の特徴の一つである。特筆すべきは民間でこのような広大な施設を維持運営していることと、博物館学的意識のもとに失われていく建造物を収集・保存・公開し、様々なイベントを開催し、サービスの向上に心がけている点であろう。ボランティア活動も盛んに取り入れ、チャペルでは結婚式も挙げることができる。明治時代当時のすき焼きも再現され、無料でけんちん汁などの炊き出しも行なわれている。前記したように民間が保存活動を行なっているという原点に立脚すれば、他の公立の野外博物館が見習わなければならない点も多いのである。

　江戸東京たてもの園は、東京都小金井公園の中に所在し、約7haの敷地面積に江戸時代から昭和初期の建造物が移設復元されている。もともと小金井公園では1954年〜1991年まで「武蔵野郷土館」が古代住居や江戸時代の農家を

図Ⅳ-7　移築保存された帝国ホテル（博物館明治村）

移築・公開していたが、野外博物館の開館と郷土館の拡充が図られ、1993年に現在の形で新たにオープンした。旧光華殿は1940年に皇居前広場で行なわれた紀元2600年記念式典のために仮設された式殿であるが、1941年に小金井公園に移築され、現在はビジターセンターとして使用されている。

　多くの野外博物館に欠如している点は、野外博物館に関する情報発信のための施設を伴わないことである。

　この江戸東京たてもの園は川崎市立日本民家園と同様に、屋内展示施設を付設しており、ビジターセンターとして機能している旧光華殿では特別展が開催されたり、ミュージアムショップが置かれている。

　また、澁澤敬三が野外博物館の実現を図り、野外展示を実際に行なった建造物のうち、唯一現存する貴重な資料である「奄美の高倉」[33]が、江戸東京たてもの園に引き継がれ展示されている点は留意しなければならない。さらに、ボランティア活動が盛んで、多くのボランティアが活動している点は他の野外博物館と共通していることである。反面、野外博物館での取り組みで珍しい点は、

野外博物館 ●
1. 博物館網走監獄
2. 旭川郷土博物館
   アイヌ文化の森
   「伝承のコタン」
3. 北海道開拓の村
4. アイヌ民族博物館
5. 特別史跡三内丸山遺跡
6. みちのく民俗村
7. 遠野ふるさと村
8. 福島市民家園
9. アクアマリンふくしま
10. 千葉県立房総のむら
11. 江戸東京たてもの園
12. 府中郷土の森博物館
13. 川崎市立日本民家園
14. 飛騨民俗村
15. 白川郷合掌造り民家園
16. 日本昭和村
17. リトルワールド
18. 博物館明治村
19. 三州足助屋敷
20. 奈良県立民族博物館
21. 日本民家集落博物館
22. 四国民家博物館
23. 耕三寺博物館
24. 吉野ヶ里歴史公園
25. 肥後民家村
26. グラバー園
27. 宮崎県総合博物館民家園
28. 琉球村

風土記の丘 ▲
①. 西都原風土記の丘
②. さきたま風土記の丘
③. 近江風土記の丘
④. 紀伊風土記の丘
⑤. 立山風土記の丘
⑥. 八雲立つ風土記の丘
⑦. 房総風土記の丘
⑧. 吉備路風土記の丘
⑨. みよし風土記の丘
⑩. 宇佐風土記の丘
⑪. 近つ飛鳥風土記の丘
⑫. 甲斐風土記の丘
⑬. 肥後古代の森
⑭. しもつけ風土記の丘
⑮. 壱岐風土記の丘
⑯. 常陸風土記の丘
⑰. なす風土記の丘
⑱. うきたま風土記の丘
⑲. 風土記の丘史跡公
    園・古代集落の里

世界遺産 ■
1. 法隆寺地域の仏教建造物
2. 姫路城
3. 白神山地
4. 屋久島
5. 古都京都の文化財
6. 白川郷・五箇山の合掌造り集落
7. 広島平和記念碑（原爆ドーム）
8. 厳島神社
9. 古都奈良の文化財
10. 日光の社寺
11. 琉球王国のグスク
    および関連遺産群
12. 紀伊山地の霊場と参詣道
13. 知床
14. 石見銀山の銀鉱と
    その文化的背景
15. 平泉
16. 小笠原諸島
17. 富士山
18. 富岡製糸場と
    絹産業遺跡群

図Ⅳ-8　野外博物館・風土記の丘・世界遺産一覧（2014年現在）

第Ⅳ章　野外博物館の具体例の検討—韓国と比較して—　219

図Ⅳ-9　日本民族学会附属博物館に移築展示されていた（1960年）奄美の高倉
（江戸東京たてもの園）

移築建造物の内部を一部改造してバリアフリー化を図っていることである。開かれた博物館を目指すには、ある程度の改変はやむを得ないことではあるが、保存の観点からはもちろんのことそれ以外にも問題点が多く、簡単には解決できない課題と考えられる。

　ⅲ．**日本全国から収集している野外博物館**　このタイプの野外博物館は「第Ⅱ章　野外博物館の歴史」[34)] で取り上げた、我が国最古とされる大阪府豊中市の日本民家集落博物館や川崎市立日本民家園が主たる施設である。

②植物園

　植物学者白井光太郎はその著書『植物博物館及植物園の話』[35)] の中で、植物博物館の必要性を説いている。当時は植物学者の間でも植物博物館など無用の長物という観が強く、その存在すら否定する学者が多い中、白井自身は植物博物館が無用の長物であるという考え方に疑いを持っていたのである。1899年にドイツへ留学したのも、まさに外国植物博物館の実況を探知するためであり、

植物博物館や植物園を見物し、書物を調べ、特にベルリンでの2ヵ年は王立植物博物館で勉学見聞したものであった。白井は植物学者および本草学者であるが、その博物学的洞察力は以下に紹介するように歴史学に近いものと言える。『植物博物館及植物園の話』に以下の記述がある。

　　植物博物館の設がないと云ふは植物分類學が無い植物地理學が無い經濟植物學が無いと同様である此中植物地理學は國家經濟上至大の関係ある物産の所在を講究する學問にして近隣諸國は勿論世界各地にする所の植物の種類生育の場所効用より風土の有様分布の理由等を調査するの學であり經濟植物學は吾人の日常衣食住諸般の用に供する工藝植物食用植物、藥用植物、山林植物等を講究する學である（略）

このように白井が論じた植物学は、風土、民俗を研究する学問であった。それは白井だけではなく、前述した南方熊楠においても同様で、現代の自然史系学問としてのみの植物ではなく、日本の文化としての植物学を提唱するものであった。現代の植物園は博物館としての意識が希薄であり、白井が提唱した植物博物館も活かされていないのが現状である。さらに、

　　此等の學科を充分に研究する場所がない参考書がない参考用の標本がないと云ふのである植物分類學者に向つて植物博物館の必要なるは植物細胞學者に向つて精良なる顕微鏡や藥品が必要であり天文學者に向つて天文臺や望遠鏡の必要なると同然である（略）

　　歐米諸國の都市には大抵植物園があり又植物博物館の設がある植物園は我國にても東京小石川に稍大なるものが一箇處あるに依りて世人も植物園と云へば其名を聞きて大抵如何なるものであるかと云ふことを想像することが出來るが植物博物館に至りては我國には絶へて例のないものであるが故に如何なるものであるか如何なる事業をなすものであるかと云ふ事を想像することが出來ない（略）

　　植物博物館は一國植物學發達の歴史を想見するに足るべき先輩の肖像、遺書、遺筆、原稿、腊葉集、標品等を収容して其散亂を防ぎ先輩苦心の跡を察し併せて後學参考の資料に供するの場處とすべき者にして是又國家の將に力む可きの一事業なりとす外國植物博物館にては一高名の植物學者の物故するあるや爭つて之れが遺品を購入して其保存を謀り高金を拋ちて惜

まざるの風あり

　このように、白井は植物博物館は植物学の発達史を展示する施設であるという捉え方をしているのである。植物園を野外博物館として考えれば、単に植物を飼育・展示するだけでは不充分であり、情報発信としての機能を持つ博物館が必要となるのである。その展示も白井が提唱したような植物博物館が実現すれば、より博物館学的意識の高い博物館と成り得るであろう。

　また白井は、学校教育における植物博物館の必要性を強く論じている。欧米諸国における植物博物館や植物園の完備や無料観覧を事例に、人民はこの植物博物館に赴き不知不識の間に実物の学問を学び、これによる知識の普及が莫大であることを述べ、我が国の学校教育の不足を指摘しているのである。

　黒板勝美が1911年『西遊弐年欧米文明記』[36]に、ミュンヘン大学が博物館学なる講座を有していると論述していることは前述した通りである。白井は博物館学という語の使用はしていないが、ベルリン大学の植物学講義についても同書の中で紹介している。

　　　伯林大學にては一年間に植物學に關する事項を五十科目も講義するものであるが、伯林王立植物博物館の蒐集品を利用し又は植物園の生植物を利用し圖書又講義室を利用するものが二十五科目もある左に其科目を列擧し以て植物博物館の設立が如何に學問上に必要なるか外國に於ける植物分類、植物地理、經濟植物の研究の如何に隆盛なるかを知らしめんとす（傍線は筆者）

　このようにベルリン大学の講義で植物博物館を活用していることを説明しており、白井の博物館に対する思慮の深さと、博物館学的意識の高さを理解できる著書であり、博物館に関する著書としても早い時期のものである。しかし前記したように我が国の植物園は博物館学的意識が薄く、白井が提唱した植物博物館の概念が浸透することはなかったのである。

　あえて野外博物館としての植物園を考えるとすれば、大学附属植物園である東京大学大学院理学系研究科附属植物園（小石川植物園）、北海道大学農学部附属植物園や国立科学博物館附属自然教育園などが挙げられよう。

ⅰ．**東京大学大学院理学系研究科附属植物園（小石川植物園）**　東京都文京区の東京大学大学院理学系研究科附属植物園[37]は一般に小石川植物園と称され

ており、植物学の教育・研究を目的とする東京大学の教育実習施設である。植物園は 48,880 坪の敷地を有し、本館建物には研究室・事務室・約 70 万点の標本を有する標本室があり、大小の温室には熱帯・亜熱帯植物が 1,100 種ほど栽培されている。野外には約 3,000 種の植物が配され、分類標本園、薬草保存園、樹木園、圃場などの施設がある。

　1684 年に徳川幕府によって設けられた小石川御薬園が前身で、明治に文部省博物館の附属になった時に小石川植物園と改称され、園内には当時の遺構が残り東京都指定旧跡となっている。小石川御薬園は江戸庶民のための薬草を育成させる目的で開設され、五代将軍綱吉の別邸を薬草園にしたものである。八代将軍吉宗の時代には敷地全部が薬草園として使用され、園内には下層庶民を対象に診療所・小石川養生所が設けられた。御薬園は、青木昆陽が飢饉対策に甘藷の試験栽培を行なったことでも知られている。近代植物学発祥の地であるこの植物園は、1877 年に東京帝国大学が設立されたと共に附属植物園となり一般公開されてきた。

　東京帝国大学附属植物園当初は植物園の園長職はなく、「管理」と呼ばれる職階がそれに代わる職であった。初代管理に植物学教室教授矢田部良吉が就任したが、多忙により取調担任の伊藤圭介が管理を行なった時期もあった。1891 年に矢田部の辞任に伴い松村任三が管理に就任し、1897 年に園長職を置くことが決定したことにより松村が初代園長となり、その後三好学が引継いだものである[38]。

　今日の植物園の機能は植物資料・標本・図書の収集、植物の研究と教育、植物に関する知識の普及公開とされているが、我が国の植物園の多くは公開を重視した施設となっているのが現状である。しかし、小石川植物園は設立当初からこれら本来の機能を併せ持つ施設であり、社会教育として一般公開をしたことの意義は大きいものである。御薬園時代は一般公開はされなかったが、太田蜀山人南畝などの一般人の来園記録が残っており、許可をもらえば観覧は許されたようである。

　東京大学附属の植物園となり、一般公開がなされるようになって「小石川植物園来園規則」が定められた。その規則により東京大学の職員と学生が植物学の研究を行なうために公開し、「種子目録」を発行して植物園相互で種子の交

換が行なわれた。このように東京大学の植物学研究が主たる目的であったが、入館料が無料であったために、曜日を決めての開園ではあったものの、一般の入館者数もかなりの数にのぼった。1884年2月、小石川植物園から東京大学附属植物園と改称され、さらに1886年3月の帝国大学令の公布により、帝国大学理科大学附属植物園となった。1897年に東京帝国大学理科大学附属植物園、1919年に東京帝国大学理学部附属植物園と改称された。1888年6月の来館規則改訂により、入園料が徴収されるようになった。

以上のような古い歴史を持つ園内には養生所跡の井戸、青木昆陽甘藷試作跡、本郷キャンパスから移築された重要文化財で東京大学総合研究博物館小石川分館として公開されている「旧東京医学学校本館」、平瀬作五郎の精子発見のイチョウ、メンデルの葡萄、ニュートンの林檎などの史跡や由緒ある植物が保存・展示されている。理学部植物学教室が置かれていた1897年から1934年の間は、特に我が国の植物学研究の中心的機関であり、現在は東京大学大学院理学部研究科附属植物園日光分園とともに研究・教育活動が続けられ、学部学生の実習にも活用されている。

ⅱ．北海道大学農学部附属植物園　北海道札幌市の北海道大学附属植物園は、1900（明治33）年に北海道大学の附属施設として官制化され、研究・教育・実習を主たる目的とすると同時にまた、広く市民にも一般公開し、自然教育に役立つべく運営されてきた施設である。植物学者クラーク博士は札幌農学校の教育研究に植物園が必要であることを説き、開拓使に設立を建議したことにより、1884年に博物場とその附属地が、植物園用地として札幌農学校に移管された。後任ペンハロー教師の樹種栽培と研究、宮部金吾博士の設計と築造により1886年に植物園が創設されたのである。面積133,000㎡を測り、旧状のままの自然地形に約4,000種の植物を栽培・分類しながら生態学展示を行なっている。高山植物園や北方民族植物標本園などの北方圏冷温帯植物・北海道固有植物の収集・保存、樹木園・灌木園・草本分科園などの外国産主要植物やエンレイソウの系統保存、北方民族資料の収集保存を行なっている。さらに植物以外には、北方圏動物・哺乳類鳥類の剥製標本の収集・保存、重要文化財の建造物を公開している。

植物園内の博物館は、1877年に開拓使が札幌偕楽園に設置した札幌仮博物

場に始まる。現在の博物館本館は札幌仮博物場が手狭となったことにより、1882年に新設された札幌博物場の建物を利用した歴史的建造物利用博物館である。開拓使の廃止に伴い、一時農商務省の博物局、農商務省北海道事業管理局の管理下になった後、1884年に札幌農学校に移管された建物で、現役の博物館建築物としては我が国最古の建物である。また、その他に宮部金吾記念館や北方民族資料室がある。

　以上のように北海道大学附属植物園の歴史は古く、終生札幌農学校の教員として植物学の教育・研究に身を捧げた宮部が設立計画を担当したもので、宮部自身が設置計画立案と植栽のための植物収集を行ない、「自然を活かした植物園」を基本に計画し、現在に受け継がれているものである。

　ⅲ. **国立科学博物館附属自然教育園**　自然教育園[39]の沿革は、中世の豪族の館から始まり、江戸時代には高松藩主松平讃岐守頼重の下屋敷となり、平賀源内が薬園を訪れている記録が残る。1872年に海運省の火薬庫、1893年に陸軍省の火薬庫、1917年に宮内省の白金御料地となり、このような経緯を経たことにより、容易に内部に立ち入ることができず、その結果多くの自然が壊されずに残されたのである。1947年に文部省に移管され、1949年に全域が国の「天然記念物および史跡」に指定されると同時に、国立自然教育園として一般公開されたものである。1962年に国立科学博物館附属自然教育園となり、現在に至っている。

　自然教育園は自然の移りゆくままという独自の考えを基本とし、自然そのものを展示しており、一部に「教材園」を設けて、かつての東京の植物群落を再現している。研究活動および「日曜観察会」・「展示解説　やさしい鳥学講座」・「生態学講座」・「野外生態実習」などの教育普及活動も盛んに行なわれている。出来る限り手付かずの自然の状態で保存し、自然の成り立ちを理解していく仕組みになっており、所々に解説板が設けられ、クイズ形式のものも見られる。東京の孤島の如く残された自然には鳥類・昆虫をはじめとする生物が多く生息し、研究にも供されている。

　③動物園・サファリパーク

　ⅰ. **サファリパーク**　動物園は単に野外にあるか否かという観点からでは野外博物館としての判断基準に乏しいものとなる。つまり本来の自然環境が取り

第IV章　野外博物館の具体例の検討―韓国と比較して―　225

込まれていることが、野外博物館の要件と考える。したがって、一般の動物園は野外博物館の範疇から外し、自然環境を取り込んだ展示をしているサファリパークは野外博物館の要素を持つ施設と考える。しかし、核となる博物館の設置と専門職員がいなければ野外博物館への昇華は望めないことは言うまでもない。

　近年の動物園は展示が大きく変化し、中でも北海道旭山動物園は観光に取り込まれていることも大きく影響するであろうが、入館者は上野動物園をしのぐ人気となっている。生態展示を取り込むことで、動物が本来持っている本能を活かして、その生態をそのまま展示しており、そのような展示が人気を博した要因となったのである。

　サファリパークは、動物の生態を環境とともに展示している施設である。我が国最初のサファリパークは1975年、宮崎県佐土原町（現宮崎市）に開館した宮崎サファリパークで、1986年に閉館した。その他岩手サファリパーク、東北サファリパーク、那須サファリパーク、群馬サファリパーク、富士サファリパーク、アドベンチャーワールド、姫路セントラルパーク、秋吉台サファリパーク、九州自然動物公園アフリカンサファリ等があげられる、そのほとんどが民間の運営となっている。

　見学者はマイカー、専用バス、サファリナビゲーションカーなどに乗車し観察することで、動物を間近で見ることができる。動物園で檻に入った動物を見るよりも、動物本来が持つ野生を体感することができる。富士サファリパークは車で回る以外にもサファリゾーンの外周を歩きながら自然散策や動物観察ができるウォーキングサファリを有し、実際に餌やりが可能なふれあい広場、猫・犬の館がある。園内ではライオンの子どもとの写真撮影、アメリカンミニチュアホースのパレード、トナカイのそり等のイベントが行なわれている。

　ii．**よこはま動物園ズーラシア**　神奈川横浜市のよこはま動物園ズーラシアは通常の動物園とは違い、単に檻の中で飼育しているのではなく、比較的野外博物館意識の強い動物園となっている。動物展示ゾーンはアジアの熱帯林、亜寒帯の森、オセアニアの草原、中央アジアの高地、日本の里山、アマゾンの密林、アフリカの熱帯雨林というように世界の気候帯・地域別に分けて展示している。

展示動物は国際的に保護されている 38 種を含む約 70 種 400 点で、ズーラシアは種の保存を主な目的の一つとしていることから、稀少動物の育成に力を入れている。動物の保護・繁殖・種の保存は動物園の重要な機能であるが、特にズーラシアの動物たちは世界各地から親善大使としてきた動物で、その多くが絶滅の危機に瀕している稀少動物である。横浜市繁殖センターは、この稀少野生動物の飼育・繁殖・種の保存に関わる調査研究を目的として「繁殖ゾーン」の中に設けられた施設である。一般公開はされないが、動物園のためにこのような施設が設置されたのは我が国初のことである。飼育棟では絶滅に瀕する野生動物を保存するため、飼育下で継続的に繁殖を維持していくことを目指しており、飼育技術の向上のための調査及び、野生動物の生態研究を行なっている。また、研究施設では動物の亜種判定、雌雄判別、遺伝子解析、ホルモン・行動分析を行なっている。さらに絶滅のおそれのある動物の配偶子、遺伝子、体細胞の凍結保存も行なっている。

2008 年に ISO14001（環境マネジメントシステムの国際規格）の登録事業所として認証取得を受け、動物の調査研究、繁殖活動への取組み、動物教育普及活動、園内の花・樹木の植え付け、アイドリングストップの呼びかけ、ごみの削減等の環境活動を行なっている。園内で使用する車は CNG 車（天然ガス車）を導入し、二酸化炭素削減を積極的に取り組んでいる。

教育普及活動として、園内に生息する生物に対して「身近な生き物調査チーム」を結成して生息状況を調査したり、「飼育係のとっておきタイム」・「ガイドツアー」・「ズーラシアワークショップ」・「ミニミニガイド」など参加無料の活動が成されている。また、調査研究の成果は学会・研究会・学術雑誌に発表している。バリアフリーを目指して園路はゆったりとした幅員とスロープで整備され、休憩所、建物にエレベーターが設置されている。パネルは点字が施され、動物レプリカも用意されて視覚障害者にも対応できる展示となっている。ボランティア活動は、サポーターズのメンバーが動物のガイドを中心に行なっている。近隣の高等学校の学生の参加や企業の参加も受け入れている。しかし、野外博物館としての機能はまだ不十分であろう。

④水族館

野外水族博物館構想　水族館は動物園と同様に、本質的に野外博物館の範疇

には入らないと考えられる。一般の動物園のように、檻の中でコンクリートの獣舎に閉じこめられた飼育展示は野外とは言えないからである。同様に水族館もほとんどが屋内の水槽の中で展示しており、一部屋外の水槽に飼育されている大型海獣プールがあっても、それは野外ではなく、あくまでも屋外展示と考えられよう。

　伊藤健雄は「水族館における野外展示の構想」[40] の中で以下の如く述べている。

　　　水族館の展示における歴史的発展過程を眺めてみると、比較的小型の水槽に地元の水族を羅列していた分類的展示型式の時代から大型の水槽で、世界的な範囲で広く水族を収集し、生態的に展示する傾向が強まって来た現代まで、飼育技術や展示形態には相当の変化が認められるが、水槽という人工環境の中に、本来の生息地から水族を切り離して来て、とじ込めて展示するという点では変化がない。陸上の生物と異なり、水中の場合には彼らの生息地に人間が容易に近寄れないという事情からすれば、この展示形式は止むを得ないことかもしれないが、これだけでは形態は色彩などの水族の一面は理解できても、彼らの本来の行動なり生活なりを理解させることは極めて困難であろう。現状では水族館で飼育されている生物は、あくまでも水族館の生物であって、自然で生活している生物とはいえないという限界がある。これを乗り越えることは不可能であろうか。

　このような疑問を投げかけて、自然史博物館に勤務した時に感じた経験を踏まえながら以下のように論を展開している。

　　　室内でいかに巧みに構成されても、それはあくまで模造品であって、現地の迫力には到底及ばない。（略）どんなに立派な標本や高価な模型も、現地での実物の語りかけの前にはかなわないという至極当り前のことであった。（略）湖畔からスタートし、自然林の中を通って外輪山の頂きへ登る一本の探勝路は、優に一つの博物館に相当する機能を持ち得る。水族の展示に際しても、生息現場の近くにこのような観察路を設け、数個所の観察スポットで適切な解説を行うことにより、作りものでない生活そのものを展示することが可能なはずである。いわば、水族館と博物館の境界を越えた性格の展示形式である。

　野外博物館施設としての水族館の在り方を提示し、自然における資料の有り

のままの姿を展示できる点を理想的な形式とした。以下の3つの機能から成る「海浜生態圏」を定義づけている。

① Central Museum

全体の中心となる施設であり、利用者に対して園全体の展示の目的と意義を明確に示し、資料の価値を正しく理解させることが第一の役割である。それと同時に、完備された資料室（標本室、図書室）、研究室、利用者のための実験室、講堂などを備える。専任の学芸員を配置する。

② Nature Trails

現地展示資料及びその場所へ利用者を誘導する道路である。生物の生息現場へ接近するので、そのために生息をおびやかすことのないよう、十分な配慮のもとに敷設されねばならない。観察地点では対象を見落とすことのないよう明確な解説施設を設置する。

③ Field Museum

現地展示の困難な資料、補充解説を要する資料などを展示する施設で園内に数個所、生息現場に近接した場所に設置されるものである。これには簡単な屋根だけを備えた野外展示に近いものから、在来の大使館や自然史博物館に相当するものまで、種々の段階が考えられよう。

来園者はまず Central Museum で学芸員の指導を受けて園の総合的な知識を得、観察目的を明確にする。Nature Trail に入ると海岸林自然植物園があり、植生の季節変化や鳥・昆虫などの観察も可能となる。その他水生生物、海藻群落、岩礁地帯、転石地帯、砂泥地帯等を経て、終点の海中展望室で大型底棲生物を観察する。この海岸に中型の Field Museum を設けて生物の群集構造、生活史を展示し、保護管理に至るまでを指導することを提案した論であった。

これらのモデル構想を実現するには

・海岸にかなり広大な土地を専有するか、その目的で利用できる借入地があること。

・周辺の海域がある適度保護され、かつ海水がきれいで、沿岸生物相に恵まれていること。

・地理・地質・生物などに関する十分な研究と資料の蓄積がなされていること。

第Ⅳ章　野外博物館の具体例の検討─韓国と比較して─　229

　　・利用者に対し適切な解説と指導・助言のできる専任の学芸員が配置され
　　　ていること。
　　・ある程度交通の便に恵まれていること。
　これらの条件が最低限必要と述べ、飼育展示を主たる機能としている水族館
の在り方を問い直し、貴重種の系統保存事業、生物の生息地域の環境保全事
業、自然と生物の生活が総合的に理解できる展示形式を重視、生物保護思想の
強化を結論づけたものであった。この考えは、自然観察路に対する路傍博物館
の関係が極めて重要で、野外の展示品と室内の展示品とを関係づけて自然観察
路と路傍博物館を密接にし、博物館は戸外計画に対する知識のセンターとする
木場一夫の『新しい博物館』[41] の路傍博物館と、動物の棲息する自然環境をそ
のまま取り入れた飼育兼展示施設が必須であることを論じた新井重三の野外博
物館[42] に近似したものであろう。学芸員の必要性と情報発信としての屋内展
示室の必要性、さらに展示内容が総合的展示を求めるといった、かなり卓越し
た博物館学的観点からの考察ということができるのである。
　その後40年近く経たが我が国ではこのような水族館は未だ実現されていな
いのである。
　ⅰ.環境水族館アクアマリンふくしま　以上のように、野外博物館意識に基
づく水族館はこれまで存在しなかったが、あらたな展示技法を取り入れ、野外
博物館により近づいた水族館が開館した。
　2000年7月、福島県いわき市小名浜に開園した水族館で、これまでの水族
館とは異なった展示を実践している館である。駐車場からエントランスに向か
う動線には野菜が栽培展示されており、まずこの象徴展示の意図からも、環境
を配慮した水族館を打ち出していることは明確に理解できる。特に野外展示は
これまでの水族館にありがちなタッチプールとはその規模も目的も大きく異な
り、野外博物館としての水族館を強く打ち出し、高く評価できるものとなって
いる。
　歴史展示を取り入れている点も水族館の概念を大きく変えたもので野外展示
と並んでその意義は極めて大きいものである。またメインとなっている大型水
槽の前に椅子を設けて、さらにワイン、ソフトドリンク、菓子の販売も行なっ
ており、休憩しながら見学できるため多くの見学者が利用している。定時に解

図Ⅳ-10　野外水族館（環境水族館アクアマリンふくしま）

説ガイドも行なわれるので、休みながら自然と知識を得ることができるのである。休憩のテーブルには、くらげなどの水槽が設置されており、間近で観察することができることから子どもは勿論のこと、大人も見入ってしまうほど、細部にまで工夫やサービスが行き届いた水族館である。移動水族館として福島県内の海から離れた地域の学校に赴いたり、バックヤードツアー、タッチプール、磯の工作等を実践し、世界で初めてのサンマの飼育を手がけるなどの研究部門も熱心に行なっている。

・野外展示

　野外の展示は、BIOBIO かっぱの里、蛇の目ビーチ（RUNRUN はま、PICHPICH いそ、JUBJUB ひがた）から構成されている。水族館に一般的に見られるようなタッチプールとは異なり、実際の海を一部取り込んだように干潟・磯・砂浜の環境を再現し自然体験の場となっている。したがってそこに遊べば子どもたちは海そのものを感じることができ、保護者側も子どもたちを安心して遊ばせることができる空間となっている。学芸員が自ら採集してきた磯の生

第Ⅳ章　野外博物館の具体例の検討―韓国と比較して―　231

き物たちが多く生息し、遊びながら生物観察も可能である。かっぱの里は、水田や小川、沼が作られ、里地の環境を復元展示しているエリアとなっており、昭和30年代にはありきたりであった原風景が再現されている。ここにも自然界の昆虫たちが多く生息し、子どもたちに生きた学習が体験できる場を提供している。

　・オセアニック・ガレリア（海の博物館・海の科学館）

　さらに、屋内に歴史展示・科学展示がなされていることが他の水族館と大きく異なった点である。いわきの水産情報、潮目の海の文化を展示するほかに、伝馬船の模型を設けて子どもたちに船を漕がす体験をさせている。この水族館全体が福島という地域に絞った展示となっており、水槽の生物を見せるだけの水族館ではなく、当該地域の歴史をも情報発信していることの意義は大きいのである。

　・チルドレンズミュージアム

　水族館自体が子どものための施設であるといっても過言ではないが、当館はさらにチルドレンズミュージアムを設置して、展示テーマである「いのち」を伝えている。子どもたちの環境エンリッチメント、つまり「動物の行動に選択を与え、種にふさわしい行動と能力を引き出し、動物の福祉を向上させるような方法で、動物の環境を構築する」という定義のもとに、子どもたちが人にふさわしい行動と能力を発揮していく場を提供している。このように我が国の水族館には見られなかったタイプの施設である。惜しむらくは動線が狭いことと、図録や研究紀要がまだ刊行されていないことであるが、前述したように水族館は博物館の範疇には入らないという概念を払拭させる優秀な水族館である。

　⑤岩石園

　ⅰ．学校岩石園　我が国の野外博物館を体系づけた新井重三[43]は、その専門が地質学ということもあり学校の岩石園設置の指導にあたり、同時に質的向上を目指す目的で岩石陳列園から多角的に体験学習できる地学園への設計に取り組み、また、動物園・植物園と並び地学園を野外博物館であると提唱した。昭和30・40年代の小・中学校の校庭には地学園とは言えないまでも、石が置かれ、水が流れる場所が少なからず設置され、一つのブームでもあった。新井の目指した岩石園はあくまでも教材園の性格であり、自然に対する親しみや愛

情を感じ、驚異を発見し、疑問を湧かせ、解決への場であることを望んだものであった。

岩石園は教科単元により計画するのが好ましく、展示標本が多く無計画に搬入された岩石園は生徒の頭を徒らに疲労させるとしている。したがって岩石園は地学教室として授業に活用するのみならず、特に自学自習の場として授業外の活用が望まれるものなのである。また、岩石園の維持管理についても、地衣類や蘚苔類が付着しないよう常に管理が必要とし、風化した岩石は交換する必要があるとしている。学校岩石園はただ観るだけの岩石園にとどまらず、実験や実習の場であることから、その実験材料の補充・管理に気を配らなければならないとし、自らが学校岩石園の設計を担当し、その指導を行なった。

新井が取り入れた展示方法として、岩石の生態展示がある[44]。これは標本を環境と共に展示する方法であり、原地から収集運搬された岩石・化石・鉱物などを原地において観るが如く展示することが産状を理解する上で有意義としているが、実際には学校岩石園においてはそのレベルまで達成するのは難しいようであった。しかし、新井が強調したのは、学校岩石園は学習の場であることから、園内への侵入や触ることを禁ずることは避け、能動的な学習態度を積極的に受け入れる場でなくてはならないということであった。新井の指導のもと岩石園を実践した宮沢武[45]（元埼玉県秩父郡野上第一小学校校長）は、その活用を以下のように論じている。

　　・学校岩石園は観賞用庭石園でも単なる学校のアクセサリーでもなく、理科教育観察実験学習の生きた教材として十分活用する。
　　・教科課程中の理科学習の直接の場となるので教科課程の中に織り込んで学習する。
　　・休憩時・放課後等常に自由に児童が集まり地域の石に親しませるとともに、視覚・作業を通して岩石名称・成因・性質等を知らず知らずのうちに覚えこませる。
　　・児童の自由研究としての岩石標本製作のよい研究場所として活用する。
　　・学校岩石園の整備及び周辺の美化によって学校環境がより教育的なものとなってくる。

また、坂本尚敏[46]（東京学芸大学附属竹早小学校）は岩石、地層、火山などの

第Ⅳ章　野外博物館の具体例の検討―韓国と比較して―　233

図Ⅳ-11　岩石園（新潟県糸魚川市　青梅町自然史博物館）

様子や川の流れ方など、地質教材は、一般に児童が日々経験することが少なく、模型や視覚教具による説明や標本観察、校外教授の活用が多く、身近な自然の環境で学習を実施することが困難としており、地学教材においてのその機会はほとんど得られない状態であることから、学校岩石園の必要性を論じた。坂本は新井の設計及び指導のもと岩石園が完成し、その活用を2年を除く、各学年ごとに定めている。

・1学年　いろいろな形や色の石を集めて、箱庭に利用。
・3学年　石の色・形・大きさ・固さの違いを採集して調べる。
・4学年　川の働きについての実験。
・5学年　堆積岩の観察と採集。
・6学年　火成岩の観察と採集。

このように、新井の実践した岩石園は学校教育を中心としたもので、当時の野外学習に貢献したものであった。新井が設計し指導した多くの学校岩石園は、40年以上経過した今は当時のまま維持しているものを確認できないのが現状

である。若干ではあるが松戸市中部小学校[47] のように一部が残るものや、その他平面的に残しているものもあるが、学校教育で石についての授業があまり行なわれなくなったことや老朽化した学校の建て替えに伴って岩石園も排除された事例が多い。したがって、新井が提唱・実践した学校岩石園は時代の変化につれて消滅したと言えるのである。

　ここでは、大学における岩石園の事例と博物館の野外展示としての岩石園の事例を紹介する。北海道大学の岩石園は、北海道大学附属植物園の中に設置されており、植物園を逍遥しながら岩石園を見学するようになっている。この植物園には博物館をはじめとし、現在使用されている門は移設された開拓使時代の守衛小屋で、これらをはじめとする移築建築物も多く展示されており、優秀な植物園となっている。

　また、博物館附属岩石園は、千葉県立中央博物館の岩石園や新潟県青海自然史博物館・岐阜県中津川市鉱物博物館[48] の屋外岩石展示などが挙げられるが、いずれもその展示に重きを置いたものではない。北海道大学の事例も同様であるが、現在の岩石園は教育活用という点においては共通するが、児童の野外学習としての活用・体験学習といった新井が求めた岩石園とはその性質を異にするものであろう。

　福島県いわき市石炭化石館は、常磐炭田の採掘の歴史と市内で発掘された化石、海外から収集した化石資料を展示している。館内には化石展示室、石炭展示室、模擬坑道、生活館、野外に岩石園が設置されている。岩石園は、「いわき」をかたどって水系を入れながら 30 余点のいわきの岩石を配置している。また、昭和の杜六坑園として、1947（昭和 22）年に戦後の日本経済復興の原動力となった炭鉱の従業員を慰問するため昭和天皇が行幸され、入坑された六坑人車坑の坑口を保存している。

　以上の事例からも理解できるように、我が国における岩石園は野外博物館としての機能を持つ施設はほとんどなく、ただ単に資料を屋外に並べてあるだけの展示であるのが現状となっている。分類には加えているが、今後も岩石園が野外博物館として昇華することは難しいと考えられるのである。したがって、今後の改善を図るか、分類の項目から削除しなければならない可能性もあろう。

3. 復元・建設型野外博物館

新井重三の分類の見直しにより、新井の分類基準には含まれていない復元および建設するタイプの野外博物館が存在することが判明し、ここに復元・建設型野外博物館を提唱し、事例をあげて考察する。

復元・建設型野外博物館は、一部に実物資料の移築も見られるが、基本的に実物資料を移築保存するのではなく、あくまでも新たに創造建設するタイプの野外博物館で、テーマパーク的要素の強い野外博物館に多く見られるものである。その中でも博物館学的に評価できる博物館も存在することから、以下に紹介する。

①歴史博物館

・耕三寺博物館

復元・建設型野外博物館には、広島県生口島の耕三寺博物館が挙げられる。耕三寺博物館は登録博物館になっていること、国の登録有形文化財、重要文化財を多く所蔵している点からも後述するテーマパークとは異質なもので、博物館意識の高い施設である。広島県尾道市瀬戸田（生口島）の耕三寺は、1936（昭和11）年から伽藍建立が始められた新しい浄土真宗本願寺派の仏教寺院である。境内には日本各地の仏教古建築を復元しており、そのうち本堂・山門など15棟の建造物が国の登録有形文化財に、絹本着色千手観音像・木造阿弥陀如来座像など18件が重要文化財に指定されている。収蔵美術資料も多数あり、寺全体が博物館法に基づく博物館となっている。日光東照宮陽明門を厳密に写した孝養門から、「西の日光」と称され、観光地となっている。

耕三寺を開山した実業家金本耕三（1891～1970）は、東洋径大鋼管製造所を設立し、鋼管製造業の経営を開始し、会社は軍需工場に指定され成功を収めた。実母の邸宅として現在耕三寺に残る「潮聲閣」を建築したが、母の没後出家して僧侶となり、耕三寺の建立を始めたものである。耕三寺は、約12,000坪で、おおむねの堂塔は各時代の代表的仏教建築に様式、手法をって復元し、一山に総合再現したものである。『耕山寺の案内』[49]によれば、

　　　生口の島に湧現した大伽藍耕三寺が何の動機によって造営されるに至ったか、この大偉業がどうした機縁によって成しとげられるに至ったのか、

これは人皆の知らんと欲するところであるが、その答えは実に只「母に対する孝養」の一語につきると言うことが出来る。委しくは後記の縁起にもあるように不抜の意力、不覇の信念、そして超群の叡智を兼ね備えられた、耕三寺耕三和上が、その御母堂御生前の孝養のみにあきたらず、尚、その後生をも願って、恩に報いんとせられたお心、即ち和上の大きな御孝心がこの大伽藍の姿となって現はれたものに外ならぬ。耕三寺は母の為に生れた伽藍である。壮大華麗な母の寺耕三寺、しかも昭和廿七年には文部省より博物館に指定されるに至り耕三寺は今や宗教と文化の一大聖地となるに至ったが、当山がこうした特別の縁起によって創建された伽藍であると言うことを特記しておきたい。

　以上のように、この建設の目的は母の孝養であり、境内を著名な復元歴史建造物で埋める構想を立て、30余年をかけて現在の伽藍が完成したものである。重要文化財約50点を含む寺宝は、仏宝、法宝、僧宝の三蔵及び新美殿等に展示して常時公開されていたが、前述のとおり1952年3月1日付けで文部大臣よりこれらを一括して博物館法による博物館に指定されたので、これに対処する機構を整え、副住職耕三寺弘三師は東京に特設された文部省主催の所定講座を受講修了し、学芸員の資格を得て館長に就任している。その後徳宝殿、聖宝殿を増設し、正式に耕三寺博物館の発足に至ったものである。学芸員資格を持たずして学芸員職に就いている職員が多い中で、学芸員資格の取得を果たしていることも博物館に対する意識の高さが窺えるものであり、博物館学的に高く評価できるのである。

　また、昭和30年代は情操教育資料として完全温室施設を施した熱帯植物館と熱帯魚水族館、半球形超大形禽舎2個、大小50個の禽舎が設けられ、飼育観覧に供されていたが現在はそれらの施設は残っていない。現在の耕山寺博物館は、やや現代美術の作品を野外展示する傾向が強くなっているように思われるが、復元・建設型野外博物館の代表的事例である。

②野外美術館

　我が国の野外美術館は、神奈川県の箱根彫刻の森美術館や長野県の美ヶ原高原美術館などを代表として、大小の規模で日本各地に点在するものであり、中にはアミューズメント的要素が強い施設も見受けられる。野外という特性を活

かした美術館活動が盛んに行なわれ、子どもから大人まで楽しみに重きを置いた施設となっている。本項は我が国の野外博物館とは対象的な、ノルウェーのフログネル彫刻公園の野外美術館を紹介するものである。

・フログネル彫刻公園（Vigeland Park）

ノルウェーのオスロにあるフログネル彫刻公園は、彫刻家グスタフ・ヴィーゲラン（Gustav Vigeland1869～1943）の作品が野外展示され、作品は「人間の一生」がテーマとなっており、人間の誕生から老いまでの彫刻が200体ほど展示されている。中でもひときわ目を引くのが公園の中心部に展示されている121体の人間の彫刻からなる高い塔（Monolith）であり、当該野外博物館の象徴展示となっている。この公園はオスロ市民が誇りとする彫刻家ヴィーゲランを顕彰した公園であり、一人の作家の作品に限定し展示していることが特徴的である。さらにヴィーゲラン博物館（Vigeland Museum）が建てられている点も高く評価できるものである。博物館の正面にはヴィーゲランの胸像が置かれ、内部には公園の作品と同じ噴水やモノリスのオリジナルモデルが展示され、フランス

図Ⅳ-12　野外彫刻展示（フログネル彫刻公園　ノルウェー）

の彫刻家ロダンの影響を受けたヴィーゲランの初期の作品の木版画をみること
ができる。ミュージアムショップには多くのグッズが用意され、書籍も販売さ
れている。

　このように作家の情報を発信する博物館を隣接して建設することは、野外美
術館だけでなくすべての野外博物館に必要とされる要件であることは前述した
通りである。来園者に野外展示をただ見せるだけでなく、様々な情報を提供し、
さらなる知識を与えることで本来の生涯教育としての機能を果たす博物館とな
るのである。この彫刻公園には観光客だけではなく多くの子どもたちが見学に
訪れており、確実に教育の現場になっていると同時に老若男女問わず市民の憩
いの場として活用されているものである。

　小学校低学年の子どもたちが、列をなして公園を散策しながらヴィーゲラン
の作品を鑑賞し、またハイスクールの女学生たちも多く見学に訪れているので
ある。この公園にはアミューズメント的施設は伴わず、広い園内にはただヴィー
ゲランの影像が展示されているだけなのである。日本の野外美術館と比較する
と暗く、ヴィーゲランのテーマである人間の一生が重く伝わってくるような美
術館であるにもかかわらず、子どもが訪れるのである。国民性と言えるもので
もあろうが、やはり、美術資料はそれ自体だけで充分、人を魅了する力を持つ
ものであり、それゆえにそれ以外の小細工は必要としないことを実証する美術
館である。遊園地を併設したり、イベントを催したり、集客力を高めるための
努力は必要ないのである。我が国の野外美術館も子どもから大人まで、美術資
料の鑑賞を第一義として、何度も訪れたくなるような施設であることを望むも
のである。

③逍遥・体験博物館

　我が国にはテーマパークとして建設された施設が全国的に見られ、その規模
も様々であるが多くのテーマパークは入館料が高く、半日ないし一日遊ぶとい
う感覚での入館料が設定されている。また博物館学意識に乏しく、アミューズ
メント施設としての概念が強いものである。したがって野外博物館の範疇に含
める必要はないが、若干でもその意識が見られる事例もあるので紹介するもの
である。

　「歴史公園えさし藤原の郷」は平泉文化を築いた奥州藤原氏初代清衡公誕生

の地にちなんで、岩手県奥州市江刺に建てられた歴史公園である。平泉文化の栄華を伝える歴史公園は平安の都の町並みが再現されており、ドラマ・映画などのロケ地として活用されている。従前の大河ドラマはほとんど仮設オープンセットで行なわれてきたが、江刺市は一過性に終わらせることなく、地域の歴史を顕彰しながら地域振興に結び付けるべく、本格的な平安建築の再現方法を取り、国・県・NHK の支援を受けながら、歴史公園を整備したものである。延べ面積は 20ha、総工費は 36 億 8 千万円である。

　入館者で賑わっている施設ではなく、比較的閑散としているが、農家の庭先に畑を作り、馬を一頭飼育展示していることで野外博物館学的効果を出している。幼い子どもを連れた親子が畑から野菜を採り、馬に与えていたのであるが、おそらくその子どもは、広大な敷地に建てられた立派な建築物よりも、生きた馬とのふれあいの方がはるかに楽しく記憶に残ったと思われるのである。野外博物館において動物展示がいかに必要であるかを再認識することができた施設である。

　北海道登別に所在する「登別伊達時代村」は、江戸時代を学べるテーマパークである。江戸時代にちなんだテーマパークは他に日光江戸村、ワープステーション江戸などが挙げられ、コスチュームスタッフ、忍者屋敷、芝居小屋、縁日の遊び、見世物小屋といった内容が共通に見られる施設で、入館料も高いのが特徴である。伊達時代村は我々日本人が訪れた場合、不都合な点が多く見られるが、韓国、中国からの来館者が多くいたことから外国人向けのテーマパークであることが理解できた。そうであれば繊細さに欠ける展示や大げさな見世物であっても、江戸時代の文化をある程度まで伝達できればその目的は果たされたものとなろう。長屋の再現などは臨場感ある展示であるし、見世物小屋も内容の信憑性はともかくとして、江戸時代の見世物小屋というものを十分伝えているものとなっている。しかし、あくまでもテーマパークであり、野外博物館の範疇には含まれない施設である。

　逍遥・体験博物館として富山県中新川郡の立山博物館まんだら遊苑をその事例として挙げるが、まんだら遊苑とは、立山博物館の野外施設部である「五響の森」の中心部を指すものである。このように立山博物館は屋内展示施設のほかに、立山信仰を育んだ立山の山並みを借景とした立山曼荼羅の世界「まんだ

図Ⅳ-13　復元・建設型野外展示（北海道登別市　登別伊達時代村）

ら遊苑」を野外博物館として公開している。屋内展示のみに止まらず、立山信仰の原風景の中で、五感を通して体感できる環境が「五響の森」で、地獄の世界を表現した「他界」、立山登拝路を表現した「陽の道」、立山浄土を表現した「天界」、布橋灌頂会の籠りの儀式を表現した「闇の道」から構成されている。

　各々が造形・音・光・香により来館者の想像力に呼びかけて、五感で体感することを目的としている。音と映像と光で地獄と天界を表現し、さらに匂いを加えた展示をしている。つまり視覚・聴覚のみならず臭覚に訴えた展示となっている。この試みは野外博物館は五感に訴える展示[50]を実践すべきであるという基本理念を実践しているものと言えるが、現代作家による野外美術館としての傾向も強い施設である。

④集落・民家博物館

　千葉県立房総のむらは房総風土記の丘と統合して、原始時代から近現代までの衣食住が体験できる博物館として開館したものである。

　旧学習院初等科正堂（重要文化財）、旧御子神家住宅（重要文化財）、旧平野家

図Ⅳ-14　復元・建設型野外展示（千葉県立房総のむら）

住宅（県指定有形文化財）は移築建築物であるが、ふるさとの技体験エリアは江戸時代後期から明治初期における房総の商家・武家屋敷・農家などが当時の景観環境とともに再現され、展示を見るだけではなく、実演や来館者が実際に体験することで伝統的技術や生活様式を学習することが出来る野外博物館となっている。ワークショップは季節に応じて、稲作・畑作・作物の収穫等の農作業、甲冑装着、茶道、そば打ち、太巻き寿司作り、しぼり染め、和紙漉き、やきもの作り等が行なわれている。これらは子どもたちが楽しみながら参加できるプログラムとなっており、日本の伝統文化や風土を遊びの中から学びとることが可能となっている。まさに野外博物館だからこそ達成できる教育なのである。

　房総のむらは移築建築物が一部に含まれることから、移設・収集型野外博物館に分類されるべき博物館とも考えられるが、野外活動エリアの多くが復元の村であり、再現の村が房総のむらの核になっているため、復元・建設型野外博物館に分類した。

この再現の村はいつも賑わっている施設で、どの建物も子どもたちであふれ、演示者の指導を熱心に聞いており、教育の場として、さらには自学自習の場としての役割を十分果している博物館である。また、風土記の丘資料館が建てられているエリアは、歴史と自然を学ぶ風土記の丘エリアとなっており、資料館には原始・古代・中世の遺跡から出土した遺物が収蔵、展示されている。館の周辺には古墳群が残り、それらは風土記の丘として整備されている。房総のむらとの連携により、風土記の丘への誘引を図り、より高度な教育の場として活用されれば、風土記の丘の活性化が図れるものとなろう。

⑤回想館

岐阜県恵那市に所在する日本大正村は、旧明智町の町おこしとして構想され、立村されたもので、初代村長に高峰美枝子、2代目村長に司葉子が着任している。町全体を大正時代の様式で再現し、後述する道の駅日本昭和村とは異なり、町そのものを活用している点において、伝統的建造物群やエコミュージアムに近いものと言える。この大正村の具体的建造物及びその利用方法に関して記すと以下の通りである。

- ・日本大正村役場は 1906（明治 39）年築の瓦葺き寄棟造り 2 階建て木造洋館で、1957 年まで明智町の庁舎として使われていたもので、現在は無料休憩所を兼ねている。1999 年に文化庁の有形文化財の指定を受けている。
- ・明治末期の木造百畳敷き、手動エレベーター付きの銀行蔵は、農家から預かったり買い取った繭を収納するための繭蔵で、現在は大正村資料館として展示活用されている。町文化財に指定されている。
- ・おもちゃ資料館は大正期から昭和初期までのおもちゃ約 3,000 点を収蔵し、展示公開している。
- ・逓信資料館は 1875 年開局し、1897 年には電信・電話業務を兼ねた郵便局として使用された明治建築である。
- ・大正の館は明治末期の建築で、米穀商を営み、後に医院を開業した名士橋本邸跡で、銀行蔵と裏でつながっている。

この他大正時代館、旧三宅家、大正ロマン館（1994 年築）、小川記念館、喫茶去華風庵（茶道具の資料館）、大正路地、うかれ横丁といった大正時代を感じ

第Ⅳ章　野外博物館の具体例の検討—韓国と比較して—　243

図Ⅳ-15　明智回想法センター（岐阜県恵那市　日本大正村）

図Ⅳ-16　明智回想法センター内部（日本大正村　昭和の生活展示）

ることが出来る施設が保存され、町全体が大正博物館となっている。また、大正村の明智回想法センターは、明治末期に建設された旧産婦人科病院を改修して回想法を実践している施設である。

回想法とは、1960年代に米国の精神科医が提唱して世界に広まったものであり、国内では認知症予防の効果を見込んで自治体が建設した事例である。回想法センターは昔話を皆で語らうことにより生き生きとした自分を取り戻す拠点施設であり、旧医院の内部は、利用者に昔の生活を蘇らせる意図目的をもって昔の生活用具や部屋、民具等の展示がなされている。さらに介護予防に活用するための回想法スクールや回想法指導者の育成を行なっており、介護予防という当初の目標を超えて、お年寄りに生きがいを与える存在になり得ているのである[51]。

また、我が国の博物館でも昭和30年代の展示が流行しており、認知症の高齢者の記憶を取り戻す方法として活用されている。昭和時代の日用品を収集している愛知県の北名古屋市歴史民俗資料館「昭和日常博物館」や、熊本大学と連携して展覧会を開いている熊本博物館、茨城県の龍ヶ崎市歴史民俗資料館、その他川崎市、横浜市でも博物館資料を利用して回想法を実践している博物館は散見される。さらに病院内にもこのような展示室を設えて認知症の治療に充てているところもあり、鳥取県南部町「南部町国民健康保険西伯病院」では、2005年の全面改築の際に昔の街並みを再現した「思い出街道」が設置された。かつて自分が使い慣れた洗濯板やアイロンなどを手にとると当時の記憶が蘇り、認知症が改善されるというものである。

この明智回想法センターは我が国の回想法の範として活用されている施設となっている。このように明治・大正・昭和といった昔懐かしい街並みを保存して、さらに高齢者社会に活用するあり方は今後ますます需要が増えるものと予想され、さらなる充実が望まれるものである。

第Ⅳ章　野外博物館の具体例の検討―韓国と比較して―　245

第 2 節　韓国の野外博物館

　前述の如く、韓国には野外博物館である民俗村や、我が国における重要伝統的建造物群に類似したマウルが各地に点在する。本節は韓国民俗村と安東河回マウルを考察し、我が国の野外博物館と比較しながら問題提起を試みる[52]。あえて韓国の野外博物館を取り上げる理由は、一般的に野外博物館というと、北欧を中心に発祥した野外博物館、特にスカンセン野外博物館を高く評価することが多いが、韓国民俗村は設立目的、経営、展示、活用等から評価に値する施設であり、何よりも韓国の国民がふるさとを確認する場となっている点、つまり郷土博物館としての役割を充分果たしていることから完成度の高い野外博物館と言えるのである。

1.　韓国民俗村（移設・収集型）

　韓国民俗村はソウルの南約 40km に位置し、韓国の伝統文化や社会風習などを保存しながら、それらを国内外に伝える目的で 1974 年に作られたものである。面積約 33 万坪の敷地内に李朝時代後期の韓国各地の伝統家屋 270 棟余りを移築・復元し、3 万 2 千点余りの各種遺物を展示して衣食住を再現している野外博物館である。まず、驚いたことは子どもたちの見学者が多いことである。
　韓国博物館の所管である韓国政府の文化体育観光部が掲げた「ストーリーと感動のある博物館文化造成―博物館 1000 館時代―」という目標と、国立博物館に対して毎月 1 回「博物館に行く日」を設けて様々なプログラムの作成を博物館施策として打ち出した。そのため、韓国の学校は月に一度は現地教育として、歴史的・文化的な場所に生徒たちを連れて行くことが多く、博物館や史跡等に年間を通じて訪れる機会が沢山あり、国立博物館や国立民族博物館も多くの子どもたちで賑わっている。欧州における子どもたちの美術館教育は、小さな頃から芸術に触れる機会を多く持たせることにより情緒豊かな人間性を築き、同時に美術館での鑑賞マナーを身に付けさせるなど学び得ることが多いのである。韓国の博物館教育は欧州とはまた違ったものではあるが、欧州と比較すると活気に満ち溢れるものであり、民族性がそこに現れているようであっ

た。隣国の韓国においてここまで博物館教育が徹底していることに驚いたと同時に、我が国の博物館教育の低さというものを改めて実感したのである。

　広大な民俗村の駐車場には延々と現地教育用の大型バスが並び、民俗村の中は子どもたちや観光客、その他大勢の見学者で賑わい、自然と人々は参加型の見学者となっていくのである。正直なところ我が国の博物館において、これほど賑わっている博物館に出会うことは難しいのが現状である。水場や川では水遊びをし、飼育展示されている動物を撫で、中には土足で移築家屋の縁台に上がって竹とんぼを飛ばし、コスチュームスタッフの老婦人に注意を促されている子どももいたが、その注意の仕方も心温まる言い方であり、実に教育的なのである。身をもって楽しみ、その中から自国の伝統文化を理解することが本当の意味でのハンズオン教育であろう。博物館の種類によっても違ってくるのは当然であるが、国立博物館や国立民族博物館のような屋内博物館においても、学生たちは実に楽しそうに勉強しており、野外博物館である民俗村では飲食も自由、館内で売られている朝鮮飴や焼栗、ソフトクリームを頬張りながら走り回る子どもたちが多く見られるのである。

①設立目的

　現地ガイドブックによると、韓国民俗村は韓国の民俗文化資料を収集・保全する野外博物館として、子どもたちの現場学習の場として、また外国人観光客に韓国の伝統文化を紹介する目的でつくられた博物館である。韓国の生活様式は近代以降、1894年の甲午の改革から日本の植民地支配（1910～1945年）、朝鮮戦争（1950～1953年）を経て、社会・文化的変化を遂げ、1960年代以降経済発展の本格化により文化財管理局で民俗博物館の設立と運営に関心を向けるようになり、1970年代のセマウル（新しい村）運動の全国的な広がりによって、さらに経済・社会・文化的変化を迎えた。そのような中で、民俗文化の継承・発展運動が顕著になり、外国人観光客誘致を図る政府の観光産業の振興政策に負って、1972年1月15日韓国民俗村の建設に対する自問委員会が構成され、翌1973年8月5日、30戸余りの民俗村を建設し始め、1974年10月3日第一次事業竣工で開館したものである。その後1976年11月から敷地と施設物の拡張・補完工事を年次的に行ない、世界的水準の野外博物館として知られるまでに発展したのである。現在民俗村は民俗景観地域・博物館地域・便宜施設地域

の3区域から構成されている。以下はそれぞれの地域の施設と特色を記するものである。

②民俗景観地域

　韓民族の生活様式と民俗文化遺産を、収集・再現・復元・展示・公演・保存・伝授する地域である。韓半島を中心に韓民族の生活様式を総合的に見学できるように、李朝時代後期の各地方の特色ある家屋168棟を移築・復元している。家屋の中には、各地方の特色ある家具が3万点余り展示されている。南部・中部・北部・済州島などの民家、地域・階層・生業別の伝統的建築物である、寺利・書院・書堂・ソナンダン（城こう堂）・踏み臼屋・水車・碑閣・紅箭門・紅げい橋・平石橋・木橋・一本橋・畑・公演場などを移築・復元している。ジャント（市場）工房では職人が陶磁器・箕・韓紙・組紐・紙工芸・家具・刺繍・楽器・革筆・焼絵などの作り方や材料を披露している。また、モクゴリ（食べ物通り）のジャントでは、民俗村で実際に栽培され収穫された各種の野菜を使って調理した各地方の郷土料理が味わえる。

図Ⅳ-17　盛んな博学連携状況（韓国京畿道龍仁市　韓国民俗村　現地教育の生徒）

市場の記録は新羅時代に遡るが、朝鮮時代の市場は15世紀にソウルで形成され、貨幣の流通とともに地方へ伝播されたものである。1日、2日、7日、と5日ごとに開催される市場には、農民たちが栽培した野菜と手工業者が製作した生活用品とが交換され、山の物、海の物との交換も行なわれた。これらの交易には行商人が大きな役割を果たし、物資の流通だけでなく、新しい文化の伝播、情報交換など、多岐に及ぶ役割を果たしたものであった。

公演場では一日2回農楽・ノルティギ・板飛び・綱渡り等が演じられ、両班家（99間の両班屋敷）では春・秋一日2回伝統婚礼を再現し、その他様々な節目には各展示家屋においても歳時風俗、信仰儀礼、民俗遊びを再現・公演している。韓民族は農業中心の生活形態であったため、遊びの内容も豊作への祈願、農耕を真似たものが多く見られ、中でも集団遊びの農楽、仮面踊り、綱引き、地神踏み、月家焼きなどは人々の共同体としての意識を高めるもので、無形重要文化財に指定されているものを民俗村で公演し、自国の子どもたち、外国観光客に広く伝承しているものである。また、展示家屋と村の空き地において、稲、麦、綿花、人参、サツマイモなどの農作物を昔ながらの手法で耕作し、それらの種蒔き、保管、臼挽きなどの日常生活の体験学習も可能である。

③博物館区域

既存の民俗景観地域で再現・復元・展示し得ない民俗資料を、より一層収集・調査・研究して教育に活用及び保存する目的で、1996年12月16日に民俗博物館（民俗館）が開館した。展示室内は約320坪で、四季別の歳時風俗と通過儀礼などが展示され、衣食住生活、口碑伝承資料がわかりやすく構成されている。また、博物館では古美術、文化遺産資料を公開展示し、教育に活用している。

④便宜施設地域

ここには韓国館、両班場、記念品販売所、写真館、陶磁器展示販売所、喫茶店などの施設がある。民俗村は主に以上のような地域で構成されているが、多くの施設が参加型のものであり、臨場感に溢れるものである。野外博物館の必須条件は、植栽、水、動物、畑などがいかに効果的に配置されているかであろう。桔梗畑、梨、桃、連翹、李、シャクヤクなどが植えられ、畑は市場で活用されるため、とても広大である。また家屋の裏庭は作為的でなく自然で、普通のありきたりな民家の風景である。あまりにも、日常のありふれた風景で雀な

ども自然に集まり、もはやその場にいると民俗村という野外博物館であること
すら忘れてしまうほどの臨場感を醸し出しているのである。

　さらに生きた動物の飼育展示が多く、各地方によって家屋形態が違うように、
鶏舎の形態の違いもはっきりと区別させている点も特徴となっている。馬、牛、
鳥、サップル犬などの動物の臭いは臭覚に強く訴えるものであり、さらに鶏の
鳴き声などは聴覚に訴えるものである。このように博物館展示、特に野外博物
館は視覚に訴えるものだけでなく、臭覚、聴覚に訴える展示を取り入れること
により、より一層の臨場感が味わえることは明確であろう。川には大きな鯉が
飼育されているが、小魚も生息している。一般に鯉は多くの池で見られる魚で
あるが、鯉は人工的であるのに対して雑魚がいることでさらに自然的になるの
である。どのような事例に対しても言えることは、人工的な植栽、家、畑では
なく、あくまで自然体でなければ臨場感は出ないということである。休憩所も
各所に設けられているが、それぞれ形態が違い、人々がゆっくりと休憩してい
る。それ自体がとても自然体であり、民俗村に溶け込んでいる風景なのである。

　韓国では農村地帯においても国民の70％が高層マンションに住むという現
状からも、民俗村が懐かしきよき故郷として韓国の国民からも強く求められて
いるのである。そして開発により失われていく町並みや家屋の保存というだけ
でなく、伝統文化の伝承、学校教育、観光等にこれらをうまく活用しているの
である。また、多くの野外博物館では併設されていない従来の屋内展示型博物
館を併せ持つことが、博物館学的に理想的と言えるものである。野外博物館で
は足りない部分を屋内博物館において情報伝達し、それを補っていくことで博
物館機能の相乗効果も上がるものであろう。

　特に現場教育の場を子どもたちに無償で提供するという姿勢は、我が国も見
習わなければならない。博物館に行けば、歴史、文化、その他多くのことが自
然と身につき、野外博物館という自然環境の中で遊びながら、自国の様々な文
化を学びとっていくことが人格形成においても大切なことなのである。自然の
中で子どもたちが自ら学びとって、育っていくという当たり前のことを我が国
では忘れられているように思われる。それにはまず、子どもたちが何度訪れて
も新しい発見があるような魅力的な博物館にしなければならない。

⑤南山韓屋マウル

　次にソウル市内中心部に所在する南山韓屋マウルについて、その施設と特色を記述するものである。南山韓屋マウルは、南山の斜面を活かしながら2,400坪の敷地を造成した中に再現された野外博物館で、ソウル市内に残っていたソウル8代名門と呼ばれた貴族の住居から一般庶民の住居まで、5棟の伝統韓屋を移築復元し展示している。また、ソウル市鐘路区にあった李氏朝鮮王朝27代国王純宗（朝鮮王朝最後の国王）の妻純貞孝皇后尹氏が13才まで住んでいた家屋も移築しようとしたが、経年劣化により移築が不可能であったため、建築様式だけをそのまま再現して復元建設されている。このように、南山韓屋マウルは実物資料の移築収集と復元建設の両方を併せ持った野外博物館である。

　さらに、南山に自生する樹木を植栽し、水路・人工渓谷・池がつくられ、東屋のある伝統庭園が広がっている。当時の家具・小物・遊具・キムチ用瓶（ハカリ）、オンドル様式・台所などが再現されて野外博物館としての展示・公開を行なっている。伝統舞踊の公演には多くの人が集まり、子どもたちの見学者が多いことに加え、熱心に鑑賞していることからも日頃からの国体制の現地教育の表われと見ることができよう。繁華街に近いという立地条件や公園の中に併設されていることもあり、親子連れが目立つが、そのような環境によって幼い頃から文化教育として郷土心が自然に育まれていくのである。当然のことながら、入場料は無料である。

　我が国の野外博物館でも、公園の中に移築されているものも少なくない。例えば大阪府日本民家集落博物館や福島市民家園、府中郷土の森博物館など数々挙げられるが、それらのほとんどが有料なのである。大阪府日本民家集落博物館、福島市民家園について言えば、子どもたちの遊び場としての公園の中にありながら、民家園だけ有料にしていることにより野外博物館の中にまで足をのばす人は少なく、府中郷土の森博物館においては、野外部と博物館の両方で入場料が必要とされる。有料という最大のバリアで足が遠のき、子どもたちが無条件に多くのことを吸収し成長していく時期に、その機会を少なくしていることは非常に残念なことである。

　南山韓屋マウルは移築家屋が少ないにもかかわらず、その中では結婚式が行なわれ、伝統舞踊が公演され、子どもから大人までが昔の遊具で遊ぶ参加型の

生きた博物館であるのに対して、我が国の野外博物館においては時の止まった、単に移築展示してあるだけの家屋にすぎない施設も少なくないのが現状である。我が国で挙式のできる野外博物館と言えば、博物館明治村をその事例として挙げることができる。聖ザビエル天主堂、聖ヨハネ教会堂、大明寺聖パウロ教会堂の3教会で結婚式が執り行なわれ、披露宴は帝国ホテル、三重県庁舎「彩の間」、岩倉ホールが利用できる。このように、歴史的建造物を保存し、うまく活用している館は評価できよう。我が国の多くの野外博物館についても、自国の伝統文化を継承させながら博物館を活用できる、さらなる発展が望まれるのである。

2. 安東河回マウル（原地保存型）

　次に韓国の野外博物館の好事例として、安東河回マウルを詳述していくものである。現地ガイドブック『河回マウル』によると安東は韓国精神文化の故郷であり、5千年の民族史を導いてきた礼節と学問を重んじる伝統文化都市である。安東河回マウルは行政上、慶尚北道安東市豊川面河回里にあたり、ソウル又は釜山から車で4時間程の所に位置し、儒教の影響を色濃く残す村落である。風水説によると三南に存在する4ヵ所の理想地の1ヵ所にあたるもので、ムルドリドン（河が回る）・太極形・碁局形・蓮花浮水形・行舟形・梨花村と称され、ダミリ（火熨斗）形とも言われる。

　1984年1月に重要民族資料第122号に指定された河回マウルは、600年以上もの間破壊されることもなく、昔のままの伝統を今に受け継いでいる民俗村である。ムルムリドン、つまり河が回るという地形は山太極・水太極のS字形を描いた大河によって名付けられたものである。河回は豊山柳氏一族が受け継いできた同族村で、朝鮮時代の大儒教者である柳雲龍氏と柳成龍氏が生まれ育った地として有名である。

　河回マウルに初めて居を決めた祖先は工曹典書の官職を勤めた柳従恵氏であり、現在の養真堂である豊山柳氏の大宗家の場所に家を建て始めた。しかし、山霊のお告げで敷地を自分のものにしたいのであれば、1万人の人々を救うように言われ、3年間人々に善徳を施した末に理想地を得ることができたという。600年以上豊山柳氏の一族が生活してきた中で、大勢の名賢、学者が輩出され、

伝統文化が継承されてきた地である。高麗時代中期、許ドリョンの製作とされる国宝第121号河回タルは、韓国の仮面のうち唯一国宝に指定されたもので、仮面美術分野においても世界的な評価を受けている。14種の仮面のうち、9面が現存し、その製作は榛の木を彫って形成し、その上に韓紙を貼り、彩色後に漆で仕上げる方法である。河回タルの起源は、村に疫病が流行し人々を救うには、人里離れた所で誰にも見られずに仮面を作って舞を踊ればよいとのお告げを受け、許ドリョンは懸命に仮面作りをしていたが、最後の仮面を作成している時に、その姿を見られてしまいその場で死んでしまうというものであった。このような建国神話並みの伝説がいくつも残る地域で、伝統民俗芸能も多く伝承されている。特に800年以上に亘り伝承されてきた河回別神グッタルノリは、重要無形文化財第69号に指定されている仮面遊びで、村の共同体信仰の一つとして、庶民と両班という特権階級のある厳しい身分社会での上下間の均衡をうまく保つ機能を持つものであった。

　また、村の入り口には仮面専門博物館である河回洞タル博物館があり、河回タルを始め、韓国のタルが19種類、200点と、30ヵ国の外国タルが200点余り展示されている。さらに世界遺産のマウルに関する情報伝達としての核となる博物館の役割を期待したい。

　河回マウルはこれまで述べてきた韓国民俗村や南山韓屋マウルとは保存形態が異なるもので、単に移築・復元された建物ではなく、原地保存型でなおかつ人々が生活しているといった、所謂我が国の重要伝統的建造物群と類似したものである。したがって、野外博物館以上の臨場感を伴うものであることは言うまでもない。前述の韓国民俗村は臨場感に富む野外博物館ではあるが、実際にそこに生活している人々がいるわけではなく、あくまでコスチュームスタッフによる演示であり客相手の営利目的を含むこともあって、明るさと活気を感じさせるものである。それに対して河回マウルは、英国のエリザベス女王が訪れて「最も韓国らしい土地」と絶賛して以来観光客の数が増え、現在は観光地として年間を通じて多くの見学者が訪れる土地になっているにもかかわらず、そこは生活の暗さも感じられる地域である。古きよき時代の故郷に帰ったような懐かしさがありながら、土産物屋が無愛想なこと、住民が観光客に対して関心を示さない素振りなどとも相俟って、臨場感よりも河回マウル全体が訪れる者

に対して保存問題の重要さを訴えているように感じられるのである。

　野外博物館に移築された建物は、何らかの理由がない限り取り壊されることはないが、原地保存型の町並み保存にいたっては、国体制の保護規制とそこに住まう住民の保存意識が強くなければその維持は非常に難しいものであろう。河回マウルは260戸、人口1,500人余りでそのうち80％が農家であり、村外分家、出稼ぎ、転出の増加によって人口は減少をたどっているのが現状である。さらに観光地化によるゴミ問題などの新たな課題を抱えているのである。

　町並み保存の基本は住民の協力である。観光地化された地域に関しては、さらに住民の負担が大きなものになるため、問題も拡大されて保存の難しさに直面することになる。河回マウルは現代社会にあっても、住民の伝統を守り続ける保存意識が非常に高い地域であり、観光地化されているとはいえ、我が国の町並み保存地区のような観光客相手特有の興ざめする商売に遭遇することはないのである。両班の屋敷は修景されたものも見うけられるが、農家を主とする村全体はまだ素朴で、昔のままの原風景を残している地区である。野外博物館

図Ⅳ-18　韓国の歴史的保存地区（安東市　慶尚北道　安東河回マウル）

の民家は多くが移築・復元されたもので、それを取り巻く環境は置き去りにされているため、本来の生活を正確に再現することは難しいのである。建物の保存はその土地で、それを取り巻く環境と共に保存することが最も好ましいであろう。そのような観点から河回マウルはまさに生きた野外博物館であり、連綿と続いている文化・民俗・風土を肌で感じ取ることができるのである。以上の観点から我が国の重要伝統的建造物群などの町並み保存は、広義の原地保存型の野外博物館と言えるもので、河回マウルと類似している点が多いのである。

おわりに

　本章は第Ⅲ章の新たな分類表に基づき、その具体的な事例を挙げながら、どのような文化資源が野外博物館に成り得るのかを確認した。一つ一つの事例を見ていく中で、これまで単体で保存されてきた文化資源を野外博物館として捉えることにより、さらに核となる博物館を併設させることで、それらは郷土博物館としての機能を果たす可能性を持つことを提唱した。

　つまり、今後も増え続けることが予想されるこれら新規の地域文化資源を、保存し活用するには野外博物館としての機能を持たせることが、保存と活用を両立させる最たる手段と考えられるのである。新規の文化財は原地で保存し、核となる博物館を設置し、さらには学芸員を配置することにより初めて野外博物館の機能が備わってくるのである。原地で保存することは郷土を保存することであり、その場を訪れれば自ずとふるさとの確認ができるのである。

　第Ⅲ章 野外博物館の概念において、野外博物館とは、環境景観といった風土を再現した展示空間であり、風土が現場に息吹いていることに意義を持たせたものであることを論じたが、風土の再現、つまりふるさとの確認の場となることが、完成された野外博物館の評価基準と考えられるのである。このような観点からも海外の事例としては、野外博物館のみならず、多くの博物館が積極的に活動を行なっている韓国を取り上げた。野外博物館の発祥となった北欧の野外博物館や現地調査を行なったスペイン、オランダ、ベルギー、イタリア、イギリス等欧米諸国の野外博物館と比較して、アジア、特に韓国は風土をとても強く継承しており、その中でも韓国民俗村は完成度の高い野外博物館であることを提唱した。韓国の歴史・文化・風土・芸術・自然等すべてを伝承する場

となっており、市民の教育活動にも大きく貢献している施設となっている。つまり、韓国民俗村は韓国の人にとってのふるさとの確認の場であり、郷土心を育む場となっていることから評価できる野外博物館なのである。

註

1)　長畑　実 2010「韓国における博物館の発展と新たな挑戦」『大学教育』第 6 号

2)　黒板勝美 1911『西遊弐年欧米文明記』文會堂書店

3)　註 2 と同じ

4)　棚橋源太郎 1949『世界の博物館』大日本雄辯會講談社

5)　1961「三殿台集落遺跡」『科学読売』第 13 巻、第 11 号

6)　1975『横浜市三殿台考古館概要』横浜市教育委員会 1961「座談会　三殿台集落遺跡」『科学読売』第 13 巻、12 号 2003「国指定史蹟　三殿台遺跡」横浜市ふるさと歴史財団

7)　2003「国営吉野ヶ里歴史公園」国土交通省九州地方整備局

8)　七田忠昭 2006「国営公園としての史跡整備」『史跡整備と博物館』雄山閣

9)　2006『静岡市立登呂博物館館報』16、静岡市立登呂博物館

10)　2008「戦争遺跡保存へ見学会」朝日新聞 3 月 13 日付

11)　2008「旧日本陸軍の登戸研究所資料館、今秋開館」朝日新聞 3 月 16 日付

12)　落合知子 2009「福澤諭吉が観た博物館」『全国大学博物館学講座協議会』第 11 号　全国大学博物館学講座協議会

13)　福澤諭吉『西航記』福澤諭吉全集、第 19 巻、岩波書店

14)　足立克己 2006「鉱山遺跡の顕著な普遍的価値と保存管理に関する専門家国際会議」『月刊文化財』2、文化庁文化財部監修

15)　もとなかまこと 2006「石見銀山遺跡とその文化的景観の世界遺産一覧表への登録の推薦作業」『月刊文化財』2、文化庁文化財部監修 2006「「鉱山遺跡の顕著な普遍的価値と保存管理に関する専門家国際会議」における論点及び結論―石見銀山遺跡を事例として―」『月刊文化財』2、文化庁文化財部監修

16)　「金と銀の島、佐渡―鉱山とその文化―」世界遺産暫定一覧表記載資産候提案書、新潟県佐渡市

17)　2006「自治体破綻　夕張の軌跡」朝日新聞 9 月 4 日版

18)　2008「近代化の足跡、「遺産」ブーム」朝日新聞 9 月 29 日版

19)　1966「風土記の丘設置要綱」文化財保護委員会・文化庁

20)　池田朋生・菊川知美 2012「装飾古墳の博物館資料館に向けた取組み」『熊本県

立装飾古墳館研究紀要』第9集

21) 千賀裕太郎 2004「生業とのかかわりの中で生まれ育った景観を考える」『文化遺産の世界』15、国際航業

22) 金田章裕 2004「文化的景観とは何か」『文化遺産の世界』15、国際航業

23) 上田　耕 2006「知覧フィールドミュージアム事業の展開」『博物館研究』第41巻、第8号、日本博物館協会

24) 木場一夫 1949『新しい博物館』日本教育出版社

25) 棚橋源太郎 1948「國立公園の戸外教育施設」『博物館研究復興』第2巻、第1号、日本博物館協会

26) 2003『はくさん』石川県白山自然保護センター普及誌、第31巻、第1・2号、2004『はくさん』石川県白山自然保護センター普及誌、第31巻、第3・4号、白山自然保護センター

27) 奈良大学文学部世界遺産を考える会編 2000『世界遺産学を学ぶ人の為に』世界思想社

28) 註27と同じ

29) 椙田光明 1995「標津町ポー川史跡自然公園の諸活動」『博物館研究』第30巻、第8号、日本博物館協会

30) 吉井義次 1921「泥炭地と植物」『史蹟名勝天然紀念物』第4巻、第6号、不二出版

31) 麻柄一志 1992『埋没林のはなし』魚津埋没林博物館

32) 2005『古の大地のことば』魚津埋没林博物館五十周年記念誌

33) 落合知子 2006「野外博物館の歴史―我が国に「野外博物館」を初めて紹介した南方熊楠の野外博物館について―」『國學院大學博物館学研究室紀要』第31輯、國學院大學

34) 註33と同じ

35) 白井光太郎 1903『植物博物館及植物園の話』丸善書店

36) 註2と同じ

37) 小石川植物園後援会 2004『小石川植物園と日光植物園』国立大学法人東京大学大学院理学系研究科附属植物園

38) 大場秀章 1987『附属植物園』東京大学百年史部局史二、東京大学

39) 財団法人野外自然博物館後援会 1999『自然教育園ガイドブック』独立行政法人国立科学博物館附属自然教育園

40) 伊藤健雄 1972「水族館における野外展示の構想」『博物館研究』第45巻、註1号、日本博物館協会

第Ⅳ章　野外博物館の具体例の検討—韓国と比較して—　257

41)　註 24 と同じ

42)　新井重三 1956「野外博物館」『博物館学入門』理想社

43)　新井重三 1989「野外博物館総論」『博物館学雑誌』14 巻、第 1・2 合併号、全
　　　日本博物館学会

44)　新井重三 1964「学校岩石園（地学園）の計画と設置の研究」『博物館研究』第
　　　37 巻、第 6・7 号、日本博物館協会

45)　宮沢　武 1964「学校岩石園の管理・活用について」『博物館研究』第 37 巻、第 6・
　　　7 号、日本博物館協会

46)　坂本尚敏 1964「岩石園の活用とその効果」『博物館研究』第 37 巻、第 6・7 号、
　　　日本博物館協会

47)　2006『平成 18 年度学校経営要覧』松戸市立中部小学校

48)　1999『中津川市鉱物博物館　年報』第 1 号、中津川市鉱物博物館

49)　1956『耕三寺の案内』耕三寺博物館

50)　註 4 と同じ

51)　市橋芳則 2007「博物館資源の活用」『地域回想ハンドブック』河出書房

52)　落合知子 2004「野外博物館研究—韓国民俗村・安東河回マウルの事例より—」
　　　『國學院大學博物館学紀要』第 29 輯　國學院大學

第Ⅴ章　野外博物館の展望

はじめに

　本章は、これまで論じてきた野外博物館と関連性の強いエコミュージアムの概念の明確化を図ることと、第Ⅳ章の事例紹介の中から重要伝統的建造物群を取り上げ、多面的かつ具体的に野外博物館の問題と課題を考える。さらに今後の研究対象とする道の駅野外博物館に焦点をあて、これからの野外博物館の展望を論じていく。

　エコミュージアムについては第Ⅰ章第8節において若干論じたが、我が国において未だ成功事例がなく、その概念も不明瞭であり、アンリ・リヴィエールの提唱したエコミュージアムとは異なった理念となっているのが現状である。このようことから野外博物館の分類には含めないものとし、第Ⅳ章の事例紹介では取り上げなかった。しかし、第Ⅰ章の研究史においてもエコミュージアムを論じている先行研究が含まれること、さらにその概念は野外博物館に近似したものであり、町並み保存との関連性からも避けられないテーマと考え、本章においてエコミュージアムについての概念を纏めていく。

　具体的に我が国のエコミュージアムとしては、これまであまり紹介されなかった島根県の「鉄の歴史村」を事例として挙げる。また、現代社会のエコミュージアムと見做されつつある生態系博物館（ビジターセンター）についてもふれて、我が国のエコミュージアムの現状と今後の展望を論じていく。

　次に、第Ⅳ章の事例紹介は一つ一つの事例を詳細に論じたものではなく、全体像を把握する考察であったため、これまで研究の主軸としてきた重要伝統的建造物群を取り上げて、具体的に問題と課題を論じていく。第Ⅳ章で考察を試みた韓国の安東河回マウルと比較する上でも、原地保存型野外博物館の代表的事例であることからも本章において再度詳述する。

　また野外博物館からの考察だけではなく、その公開の現状、付帯する展示施

設、望まれる博物館の要件、必要とされる博物館の種類と内容までを論じ、これまで博物館学的見地からの研究がなされていない、町並み保存と博物館についての考察を試みる。

最後に、道の駅博物館とはそれ自体がまだ未研究分野であり、道の駅博物館の提唱を試みるものである。この道の駅博物館は郷土博物館に成り得る可能性が高いと考えることから、如何なる要件を整備すれば郷土博物館としての機能を持ち得るか、あるいは郷土博物館でなくとも単科性の博物館に昇華することが可能であるかを考察する。

先ず道の駅博物館の分類を試み、本章はその中でも道の駅野外博物館を取り上げて事例紹介をする。それによって、道の駅博物館の問題と課題を見出し、今後の展望につなげていく。

第1節　エコミュージアム

前述した如く、博物館の必要要件である「もの」・「ひと」・「ば」の理論から考えた場合、エコミュージアムは、現在進行形の原地保存型と言えるものであり、「もの」は其々地域に散在するサテライトであり、「ひと」は地域住民であり、「ば」はテリトリーと考えられる。その要件である「ひと」が学芸員でないこととさらにはエコミュージアムの情報発信の核となる博物館が存在しないことから、野外博物館の範疇には入らないと考える。一般に我が国のエコミュージアム推進者達が、日本のエコミュージアムの事例紹介に山形県朝日町や北海道中川町を挙げることが多いが、いずれもが不明瞭な点を多々内蔵していると考えられるのである。

しかし、あえて我が国のエコミュージアムの事例を挙げるならば、島根県雲南市吉田町の鉄の歴史村がその理念に近いものと考えられる。鉄の歴史村自体は、あくまでもオープンエア・ミュージアム構想と謳っているものであるが、新井重三がエコミュージアムは地域社会に根ざしたものであり、地域特性が重視されると定義づけていることからもその理念に合致し、歴史的に重みのある臨場感に富んだエコミュージアムと捉えられることから、ここに紹介するものである。

第Ⅴ章　野外博物館の展望　261

1.　鉄の歴史村

　旧吉田村は人口が3千人余りの集落で、主産業は農林業であるが、古くは「たたら製鉄」によって栄えた村であった。最古の溶鉱炉である永代たたらの伝承も残り、近世には鉄山師田部家のお膝元として繁栄したが、近代に入り洋式製鉄が盛んになり、昭和初期の戦争による鉄の需要増大の一時期を除いて、1923年に吉田村のたたら製鉄は終焉を迎えた。その後、村の主産業となった製炭も昭和30年代後半の燃料革命により衰退していった経過を有する村である[1]。

　島根県では1983年〜1989年にかけて、過疎市町村の地域振興を図る手立てとして「まちむら活性化対策事業」に取り組み、吉田村はその第1号として選定を受けたのである。島根県教育委員会による1967年の「菅谷鑪山内」の民俗資料緊急調査、調査報告に基づく国の重要有形民俗資料文化財の指定、また日本鉄鋼協会による1969年の「たたら製鉄法復元事業」などがその選定の評価となった要因である。この復元事業は、奥出雲最後のたたら師4名が参加し、絶滅寸前にあった「たたら製鉄法」を再現して技術解明と記録を企てたもので、これまで幻の手法とされてきた伝承技術を復元した意義は大きかったのである。

　鉄の歴史村は、村全体を「鉄の博物館」として見立てるという構想により1986年に建設され、たたら製鉄の有形・無形文化遺産を保護継承する目的で「鉄の歴史村」を宣言したものである。この設立の事業は「博物館事業」を中心に「歴史・文化調査研究事業」・「オープンエア・ミュージアム構想」・「鉄の歴史村地域振興事業団運営事業」から構成されている。1984年に寄贈を受けた常松家を「吉田村郷土資料館」（現「鉄の歴史博物館」1号館）として開館しており、学識経験者からなる「鉄の歴史村検討会議」を催し、文化遺産の保存公開に対する方法論の構築を図ったものである。

　具体的に鉄の歴史村には、エコミュージアムのコア（核）となる鉄の歴史博物館・山内生活伝承館・鉄の未来科学館の3つの博物館が設立されている。鉄の歴史博物館1号館は教育に熱心であった医師の常松家の宅地・母屋・土蔵からなる旧邸宅の寄贈を受けて、それらを保存公開し展示施設として活用したものである。古民家を単に保存するのではなく、鉄の歴史村の情報提供を行なう

図V-1　鉄の歴史村（島根県吉田村　現雲南市）

具現としての施設活用を企てたのである。

　山内生活伝承館は、菅谷たたら山内の景観を崩さないよう高台に建設されており、地区の入口という好条件に位置している。筆者が別稿[2]でも述べたように、町並み保存地区に建設すべき博物館は入口駐車場との併設が望ましく、来訪者が必ず立ち寄る場所・人々が集う場所に建設することが必要なのである。このような観点から小規模ながらも、伝承館は菅谷たたら山内を訪れる人々に対して最初に情報提供をする施設となっている点は好ましい。この伝承館を導入部として菅谷たたらが遺存する山内には、原地保存・復元しているサテライト（遺産）が多く残されている。山内はたたら製鉄に従事していた人々の職場や住居地区のことで、当時の町並みがそのまま保存されている。菅谷高殿を代表とし、元小屋・大どう場・金屋子化粧の池・村下坂等が保存公開されている。観光地化されず、現在も日常生活を営む人々がひっそりと住まうだけである。

　我が国の重要伝統的建造物群に多々見られるような作為的な修景や、土産物屋もなく、学術的な保存と公開を目的としている点は全国規模で見習うべきで

あろう。オープン・エア・ミュージアムとして建設された鉄の未来科学館・和銅生産研究開発施設は、鉄の歴史村が新しい歴史を創造する行動基盤として計画され、製鉄炉の変遷と産業革命技術の歴史を提供している。このようにエコミュージアムの思潮に基づいた構想によって鉄の村の原風景を今も伝えているのである。エコミュージアムの基本構造であるテリトリーは、核となる３つの博物館を含む分散範囲を指している。コアは前述した３つの博物館が情報発信基地の役割を担っているもので、それらを結ぶ発見の小径にはサテライトである自然遺産や歴史遺産が野外に保存・公開されている。これらの観点からも我が国でエコミュージアム本来の機能を果たしている地域として、鉄の歴史村が最も近いものであると言えよう。

2. 生態系博物館（ビジターセンター）

エコミュージアム（ecomuseum）は、エコ（ecology）とミュージアム（museum）を結び付けた造語であり、直訳すると「生態学博物館」・「生態系博物館」となるが、新井重三が訳したように[3]、野生生物の生態ではなくすべて人間社会としての「生活・環境博物館」を指し示すものである。しかし、我が国におけるエコミュージアムの事例をみると、「生態系」と「環境」という言葉の捉え方が新井のいうエコミュージアムとは異なって見られるようになっている。「環境」とは自然環境（位置・地形・気候・土壌・植生・水界）・社会環境及び人文環境（人口密度・労働力・資本・交通・政治・経済・社会組織・伝統・慣習）を指し、「環境」の概念は人文と自然の両者を含むものとなっているのである。

例えば埼玉県比企郡滑川町は1985年に、埼玉県では絶滅したとされる野生のミヤコタナゴが滑川町内のため池で再発見されたことで、このミヤコタナゴと共存できるまちづくりを進め、滑川町エコミュージアムセンターを開設している[4]。展示内容も自然をテーマとした、自然環境を重視するエコミュージアムであることが理解できる。また、岐阜県関ヶ原エコミュージアムは、もともとビジターセンターであった施設をエコミュージアムと改称して機能させている。これら以外には、北海道中川町エコセンター・山口県秋吉台エコミュージアム等、エコミュージアムを提唱している地区は全国でかなりの数にのぼっている。エコミュージアムの「環境」とは自然環境・社会環境の両方を含むエリ

アであるにもかかわらず、それらのほとんどが自然環境を重視したものとなっているのである。

　我が国にリヴィエールが提唱したエコミュージアムの概念が浸透しない理由の一つは、1994年度から実施された天然記念物整備活用事業の一貫でエコミュージアム整備事業が制定されたことである。その結果このような生態系・自然環境重視のエコミュージアムの概念が根付いたことが挙げられよう。それは我が国のエコミュージアムの理念が明確でなく、村おこしや町おこしの方向性が強いこと、さらに博物館学的な機能を持たないものが多いことから、エコミュージアムの位置付けが不明瞭になっていることは明白であるが、この点は外国文化を受容したうえで咀嚼吸収し、我が国の風土・文化に適合した新たな思潮や物を生み出す民族性の特徴とまさに合致するものである。そのため我が国のエコミュージアムは、リヴィエールが提唱した理念とは全く違ったものになっていると言えよう。したがってこのような観点から、現時点では野外博物館の範疇に分類し得ないと考えるものである。

第2節　重要伝統的建造物群

　本節は第Ⅳ章の野外博物館の事例紹介をさらに具体的に掘り下げて考察する。重要伝統的建造物群は第Ⅳ章第1節⑤において若干取り上げたが、本節において詳述を試みる。

1. 伝統的建造物群保存地区

　歴史的環境を今に伝える集落の町並みは、我が国の歴史・文化を知る上で欠くことのできない存在である。我が国の集落・町並み保存に対する意識は、昭和30年代の高度経済成長期による巨大開発と都市化の波により、古い町並みの破壊が急速に表面化し、それが失われていくことに住民たちが危機感を抱き、その中で自立的に高まっていったものである。そして1965年頃から各地域の特性を守ろうとする市町村の保存運動が広がりを見せ、地域独自の条例を制定し、その対策が講じられることになった。

　我が国では、1975年の文化財保護法改正で文化財の定義の中に「伝統的建

造物群」が新たに加わり、「周囲の環境と一体をなして歴史的風致を形成している伝統的な建造物群で価値の高いもの」[5]と定められた。伝統的環境を今に伝える集落は当時の暮らし・歴史遺産・地割を多く残していることから、文化や歴史を知るうえでなくてはならないものとなっている。

　一般に文化財の選定は国の一方的な指定であったが、町並み保存地区の選定は、市町村が制定した保存条例の中から国が重要と認めたものを選定するといった二段階方式を採っている。それは町並み保存が住民主体のものであり、そこに住まう住民の理解と協力なしでは成り立ちづらい特性を持つためである。

　この歴史的集落・町並みの保存制度が伝統的建造物群保存地区制度であり、これまでのように伝統的建造物を単体で文化財に指定するのではなく、樹木、水路、石垣、庭園等といった周囲の環境をも保存対象のなかに含まれることになり、文化財保護概念が点の保存から面の保存に位置付けられたという点が大きな特色となっている。

　伝統的建造物群保存地区は、市町村の都市計画又は市町村の保存条例に基づいて決定され、建造物の現状変更・保存事業の許可は市町村が主体となって行なう。国はその中でさらに価値の高いものを重要伝統的建造物群保存地区として選定し、市町村の保存事業への財政的援助や技術的指導を行なっている。それは市町村の申し出により可能となり、一般に国が主体である文化財指定制度とは大きな違いを持っている。したがって、伝統的建造物群保存地区制度はあくまでも市町村が主体であり、そこに住む住民の保存運動によるところが大きい制度と言えるものである。

　文化財保護法に基づき指定された地区は、全国98ヵ所（2012年度）を数えるが、保存地区に指定されてはいないが、それに近い町並み・集落の保存は全国津々浦々に看取されるようになっている。これらの市町村は、日本の文化遺産としての集落・町並みの保存活用、住民の生活と地域文化の向上に役立てるべく、建造物群及び環境等の特性や保存状況を調査し、学術的評価、対策検討を行なっている。

　しかし、これらの建造物群の現代社会への活用、中でもそれらの建造物群が内蔵する歴史的・民俗学的学術情報の情報伝達が不十分であると言わざるを得ない。これは保存地区に併存する博物館がないことが最大の理由であると考え

られる。このような観点から、情報伝達施設である博物館の必要性と、従来の郷土資料館タイプの博物館とは異なる文化財に相応しい博物館機能の研究を進めなければならないのである。

　周知の如く、我が国の保存地区は文化財保護法に基づき、博物館は博物館法に基づき設置運営されており、そこには典型的な縦割り行政の軋轢が存在している。つまり、情報手段である博物館を欠失した不都合な整備保存がなされているものが多いと言えるのである。したがって、保存の意義である歴史的・民俗的な学術価値の情報伝達の核としての総合博物館がなくてはならないことは明瞭なのである。この総合博物館の機能と内容の確立により、情報の伝達を目的とし、保存地区を単なる町おこしにつなげるのではなく、それぞれの保存地区でその地域独自の明確な個性を打ち出し、それを発展に導いてこそ成功であると言えよう。この個性化こそが保存地区にとって文化の伝承、伝達であり、さらには集客力を高める多大な要素であることも事実なのである。

　町並み保存において避けられない問題は観光問題である。町おこしの一環として観光に力を入れることが町並み保存の第一義とする地区が多く見受けられるが、観光と町並み保存という表裏一体とも言える問題は簡単に解決できるものではなく、保存地区のほとんどが何らかの形で観光と関わりを持っているのである。博物館における保存と活用の矛盾と同様に、保存と観光という相反する問題は以前から論議され続けてきたことである。

　先述したように京都の保存地区では秋田名物きりたんぽが堂々と売られ、訪れた観光客も抵抗無く買い求めるという光景に出会ったこともある。このような状況では、保存地区の伝統文化を継承していくことは難しい。単に利潤だけを追求する観光的保存であれば、保存地区選定の本来の意義というものを見失ったものになってしまうだろう。

　白川郷のように観光客の8割がバスツアーの客であり、1〜1時間半程度の滞在で次の目的地に向かっていくことが多い[6]。このような短時間での滞在の中で、当時の日本の原風景にタイムスリップすることは可能であろうが、当該地域の文化や風土までを実感することは無理であろう。土産物屋が前面に出るような保存地区でなく、保存地区の中に自然体で何の違和感もなく営まれる店であることが好ましい。多くの人は訪れた土地の思い出や郷土の名物を求めて

土産物屋に立ち寄るのであるから、保存地区の店の在り方をもう一度考える必要性が求められるのである。

博物館自体が凍結保存という意味合いに使われることが多い。野外博物館の第一義の使命は時代とともに様々な理由で取り壊されていく建築物を移築し保存することであり、さらに展示公開と活用することである。我が国の野外博物館は一般の見学者がその時代の建築物に触れて、当時の雰囲気を味わったり、当時の暮らしぶりの一部を把握するという以上のことを望むのは難しいのが現状である。

まず、植生が貧弱であることと、植生そのものが間違っている点が多く見受けられる。例えば、白川郷の「合掌造り民家園」は白川郷の離村民家を文化遺産として移築保存し、一般公開している野外博物館であるが、集落の集合展示として雑木林の中に移設されており、あたかも合掌造りの民家が山中の別荘の如く展示されているのである。つまり、屋敷に通常伴うであろう渋柿・柿・松等の樹木や、何といっても前栽や家屋に隣接する畑といった重要アイテムが欠落している。即ち、屋敷環境が復元されていないことにより、違和感が生じるものとなっているのである。世界遺産・重要伝統的保存地区としての白川郷は原地保存型の野外博物館としての一つの形態を持ち、さらに移築民家の野外博物館を造り一般公開しているものであるが、細部にいたるまで展示に対しての配慮をしなければかえって不自然な展示環境となることは避けられないのである。訪れる見学者は当時の環境は本当にこのようなものだったのかと、展示から得た情報が絶対的なものとなる可能性が大きく、誤解を招く危険性も含まれてくるのである。

2. 公開の現状

重要伝統的建造物群保存地区は、実際にそこに住民が生活を営む現在進行形型の野外博物館として捉えることができる。したがって、そこに住む住民の理解と協力がなければ成立しづらい特性を持ち、そして一旦保護対策が講じられると地域住民は多くの制約を受けることになる。さらに、町並み保存において避けられない問題は、保存と観光の問題であり、保存地区に選定する目的は各地域のいろいろな条件により異なるのである。例えば過疎地であれば町おこし

の期待もでき、またすでに観光化が進んでしまった地区では、その破壊を食い止める手立てとして法的規制をかけることも可能なのである。いずれの場合も多少なりとも観光という意味合いを含むものであり、博物館における保存と活用の矛盾と同様に、保存と観光という相反する問題は長い間議論され続けられているのである。

　観光が町並み保存と一体化して住民に多くのメリットを与える地区は一般に成功した地区と言われているが、多くの観光客が押し寄せ、町並みの景観はあたかも時代劇のセットのように修景され、土産物屋も単なる見世物小屋にすぎないというような観光地も少なくないことは事実である。一見当時の景観を生かしたような錯覚を起こすが、これらは現代社会の商店と何ら変わりないことが多いのである。その地域の特産物だけを扱うところはまだ良心的であるが、以前訪れた京都の保存地区では秋田名物のきりたんぽが堂々と売られ、観光客も抵抗無く買い求めているのである。また食堂に入ると、カレーとハンバーグといったメニューしかなく、その地域独特の郷土料理を提供してくれる店を探す方が難しいというのが現状である。風土は食文化の中に強く存在するものである。しかし、このような状況では保存地区の伝統文化を継承していくことは難しく、単に利潤だけを追及する観光的保存であれば、保存という本来の意義を見失ったものになってしまうであろう。

　兵庫県神戸市北野町山本通保存地区は洋館が多く残る港町として保存されているが、公開施設のほとんどが有料であり、さらに外からは見えないように門が閉ざされている。同種の保存地区として、北海道函館市元町末広町、長崎県長崎市東山手・南山手保存地区が挙げられるが、これらは山本通保存地区ほど徹底してはいない。このようなことは、他の保存地区ではあまり見受けられないものであり、公開活用の視点から考えても公費を使って保存する施設である以上、今後の改善が望まれるものである。

3. 伝統的建造物群に付帯する展示施設

　保存地区に現存する展示施設は次の3つに分類できる。

　　①当該地の風土・歴史を展示し、保存地区の内容を明示するもの（公立）

　　②保存地区、あるいは本陣・庄屋・商人屋敷等で伝世資料を展示しており、

その展示は提示型展示に始終するもの（公設民営）
③町並み交流館・ふれあい館等の展示に重きを置かない施設（市民団体・個人等）

　保存地区では当該地区の自然的・歴史的情報を伝達する博物館が必要とされ、所在する博物館の性格・内容をビジターが明瞭に判断できるようにしなければならない。しかし、現状は博物館の性格が不明瞭なものが多く、どのような展示がなされているのか把握できないまま入館して、期待はずれとなる場合も多いのである。保存地区を訪れたにもかかわらず、博物館の存在に気付かない場合もあろうし、公開民家の入館料が高いために、立ち寄らない場合も多いのである。保存地区において町並み保存のテーマ展示を行なっている博物館は、埼玉県川越地区にある川越市立博物館、長野県木曾郡南木曾町妻籠宿にある南木曾町博物館、愛媛県喜多郡内子の木蠟資料館上芳我邸が挙げられる。

　川越地区は江戸時代からの重厚な蔵造りの町家を今も変わることなく伝えており、川越市立博物館を訪れると、その歴史的背景から、町並みの模型、町家

図Ⅴ-2　重要伝統的建造物群保存地区　川越の町並み

図V-3　川越市立博物館

の構造、蔵の断面構造展示に至るまでを見ることができる。一方、南木曾町博物館は脇本陣奥谷、妻籠宿本陣、歴史資料館の三館により構成される博物館であり、妻籠宿内、すなわち旧中山道に面している。脇本陣に付帯して建設されており、外観は土蔵造りになっているため違和感がないものとなっている。中山道と妻籠の情報を映像展示等で公開しており、情報伝達の上では重要伝統的建造物群である妻籠宿に関する歴史的・文化的情報を見学者に伝える展示が展開されている。つまり、保存地区と博物館の専門性が整合している数少ない事例と言えよう。このような事例の如き博物館を併存して、重要伝統的建造物群は初めて野外博物館となるのである。

　2階の天井は和紙（風）利用の間接照明となっており、展示室は木調で、妻籠宿の模型と地割り絵図や、町並み保存に関する経緯も展示されている。また、脇本陣内の囲炉裏に薪がくべられ、煙があがっていること、欄間からの木漏れ日が臨場感のあるものとなっている。惜しむらくは資料が少ないことと、入館料が高いことである。

図V-4　臨場感のある展示（長野県木曾郡　南木曾町脇本陣奥谷）

　保存地区の中には町並み保存館、ビジターセンター、町並み交流館、伝承館、古民家の公開等の展示施設が付帯している地区もあるが、それらの多くはその地域の情報伝達を十分に果たしているものではない。写真パネルの展示、案内パンフレットの設置といった程度のもので、その保存地区に関する博物館学的な情報提供はされていない。全国的にみても川越市立博物館、南木曾町博物館、木蠟資料館を除くと、博物館施設を伴わない地区が圧倒的に多いのが現状となっている。つまり保存されてはいるが、その情報伝達の場である博物館がないために、学術情報の発信が不充分なものとなっており、その結果として、町並み保存の本来の意義を逸脱した整備がなされている地区も少なくないのである。
　町並み保存には風土、文化、民俗、自然環境、歴史その他多くの情報が大切であり、それらすべての情報を伝える総合博物館が必要とされることは前述した通りである。総合博物館の存在は、そこに住む住民はもちろんのこと、その地を訪れる人々にとってもその地域の風土、文化を知ることで保存の理解がより一層深まり身近なものとなるはずである。したがって各保存地区において、

川越市立博物館、南木曾町博物館、木蝋資料館レベルの展示施設が併設されることが望まれるのである。

4. 望まれる博物館の要件

①位　置

3項で触れた博物館施設の設置位置は、次の3つに大別できる。①重要伝統的建造物群の一つである古民家を活用し、保存地区内に設置する、②重要伝統的建造物指定の建物をあらたに建て、重要伝統的建造物群に隣接している駐車場と併設する、③川越市立博物館のように離れた場所に建てる。

重要伝統的建造物群は先述したように点と面の保存であり、この中に博物館をもってくるのが一番理想的であるが、それには予算や土地等あらゆる面での制約が多く、ほとんどが従来の保存地区に設置されている町並みセンターや交流館など小規模な施設にとどまってしまうのが現状である。

川越市立博物館においても近隣ではあるものの保存地区内に位置するものではない。博物館としての必要施設は保存エリアの至近距離に設置することが重

図V-5　町並み保存に整合する展示（南木曾町博物館）

要と考えられる。このような観点から、南木曾町博物館は保存地区内に所在しており、理想的なあり方と言えるのである。博物館施設の立地条件として、保存地区入口に設置された駐車場との併設が望ましいことも前述した通りである。福島県下郷町大内宿保存地区では、地区内への車両を規制するために入口に駐車場を設けている。当保存地区では江戸時代初期の大内宿本陣跡の復元建物が大内宿町並み展示館として公開されてはいるが、決して総合博物館の機能を持つものではない。このように博物館を設置する場合、保存地区の入口が最も理想的な位置と言えるのである。

なお、奈良県橿原市今井町保存地区には県内最古の教育博物館である旧高市郡教育博物館があり、保存地区との併設という意味合いから最も望ましいタイプの博物館である。現在は今井町まちなみ交流センター華甍(はないらか)として、館内に町並み保存に関する展示スペースが設けられ、展示物や映像等により公開されてはいるが、今井町を総合的に伝える情報伝達機能を十分に持つものではない。環濠集落という特質を欠いた整備がなされていることにも問題があるが、今後

図V-6　旧高市郡教育博物館（奈良県橿原市）

図V-7 重要伝統的建造物群今井の建造物に関する展示（旧高市郡教育博物館）

更に総合的な展示・公開がなされることにより、重要伝統的建造物群に付帯する博物館として、非常に価値のある意義深い施設となると予想されるのである。

②環　境

博物館設置条件を考えた場合、博物館から見た借景・望遠・展望は重要な要素となってくる。つまり神社の社叢や自然景観、その地方のランドスケープである何々山が望めるというような環境要素を占地することが大切なのである。見学者がどの地域を訪れたのかわからないようでは博物館としての役割を果たしておらず、博物館のインパクトを強めることはできない。

例えば、2001年に閉館した大阪市立博物館は大阪城が望めるように建てられている。このように、城の近くに位置することが占地上重要であり、それゆえに多くの博物館は博物館から城が借景となるような設計が求められる。これは集客の上でも必要なのである。また、人が必ず集まる神社・寺院がある場所に建てるということも得策と思われる。このように、借景、あるいは人の集まる場所が重要なのである。

第Ⅴ章　野外博物館の展望　275

5. 必要とされる博物館の種類と内容

①総合博物館

　総合博物館には一つのテーマを総合学的に研究、展示するタイプと、いろいろなテーマを取り混ぜて1ヵ所に集めるタイプがあるが、重要伝統的建造物群には後者の地域学に則った総合博物館が必要とされる。動物、植物、地質、化石等々の自然、また考古学、歴史資料、祭り等の芸能、民俗など多岐に亘る分野を扱う郷土学を展示し、地域学を実践し、その地域の特質を伝える、所謂郷土博物館の観点を有する総合博物館が必要とされる。例えばその地域にしか生息しない魚や植物を飼育展示するのはよいが、改まった科学館・水族館・動物園・植物園といったものは必要としない。地域学の拠点と成り得る博物館が望まれるのである。

　重要伝統的建造物群における総合博物館は、その地域はもとよりコミュニティとしての、より視点を狭めた町並みという二面的な示唆を持った総合展示が必要とされることは言うまでもない。また、その地域に特質のある保存地区では一つのテーマに対して総合学的に研究、展示する総合博物館が必要である。重要伝統的建造物群の指定は受けていないが、島根県の鉄の歴史博物館は、たたらを総合的に展示している好例と言えるものである。また、岡山県成羽町吹屋保存地区は銅山と弁柄で繁栄した町並みを残しているが、ここにこそ総合学的な朱を研究・展示する朱の博物館が必要とされよう。このように地域の特質・特色を活かした総合博物館を設置することにより、保存地区独自の個性が確立されていくのである。

②野外博物館

　博物館は建物の中の展示に限るものではなく、野外博物館の形態でも可能なのである。面積の点から屋内に入らない場合は、屋外展示のスペースが当然必要となってくるのである。屋外展示とは博物館に入らない資料を屋外に展示する施設で、例として舟や石棺、石塔などが挙げられる。建物の中の展示には制限があるが、屋外であれば飼育植栽展示も可能で、特に植物などは屋外展示の方が理想的である。

　足助村三州足助屋敷は実物の移築民家は1棟である。ほとんどが復元民家で

図V-8　人と動物を伴う動態展示（琉球村）

図V-9　静謐な展示（北海道開拓の村）

あるにもかかわらず、なつかしい郷里を彷彿させるのは、入口付近に設けられた牛の飼育展示が、訪れた者の臭覚に強く訴え臨場感を出しているからであろう。

　また沖縄県琉球村は、琉球列島の古い建築物を移築保存しているテーマパークであるが、全国でもここでしか見ることの出来ない水牛車による精糖作りも、足助屋敷と同様の効果を出している。反対に北海道開拓の村の牧場には動物が飼育されていないためか、整然とし、時の止まった展示となっている。

　このことからも理解できるように、博物館展示は単に視覚に訴えるだけではなく聴覚、臭覚などの五感に訴えるものになれば、臨場感に富む展示となり動きのあるものとなってくるのである。

③食の博物館

　最後に重要伝統的建造物群は観光地を目的とする所が多いことから、その地域独自の郷土料理を提供する食の博物館も必要と考える。京都府美山町北保存地区では駐車場に併設して土産物屋があり、訪れた人で賑わっているが、先述したように同様の視点から食の博物館も人が集まる駐車場との併設が望まれよう。地域の特色ある食文化を総合的に展示し、実際に郷土料理が味わえる食の博物館が各保存地区に造られることにより、観光地として保存地区の質も向上することになり、さらには郷土食や文化の伝承がなされていくのである。重要伝統的建造物群はこのような博物館との併設により、一層充実したものとなり、我が国の町並み保存の質の向上も図れるものとなろう。

表V‒1　重要伝統的建造物群保存地区一覧（選定順、2012 年現在）

番号	都道府県名	地区名称	種別	選定基準	面積（ha）	選定年月日
1	秋田	角館町 角館町角館　　（名称変更）	武家町	（二）	6.9	昭 51 ．9 ．4 平 2 ．3 ．15
2	長野	南木曾町妻籠宿	宿場町	（三）	1245.4	昭 51 ．9 ．4
3	岐阜	白川村萩町	山村集落	（三）	45.6	昭 51 ．9 ．4
4	京都	京都市産寧坂 　　　　　（地区拡大）	門前町	（三）	5.3 8.2	昭 51 ．9 ．4 平 8 ．7 ．9
5	京都	京都市祇園新橋	茶屋町	（一）	1.4	昭 51 ．9 ．4
6	山口	萩市堀内地区 （地区拡大）	武家町	（二）	70.3 77.4	昭 51 ．9 ．4 昭 53 ．5 ．31
7	山口	萩市平安古地区 　　　　　（地区拡大）	武家町	（二）	3.9 4.0	昭 51 ．9 ．4 平 5 ．12 ．8
8	岡山	成羽町吹屋	鉱山町	（三）	6.4	昭 52 ．5 ．18
9	宮崎	日南市飫肥	武家町	（二）	19.8	昭 52 ．5 ．18

番号	都道府県名	地区名称	種別	選定基準	面積（ha）	選定年月日
10	青森	弘前市仲町	武家町	(二)	10.6	昭53．5．31
11	長野	楢川村奈良井	宿場町	(三)	17.6	昭53．5．31
12	岐阜	高山市三町	商家町	(一)	3.9	昭54．2．3
		（地区拡大）			4.4	平9．5．19
13	京都	京都市嵯峨鳥居本	門前町	(三)	2.6	昭54．5．21
14	岡山	倉敷市倉敷川畔	商家町	(一)	13.5	昭54．5．21
		（地区拡大）			15.0	平10．12．25
15	兵庫	神戸市北野町山本通	港町	(一)	9.3	昭55．4．10
16	福島	下郷町大内宿	宿場町	(三)	11.3	昭56．4．18
17	鹿児島	知覧町知覧	武家町	(二)	18.6	昭56．11．30
18	愛媛	内子町八日市護国	製蝋町	(三)	3.5	昭57．4．17
19	広島	竹原市竹原地区	製塩町	(一)	5.0	昭57．12．16
20	三重	関町関宿	宿場町	(三)	25.0	昭59．12．10
21	山口	柳井市古市金屋	商家町	(一)	1.7	昭59．12．10
22	香川	丸亀市塩飽本島町笠島	港町	(三)	13.1	昭60．4．13
23	宮崎	日向市美々津	港町	(二)	7.2	昭61．12．8
24	沖縄	竹富町竹富島	島の農村集落	(三)	38.3	昭62．4．28
25	長野	東部町海野宿	宿場・養蚕町	(一)	13.2	昭62．4．28
26	島根	大田市大森銀山	鉱山町	(三)	32.8	昭62．12．5
27	京都	京都市上賀茂	社家町	(三)	2.7	昭63．12．16
28	徳島	脇町南町	商家町	(一)	5.3	昭63．12．16
29	北海道	函館市元町末広町	港町	(三)	14.5	平1．4．21
30	新潟	小木町宿根木	港町	(三)	28.5	平3．4．30
31	滋賀	近江八幡市八幡	商家町	(一)	13.1	平3．4．30
32	佐賀	有田町有田内山	製磁町	(三)	15.9	平3．4．30
33	長崎	長崎市東山手	港町	(二)	7.5	平3．4．30
34	長崎	長崎市南山手	港町	(二)	17.0	平3．4．30
35	山梨	早川町赤沢	山村・講中宿	(三)	25.6	平5．7．14
36	京都	美山町北	山村集落	(三)	127.5	平5．12．8
37	奈良	橿原市今井町	寺内町・在郷町	(一)	17.4	平5．12．8
38	広島	豊町御手洗	港町	(二)	6.9	平6．7．4
39	富山	平村相倉	山村集落	(三)	18.0	平6．12．21
40	富山	上平村菅沼	山村集落	(三)	4.4	平6．12．21
41	鹿児島	出水市出水麓	武家町	(二)	43.8	平7．12．26
42	福井	上中町熊川宿	宿場町	(三)	10.8	平8．7．9
43	千葉	佐原市佐原	商家町	(二)	7.1	平8．12．10
44	福岡	吉井町筑後吉井	在郷町	(二)	20.7	平8．12．10
45	滋賀	大津市坂本	里坊群・門前町	(三)	28.7	平9．10．31
46	大阪	富田林市富田林	寺内町・在郷町	(一)	11.2	平9．10．31
47	高知	室戸市吉良川町	在郷町	(一)	18.3	平9．10．31
48	岐阜	岩村町岩村本通り	商家町	(三)	14.6	平10．4．17
49	福岡	甘木市秋月	城下町	(二)	58.6	平10．4．17
50	滋賀	五個荘町金堂	農村集落	(三)	32.3	平10．12．25
51	鳥取	倉吉市打吹玉川	商家町	(一)	4.2	平10．12．25
52	宮崎	椎葉村十根川	山村集落	(三)	39.9	平10．12．25
53	岐阜	美濃市美濃町	商家町	(一)	9.3	平11．5．13

第Ⅴ章　野外博物館の展望　279

番号	都道府県名	地区名称	種別	選定基準	面積（ha）	選定年月日
54	埼玉	川越市川越	商家町	（一）	7.8	平11．12．1
55	沖縄	渡名喜村渡名喜島	島の農村集落	（三）	21.4	平12．5．25
56	富山	高岡市山町筋	商家町	（一）	5.5	平12．12．4
57	長野	白馬村青鬼	山村集落	（三）	59.7	平12．12．4
58	岩手	金ヶ崎町城内諏訪小路	武家町	（三）	34.8	平13．6．15
59	石川	金沢市東山ひがし	茶屋町	（一）	1.8	平13．11．14
60	山口	萩市浜崎町	港町	（二）	10.3	平13．11．14
61	福岡	八女市八女福島	商家町	（二）	19.8	平14．5．23
62	鹿児島	薩摩川内市入来麓	武家町	（二）	19.2	平15．12．25
63	岐阜	高山市下二之町大新町	商家町	（一）	6.6	平16．7．6
64	島根	温泉津町温泉津	港町・温泉町	（二）	33.7	平16．7．6
65	兵庫	篠山市篠山	城下町	（二）	40.2	平16．12．10
66	大分	日田市豆田町	商家町	（二）	10.7	平16．12．10
67	長崎	国見町神代小路	武家町	（二）	9.8	平17．4．22
68	青森	黒石市中町	商家町	（一）	3.1	平17．4．22
69	京都	伊根町伊根浦	漁村	（三）	310.2	平17．4．22
70	石川	加賀市加賀橋立	船主集落	（二）	11.0	平17．12．27
71	京都	与謝野町加悦	製織町	（二）	12.0	平17．12．27
72	徳島	三好市東祖谷山村落合	村落	（三）	32.3	平17．12．27
73	佐賀	嬉野市塩田津	商家町	（二）	12.8	平17．12．27
74	群馬	六合村赤岩	山村・養蚕集落	（三）	63.0	平18．7．5
75	長野	塩尻市木曾平沢	漆工町	（二）	12.5	平18．7．5
76	奈良	宇陀市松山	商家町	（二）	17.0	平18．7．5
77	佐賀	鹿島市浜庄津町浜金屋町	港町・在郷町	（二）	2.0	平18．7．5
78	佐賀	鹿島市浜中町八本木宿	醸造町	（一）	6.7	平18．7．5
79	和歌山	湯浅町湯浅	醸造町	（二）	6.3	平18．12．19
80	兵庫	豊岡市出石	城下町	（二）	23.1	平19．12．4
81	石川	金沢市主計町	茶屋町	（一）	0.6	平20．6．9
82	福井	小浜市小浜西組	商家町・茶屋町	（二）	19.1	平20．6．9
83	長崎	平戸市大島村神浦	港町	（二）	21.2	平20．6．9
84	石川	輪島市黒島地区	船主集落	（二）	20.5	平21．6．30
85	福岡	八女市黒木	在郷町	（二）	18.4	平21．6．30
86	愛媛	西予市宇和町卯之町	在郷町	（二）	4.9	平21．12．8
87	茨城	桜川市真壁	在郷町	（二）	17.6	平22．6．29
88	奈良	五條市五條新町	商家町	（一）	7.0	平22．12．24
89	福島	南会津町前沢	山村集落	（三）	13.3	平23．6．20
90	山口	萩市佐々並市	宿場町	（二）	20.8	平23．6．20
91	愛知	豊田市足助	商家町	（一）	21.5	平23．6．20
92	石川	金沢市卯辰山麓	寺町	（二）	22.1	平23．11．29
93	石川	加賀市加賀東谷	山村集落	（三）	151.8	平23．11．29

※選定年月日は、文部科学省告示の日です。

※選考基準とは、昭和50年11月20日　文部省告示第157号　重要伝統的構造物保存地区選定基準に定められたもので、下記に示すとおりです。

（一）伝統的建造物群が全体としてよく意匠的に優秀なもの

（二）伝統的建造物群及び地割りがよく旧態を保持しているもの

（三）伝統的建造物群及びその周囲の環境が地域的特色を顕著に示しているもの

第3節　道の駅野外博物館

　本節において、「道の駅博物館」の考察を試みる。この「道の駅博物館」は未だ研究が成されていない分野であり、新しい博物館のあり方として、今後の我が国の郷土博物館研究につなげていくことを目的とする。

1. 道の駅博物館の提唱

　道の駅は1991（平成3）年10月～1992年4月の期間、山口県・岐阜県・栃木県において試験的に設置され、その後1993年4月に第1回登録において全国103ヵ所で実施されたものである。2012年11月現在全国に996ヵ所の道の駅が登録されている。毎年40～50ヵ所の増加が見込まれており、その数は増えつづけている。道の駅は路線に駅があるように、一般道路にも駅をという発想から生まれたもので、人と街の交流ステーションとなっている。休憩のための駐車場としてのみならず、地域の文化や歴史、名所や特産物を紹介する情報交換の場として個性豊かな道の駅が建設されている[7]。

　道の駅のニーズは休憩・情報発信・地域の連携であり、そのなかでも情報発信のニーズは道の駅の利用者の大半を占めており、地域の道路情報のみならず、歴史・文化・観光等の情報発信の公的な施設としての役割が評価されている。このような観点からも情報発信の役割を担う博物館施設の重要性は高く、施設の充実を図るとともに学芸員の必要性を考えなければならない。

　今日、我が国の各地に道の駅が設置され、その利用者数も年々増加するなかで道の駅自体も各々の地域の特質を打ち出し、質の高い施設が多くなった。日本国民の意識の向上もあり、単なる休憩所としての利用のみならず、家族連れの旅行客は子どもたちにその土地の歴史・芸術を知見させる場として、休憩のついでに手軽に立ち寄ることができることからその利用価値は高いものとなっている。すでに当該地域の文化に触れることができる施設として博物館や美術館を設置しているところも相当数見られ、その在り方も様々な形式になっている。道の駅はその地域文化の情報発信としての役割を持つものであり、その地域の特色ある博物館施設が設置されていることが多い。著名な人物を輩出した

第Ⅴ章　野外博物館の展望　281

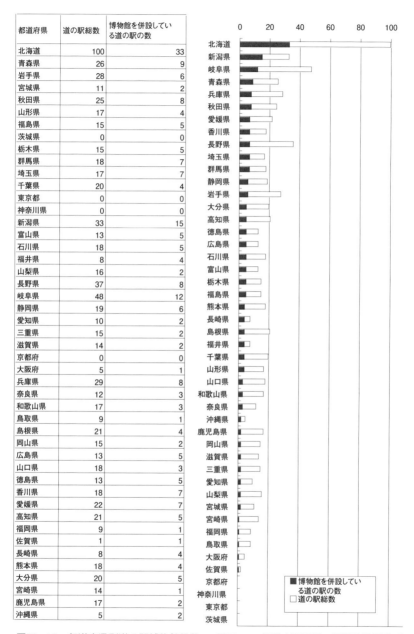

都道府県	道の駅総数	博物館を併設している道の駅の数
北海道	100	33
青森県	26	9
岩手県	28	6
宮城県	11	2
秋田県	25	8
山形県	17	4
福島県	15	5
茨城県	0	0
栃木県	15	5
群馬県	18	7
埼玉県	17	7
千葉県	20	4
東京都	0	0
神奈川県	0	0
新潟県	33	15
富山県	13	5
石川県	18	5
福井県	8	4
山梨県	16	2
長野県	37	8
岐阜県	48	12
静岡県	19	6
愛知県	10	2
三重県	15	2
滋賀県	14	2
京都府	0	0
大阪府	5	1
兵庫県	29	8
奈良県	12	3
和歌山県	17	3
鳥取県	9	1
島根県	21	4
岡山県	15	2
広島県	13	5
山口県	18	3
徳島県	13	5
香川県	18	7
愛媛県	22	7
高知県	21	5
福岡県	9	1
佐賀県	1	1
長崎県	8	4
熊本県	18	4
大分県	20	5
宮崎県	14	1
鹿児島県	17	5
沖縄県	5	2

図Ⅴ-10　都道府県別道の駅博物館総数
（2007年現在）

図Ⅴ-11　都道府県別道の駅博物館総数グラフ
（2007年現在）

図V-12　道の駅に併設されている博物館施設分類の割合（2007年現在）

地域であればその功績を称えて市町村全体が記念館を建設したり、その地域の特色ある工芸品に関する資料館や民俗・芸能に関する歴史資料館を設置している。また、国の重要文化財である民家を中心に、それを観光資源として利用するために後付で道の駅を建設することもある。いずれの場合も地域に深く関わりのある密着した内容のものが多く、文化の伝承、情報発信の場として非常に価値の高いものと言えよう。このような観点からも郷土博物館しての役割を充分果たし得る施設であり、より一層の内容の充実を図る必要が求められるのである。

　博物館学的見地からは、この道の駅博物館は郷土資料館としての意義存在を充分発揮できるものであり、道の駅博物館施設の調査・分類を図り、博物館としての位置付けを考察し、さらには専門職員の充実を図ることが求められる。道の駅博物館については、すでに『全国大学博物館学講座協議会研究紀要』[8]第10号に述べたとおりであるが、本節では道の駅博物館館の中でも野外博物館を取り上げて紹介するとともに、今後の課題を考察し、再度専門職員である学芸員を置くことの必要性を提唱するものである。

2. 道の駅博物館の分類

　道の駅博物館の内訳は博物館・美術館・資料館・記念館・郷土館・デジタルミュージアム・情報館・科学館・ビジターセンター・野外博物館・植物園・薬草園・水族館・動物園・移築民家・生家・史跡整備・時代村・町並み復元・学校博物館・エコミュージアム・埋蔵文化財センター・ギャラリー等に分類できる。また図書館及び図書館との複合施設もみられる。2009年度1月現在、全国の道の駅博物館の一覧は第3節末にある表V-2の通りである。その中でも野外博物館として見なせる道の駅には★の記載をしているが、現時点において判明した施設であり、今後の調査によりその数は増加することが予測できる。また、都道府県別道の駅総数とそのうち博物館施設を併設している道の駅の数、さらに博物館施設分類の割合も図V-10〜図V-12に示した（2008年6月現在）。

　以上の分類は『道の駅　旅案内全国地図　平成19年度版』[9]をもとに、施設名称からの判断によって作成したものであるため、資料館と名乗っている施設のなかには単なる展示コーナーにすぎないものも含まれている。実際に本節の

事例として挙げた岐阜県日本昭和村・史跡整備・原地保存型建造物等は博物館施設としては捉えられておらず、博物館が箱物という日本人の固定観念を象徴するものと言えよう。したがって今後の調査で野外博物館はもとより、博物館施設を併設する道の駅博物館の数は増えるものと予想される。前述の如く現時点では厳密な分類にはなっておらず、今後の調査で明確な分類が必要とされるものである。

3. 道の駅野外博物館の事例

　道の駅野外博物館には、原地保存型、移設・収集型、復元・建設型があり、種類も史跡整備、産業遺産、野外美術館、植物園等があり、本節では岐阜県日本昭和村の移設・復元型野外博物館を中心に種々の事例を挙げて考察するものである。

①野外博物館　道の駅日本昭和村

　岐阜県美濃加茂市に所在する平成記念公園日本昭和村は 2003 年 4 月、昭和初期の里山をイメージしてつくられた野外博物館である。敷地面積はおよそ 160ha、岐阜県が整備し、管理運営は株式会社ファームによる公設民営型となっており、道の駅「日本昭和村」が併設されている。入館料は大人 800 円（冬期は半額）、開館時間は 9：00〜18：00、年中無休となっている。広大な土地は、正面広場ゾーン・昭和村ゾーン・自然ふれあいゾーン・野外活動ゾーンの 4 つのゾーンからなり、さらに細かく里エリア・街エリア・村エリアから構成されている。昭和 30 年代という時代を限定したところに特徴がある施設であり、博物館明治村とその規模・理念は異なるものの、昭和初期の建築物を移築し活用していることから野外博物館として捉えることができる施設である。4 つのゾーンの構成から理解できるように、子どもの遊びを中心とした施設が多く、家族連れが一日楽しめるテーマパーク的要素が強いものである。しかし、その中でも次に挙げる昭和期の建造物を移築保存し公開活用していること、どんぐりの森、棚田、茶畑、蛍やメダカが生息する渓谷等の里山を意識して整備していること、土産物、食堂も昭和をテーマに構成され、博物館学的な意図を感じ取ることができるものである。しかし、館内にはそれぞれに料金がかかる施設もあることから、入館料は無料にすることが望まれる。以下、博物館学的施設

第Ⅴ章　野外博物館の展望　285

図Ⅴ-13　道の駅日本昭和村（岐阜県美濃加茂市　朝日村旧庁舎）

を紹介するものである。

ⅰ．移築建造物
- 朝日村旧庁舎は1938（昭和13）年に建築され、2003年4月に新庁舎が完成するまで使われていた建物で、現在は「平成祈念公園・日本昭和村」に移築されている。オープンした旧庁舎は当時のままに再現され、1階には古い資料などが展示され、2階には会議室がある。
- 旧宮小学校は1898（明治31）年岐阜県大野郡宮村（現在の高山市）の宮小学校の校舎として建築されたものである。1978（昭和53）年に校舎としての役目を終え、宮村民俗資料館として利用されていたが、その後日本昭和村に移築され、「やまびこ学校」として公開されている。1階には木工室があり、体験学習の場として活用され、2階には昔の教室風景を再現し当時の資料が展示されている。
- 双六学校は1931（昭和6）年築の建造物で旧上宝村から移築され、現在は昔の遊び道具が置かれ、子どもたちの遊びの場として活用されている。

・山之上商店は岐阜県中津川市加子母から移築された築100余年の民家であり、自家製どぶろくの製造・販売をしている。

ii. **体験学習**　芝居小屋、映像館「昭和座」では昭和の映像やイベントが開催され、昭和村名物の紙芝居をするスタッフが置かれている。また、陶芸教室、竹とんぼ・和凧・お手玉などを作る創作体験館、木工体験館、そばうち教室、パン・バター・豆腐・こんにゃくなどを作る食の体験「なつかし工房」がある。その他、昭和の時代とは無関係であるが、乗馬・トレッキング・アーチェリー・ゴーカート・じゃぶじゃぶ池・ボート・動物広場・蛍の観察・農業体験などの施設がある。土産物屋はむかし懐かしい品々が置かれ、食堂では昭和の郷土食が味わえる。

　一般に移築された建築物はそれが置かれていた環境を失っているため、臨場感に乏しくなる傾向があるが、昭和村における移築は里山復元された環境の中への移築となっているため、上記の建築物が置かれる環境としてさほど違和感がないと言える。また、ボランティア等による施設案内人が子どもたちを誘導し、活気のある施設となっている。日本昭和村は道の駅野外博物館の中で、現在の調査時点で最大規模の施設である。

②史跡整備としての野外博物館　道の駅月夜野矢瀬親水公園

　群馬県利根郡みなかみ町に所在する道の駅月夜野矢瀬親水公園は、1997年3月に国指定史跡となった矢瀬遺跡と隣接している。矢瀬遺跡の入館料は無料、道の駅の営業は10：00〜18：00、年末年始を除く年中無休で学芸員は置かれていない。本来このような史跡整備は野外博物館として捉えられるものであるが、①の日本昭和村と同様に、博物館施設としての格付けがないために、『道の駅　旅案内全国地図』には記載されていない。道の駅と史跡矢瀬遺跡縄文ムラは縄文の道（地下道）でつながっているが、案内が乏しいために暗い地下通路の意味が理解できず、史跡を見学せずに帰ってしまう観光客も見受けられ、さらに通路内の縄文土器の展示も改善が望まれるものである。

　道の駅の役割の一つとして情報発信があるが、矢瀬遺跡縄文ムラ及びみなかみ町月夜野郷土歴史資料館に関するリーフレット等の案内書を目立つ場所に置くこと、また明確な案内板の設置が必要と言える。

ⅰ.　**史跡矢瀬遺跡縄文ムラ**　群馬県利根郡月夜野町に所在する矢瀬遺跡は、

1992年に発見された縄文後晩期の遺跡で、水場、祭祀場を中心に住居や墓地などの集落構成がよく残されている。四隅袖付炉、巨大木柱根、人口の水場、石敷祭壇のほか、土器、石器、耳飾り、翡翠の首飾りも多数出土している。史跡内の史跡総合案内施設はめくり型と回転型の解説パネルが設置されているが、屋外のため、木の枝葉が伸びて見づらいものとなっている。史跡の四時期の集落の変遷を復元した全体模型は理解しやすい。

縄文時代に関連した樹木である栗、栃、胡桃、団栗、接骨木、木苺、匂辛夷、山法師、山吹、萩、楓、錦木等が植栽されている。復元されたムラ全体はウッドチップが敷かれているため、とても歩きやすい。野外博物館でのウッドチップの利用は他でも若干みられるが、史跡整備に利用するのは珍しい事例である。復元住居内は人形を使った縄文家族が展示されている。

ⅱ．**みなかみ町月夜野郷土歴史資料館**　矢瀬遺跡の近隣にみなかみ町月夜野郷土歴史資料館がある。またこの資料館に隣接して県指定史跡の梨の木平遺跡が原地保存され遺構露出保護展示施設内で公開されており、深沢遺跡は移築されて覆屋施設で展示されている。郷土資料館には矢瀬遺跡から出土した遺物が展示されている。このように遺跡に隣接して展示施設・情報発信施設である博物館が建設されていることが望ましいのである。

③**史跡整備としての野外博物館　道の駅おかべ**

埼玉県深谷市に所在する道の駅おかべの開館時間は、7：00〜22：00、年中無休、道の駅建物内の情報館は入館無料、隣接する中宿歴史公園も無料となっている。物産店奥の展示室の一角がのぞき窓になっており、中宿歴史公園に復元されている倉庫群が見えるようになっている。岡部町の遺跡や文化財の展示室を設けている点は評価できるが、展示内容の改善が望まれる。賽銭箱のように小銭が投げ込まれている模型展示など、展示物に対してのいたずらも見受けられ、これなどは学芸員を置くことで質の向上も図れていくのである。言うまでもなく道の駅博物館には学芸員がいないのが通常であり、道の駅博物館に付帯する道の駅に情報館がないのが現状である。

史跡整備の場合は多くが野外展示であるため、その情報を得るためには屋内展示による情報伝達が必要となる。単に校倉造り倉庫群を復元展示しても、見学者にその具体的な情報を与えなければ意味を持たないものとなってしまうの

図Ⅴ-14 道の駅おかべ（埼玉県深谷市）核となる室内展示
（中宿遺跡の学術調査による情報伝達）

図Ⅴ-15 道の駅おかべ 野外展示部
（郡衙跡と見られる中宿遺跡に復元された正倉と倉庫群）

である。せっかく展示室を設置しているのであるから、史跡の情報となるリーフレットを置き、展示内容も質の高いものにすれば郷土資料館としての役割を十分果たすものとなるであろう。さらに、すべての施設が無料ということと、開館時間が早朝から夜10時までの設定は道の駅として理想的である。

　中宿歴史公園　埼玉県深谷市岡部町に所在する中宿遺跡は、7世紀後半から9世紀にかけての倉庫群で、律令国家の郡衙の正倉と推定され、県指定史跡になっており、1号建物跡と2号建物跡の二棟を校倉造りで復元している。この他に方形周溝墓の盛土、埋め戻した建物跡の柱穴にコンクリート柱を設置する整備がなされ、校倉造りの復元には青森産の桧葉材、国産杉材が用いられ、総工費におよそ1億5千万円を費やしている。公園の池には古代蓮が咲き、柿の木が植栽されている。一般に史跡整備に植えられる作為的な枝垂れ桜がないのが自然である。

　周辺では夏祭りが執り行なわれており、この地域一帯が祀りの場であったことが想像できる地域である。ここには郷土文化を伝承する郷土資料館の建設が望まれよう。

④原地保存小学校活用の野外博物館　道の駅上州おにし

　群馬県藤岡市に所在する道の駅おにしは、開館時間9：00〜17：00、毎週火曜日及び祝日の翌日が休館となっており、施設内のMAGホールは3D映像が体験できるが、入館料300円（小人200円）の有料である。遺跡からの出土品や三波石を展示している展示ホールは無料である。この道の駅の特徴は野外部に旧譲原小学校が原地保存されていることと、譲原石器時代遺跡が遺構露出保護展示施設内で原地保存されていることである。

　ⅰ．**旧譲原小学校**　1874年から1975年の廃校になるまでの間、1934年にこの建物に建て替えられた。その時の新築造成工事の際に縄文時代の土器・土偶が多数出土し、1937年に現在隣に保存されている住居跡が発見された。校舎の前面には校庭も残され、石の門柱も保存されている。網走の旧丸万小学校の事例[10]と同様に、校舎を郷土民具等の展示室として活用すれば、より一層の価値が上がるものであろう。

　ⅱ．**譲原石器時代聚落跡**　この付近の神流川流域は縄文時代の遺跡が点在している地域であるが、この譲原石器時代聚落跡は県の指定史跡となっており、

図V-16　道の駅上洲おにし（群馬県藤岡市）旧譲原小学校
（旧譲原小学校を現地保存することにより、当該地域の人々の原風景を保存している）

　特にこの道の駅に保存されている住居跡は国の指定史跡となっている。中央の石組みは囲炉裏跡といわれ、炭も出土している。今日においては国の指定になるほどの大規模なものではないが、1937年当時は珍しい遺跡であり、国の指定になったものと思われる。住居跡は八角形の覆屋建物に原地保存され、一般公開されている。このような原地保存された二つの事例を持つ道の駅であるが、道の駅内にある展示コーナーには小学校に関する情報伝達がなく惜しまれる。したがって前述した如く、小学校自体を廃校活用・歴史の公開の意味を兼ねて、展示施設にすることが理想的と言えるのである。

⑤町並み復元としての野外博物館　道の駅龍勢会館

　埼玉県秩父市に所在する道の駅龍勢開館は、開館時間が9：00〜16：30、火曜日が休館日、入館料は300円、学芸員は置かれていない。龍勢とは10月第2日曜日の椋神社祭りに奉納する神事として代々伝承されてきた農民による手作りロケットのことで、この龍勢の展示と、それらを映画、ビデオなどで紹介

第Ⅴ章　野外博物館の展望　291

図Ⅴ-17　道の駅龍勢会館（埼玉県秩父市）旧大宮郷の町並み復元（復元・建設型野外博物館）

する資料館である。この施設に隣接して秩父事件資料館井上伝蔵邸、大宮郷の町並み復元が野外展示されている。

　ⅰ．井上伝蔵邸　秩父事件のリーダーの一人井上伝蔵の家が道の駅の一角に復元され、秩父事件資料館井上伝蔵邸として公開されている。復元された井上邸は映画「草の乱」のオープンセットとして活用されたものである。井上は1884年の秩父事件で会計長を務めた人物で、通商「丸井」といわれた土蔵造りと木造2階建て270㎡が復元され、展示資料は井上伝蔵関係資料のほか撮影時の衣装・小道具が展示されている。

　秩父事件に関する実物資料は、近隣にある歴史民俗資料館と旧石間小学校を廃校利用した石間交流学習館に展示されている。

　ⅱ．大宮郷の町並み復元　映画のオープンセットとして作られた大宮郷（現秩父市）の町並みが移築保存されている。これらの建築物は時代的に新しいものであり実物資料ではないが、地域の歴史を伝える情報発信の場としての意義は大きいものである。惜しむらくは、博物館同士の横の連携が乏しいために歴

史民俗資料館および石間交流学習館の案内がなく、実物資料や、より深い情報を知らずに帰ることが多いのである。映画のセットを見るだけで満足するのではなく、それを導入部としてさらに博物館を訪れ、実物資料に触れることが本来の教育であり、それによってたとえ映画のセットであっても臨場感が増して知識も高まり価値の在る施設となろう。子どもたちが遊びの中から学んでいくということが教育の基本なのである。

　また、近年設置された道の駅野外博物館に、長野県の美ヶ原高原美術館と佐賀県の吉野ヶ里遺跡に後付けされた道の駅がある。

4. 道の駅エコミュージアム

　最近の新しいエコミュージアムとして、道の駅を核としたエコミュージアムが誕生している。栃木県那須塩原市の「道の駅　那須野が原博物館」は那須野が原博物館と一体化し、地域情報の発信と人々の交流を目的とした文化交流型の道の駅である。那須野が原は、江戸時代の用水開削・新田開発、明治時代の大農場の成立と那須疎水の開削、開拓団による開拓の歴史があり、特に西部地区には開拓時代の歴史遺産が残り、豊かな田園空間が広がっている。田園空間博物館那須野が原西部地区では、それらの地域資源をサテライト（展示物）として地域活性化を図っている。

　田園空間博物館とは、田園空間全体を「屋根のない博物館」として捉え、自然景観や水路・建築物・産業・住民生活そのものを地域資源とする、所謂「地域まるごと博物館」の理念に基づいた活動である。核となる田園空間博物館総合案内所は那須野が原博物館に併設されて、サテライトや巡回コースを紹介している。巡回コースのミニガイドブックにはサテライトの情報が掲載され、用意されたA～Jまでの10ルートのうち8ヵ所でスタンプラリーが可能となっている。

　道の駅は、休憩のための駐車場のみならず地域の文化や歴史、名所や特産物を紹介する情報交換の場であるが、この「道の駅　那須野が原博物館」は駐車場、トイレ、那須野が原博物館のみで構成されている道の駅である。道の駅一般に見られるような特産物を扱う施設や食堂が設置されていない、特殊なタイプの道の駅と言える。まさにその設置目的に揚げられた、地域文化の情報発信を第

一義とした文化交流型の道の駅であり、那須野が原博物館を核として地域の文化財をサテライトとするエコミュージアムの理念を取り入れた活動を行なっている。

同様の事例として、神戸市西脇市寺内に建設された「道の駅　北はりまエコミュージアム」は北はりま田園空間博物館として、西脇市・多可町の地域全体を「屋根のない博物館」に見立て、そこに点在する190余の自然景観、歴史遺産、民俗行事、伝統的文化・産業など地域の財産、すなわちサテライトを展示物として活動している。この博物館は地域づくり活動の展開を図る取り組みでもあり、1市1町の住民組織のNPO法人「北はりま田園空間博物館」がその運営を行なっている。

北はりま田園空間博物館は、「美しいふるさとで自らが輝くための博物館」をテーマに次の5項目を掲げている[11]。

1. みんなでつくる博物館
2. 人、もの、くらし、地域の資源が躍動する博物館
3. サテライトがそれぞれの個性を発揮できる博物館
4. 地域内外の人々が尊重しあい、末永くおつきあいできる博物館
5. 歴史に学び新しい展開をめざす博物館北はりま田園空間博物館の事業は以下のとおりである。

①北はりま田園空間博物館に関する情報発信
　四季の「イベントマップ・イベントカレンダー」ニュース「でんくう」の発行ホームページ「北はりま田園空間博物館」の運営
②北はりま田園空間博物館を構成するサテライトの認定及び運営支援
　サテライトを紹介するガイドブック、ガイドマップの企画・発行サテライトの魅力を伝える案内人の養成
③北はりま田園空間博物館に関する取り組みの企画・立案・運営
　自然や歴史に親しむイベントの企画・開催「日本一長い散歩道」の活用
④北はりま田園空間博物館に関する普及・啓発
　視察・研修の受け入れや講座の開催出前講座の実施
⑤特産品等の販売
　新鮮な野菜や特色ある地場製品の販売

このように地域資源に関する情報を収集・整理しており、記事を市町広報誌へ掲載している。展示物となるサテライトを発掘し、サテライトの認定・登録を行ない、サテライトの管理・運営の支援を行なうものである。また、楽しく面白いイベントを次々と企画・実践し、全長168kmの「日本一長い散歩道」の踏破にも取り組んでいる。さらに北はりま田園空間博物館を身近なものにするために出前講座を行ない、中でも特筆すべきは北はりま地域の特産品の販売を行なうことにより、北はりまの自慢や誇りを形成している点である。地域の特色ある食材を使ったレストランの設置は、当該地域の食文化をつまり風土を理解するうえで必要な要件であろう。

この北はりまエコミュージアムのきっかけは、都市と農村との交流や豊かな地域づくりを目指した「北はりまハイランド構想」のシンボルプロジェクトの一つとして、1999年度に地域の住民と「北はりま田園空間博物館研究会」を立ち上げ、田園空間博物館について意見交換・地域資源の発掘を行ない、これらを基に基本計画が策定され、「第1回北はりま田園空間博物館フォーラム」が開催されたことにある。

「博物館の運営を考える座談会」が開催され、サテライト、コース、イベント、ニュースの4部会に分かれて具体的な取り組みが始まり、準備会設立への議論がなされていった。2001年には「北はりま田園空間博物館準備会」の発足式・第1回総会が開催され、約100名の会員でスタートされ、サテライトの募集が始まり、その結果「サテライト連絡協議会」が発足し、「北はりま田園空間博物館」のオープンに向けてサテライトを活用した都市との交流イベントも開催された。続いて翌2002年には「北はりま田園空間博物館総合案内所」を会場にして、地域全体でイベントが開催され、その後「特定非営利活動法人　北はりま田園空間博物館」の設立総会が開かれ、同11月1日に特定非営利活動法人となったのである。

このような経緯を経て、オープン1周年を記念して「来たはりまっせ　北はりま　きらきらサテライト」が行なわれ、サテライト連絡協議会による第1回総会が開催されて、サテライトは第5次募集後に197件が登録された。さらに田園空間博物館インタープリターの養成講座が開設され、その後インタープリター登録者の会「田湖森」が発足し、講座修了者の登録がなされて、登録者の

技術向上、相互の情報交換、活動の継続を目的とした「田湖森」が設置されたのである。ここではインタープリテーションガイドの企画や運営を行なっている。

　2006 年にはオーライニッポン大賞を受賞し、北はりま田園空間博物館総合案内所来訪者は 100 万人を超え、地場産の特産品も好評を博している。北はりま田園空間博物館の正会員は約 130 名（2007 年 1 月現在）で、サテライト部、プログラム部、広報部、総務部、特産品部に分かれて活動している。以上は『北はりま田園空間博物館　まるごとガイド』[12] の内容を紹介したものであるが、リヴィエールが提唱し、フランスで広がっていったエコミュージアムの理念に近い形態と考えられる。しかし、フランスでさえも各々のエコミュージアムは独自の変遷を遂げているものあり、もはや定型はないものと言えよう。したがって、エコミュージアムの特徴はどこからどこまでがその範囲という決まりはなく、漠然としたエリアの中での活動であるが、北はりまも広範囲を「地域まるごとミュージアム」に見立て、サテライトを登録し、住民主導である点を挙げれば、エコミュージアムの基本的な形態と見做せよう。

　エコミュージアムの理念は地域保存、郷土保存、郷土愛が基本になっているため、道の駅を核としたことが成功した最大の理由と考えられるのである。道の駅は情報発信の場であり、地域の特産物を購入できる場であり、地場の特色ある郷土食が食せる場である。人々が休憩に立ち寄り、利用・活用する頻度の高い施設を核としたことで、エコミュージアムの認知度も高まり、参加者が増えたと考えられる。何よりも住民の意識が高く、住民が一体となって活動を行なっているのである。今後もこの事例を範として道の駅を核とし、地域の歴史、文化、自然、民俗、郷土食等を紹介していくことで、地域の活性化も十分期待できるものと思われる。それには核となる道の駅博物館の在り方をさらに検討する必要があることは確認するまでもない。

5.　道の駅博物館の問題と課題

　道の駅博物館に関する問題点は『全国大学博物館学講座協議会紀要』第 10 号[13] に論じたが、本節ではさらに野外博物館的概念を加えて考察するものである。

①開館時間

　まず道の駅という本来の意義目的からも、9時から5時までという短い開館時間に大きな問題があると考える。来館者の多くが旅行等のドライブで訪れることからも、5時閉館は早すぎるものであり、博物館施設のみならずその閉館時間に合わせて道の駅自体も5時に閉めてしまうことは改善を必要としなければならない。それと同様に観光客にとって早朝の利用も想定される。道の駅の開館時間が10時、11時という施設もあり、せっかく立ち寄ったにもかかわらず利用できないのが現状である。

　また、通常の博物館にならって月曜日を休館日にしている施設や、さらにそれに便乗して道の駅の他の施設までもが閉まっていることがある。このように観光客相手の施設が一般社会と同じ9時から5時の営業で、且つ定期的な休館日を設けているようではリピート客の確保は難しいものとなってくるであろう。お役所的発想を捨てて国民へのサービス意識の向上が望まれるのである。

②入館料

　次に入館料であるが、無料館もあれば、高い入館料を取る施設もあり一律ではない。そのほとんどが展示内容の質の面からみても見合ったものでないのである。一般に野外博物館は日本昭和村のようなアミューズメント的要素の強い施設は別として、史跡整備、移築建造物、町並み復元といった内容からも入館料を取らないことが多い。それに対して屋内にある展示施設は料金がかかるところが多くなっている。自分たちの住まう郷土の文化を知ってもらう、自分たちの村でこのような偉人が生まれ育ったということを伝えることは町おこしにもつながるものであり、その地域の活性化を図るうえでも重要なものと考えられる。したがって我が国の博物館すべてに言えることでもあるが、道の駅博物館はこれからの日本社会を担っていく子どもたちの情操教育を育む場であり、遊びの中から科学・歴史・文化の芽を育てる意味からも無料にするべきである。仮に家族全員が払う入館料が高いという理由から、せっかく立ち寄った道の駅に付帯する博物館施設を通り過ぎてしまうことがあるならば、一生の思い出となる家族旅行の記憶から当該地域の文化は残らないものとなってしまうのである。その子どもたちが成長し、将来家族を持ったときに次世代の子どもたちを連れて再び訪れることも期待できないものとなろう。

③資料の保存管理

　道の駅は観光地に点在していることから、そこに訪れる層を特定することは難しいと言える。つまり博物館に関する知識を持っている人もいれば、博物館に訪れたことのない人も利用することになる。様々な危険を想定する必要があるが、多くは資料の保存という概念が低いのが現状である。観光地という点からアミューズメント的施設が多く、それらは映像展示のみに始終するものや、パネル、レプリカ、人形というように資料保存を考える必要のない展示になっていることもその一因と考えられる。しかしこのようなアミューズメント的施設はハンズオン型の体験学習の一面も持つものであるので一概に否定できるものでもなく、学びと遊びの観点からは得るものもあるかと思われる。

　史跡整備・移築建造物等の場合は屋外という性質上、劣化する資料の展示はなく、多くがハンズオンタイプ、参加型のもので資料保存の配慮はあまり必要としないが、その反面それらの施設整備の充実を図らなければならない。群馬県利根郡みなかみ町の史跡矢瀬遺跡縄文ムラの展示案内板のように、野晒し状態で木の枝が伸びて案内板の役目を果たしていない例もあり、専門職員の配置が望まれるのである。

④専門職員の配置

　以上述べた問題点を解決するにはまず、専門職員である学芸員を置くことが必須である。特に③で述べた資料の保存管理は学芸員がすべきであり、しなければならない業務である。学芸員を置くことにより、来館者に対するサービス提供のみならず、資料の情報発信、展示の充実、文化の伝承が可能となるのである。道の駅野外博物館における学芸員の必要性を考察すると、資料は次の2つに分けられる。まず原地保存の遺跡、遺構、建築物および他の場所から移築してきた一次資料と実物資料でないあくまでも創造復元した二次資料が考えられる。一次資料に関してはそのもの自体が資料であり、保存意識をもって管理しなければならない。移築された理由は種々考えられるが、取り壊される寸前の建築物が難を免れて新たな土地で活用されることも少なくない。活用は展示だけでなく、生涯学習・体験学習に役立てるなど幅広く利用に供されるのである。また、原地保存の場合も保存するだけでなく、一般公開に供されるため、その管理は所管の市町村であってもその場に常駐していなければ手薄になるの

は避けられないであろう。

　創造復元された二次資料は実物資料と比較した場合、その保存意識は希薄になりがちであるが、③で述べた野晒しの展示案内板の整備などは改善されなければならない。それは学芸員が一人いるだけで改善されるものであり、内容の充実も図れるのである。

　学芸員が必要である最大の理由は、それぞれの施設・資料の専門知識を持つ学芸員がいなければ、訪れた人への情報提供ができないからである。道の駅博物館を単に観光で訪れたついでに立ち寄る程度の展示施設として捉えるのではなく、文化施設としての質の高い博物館の位置付けがなされるようにするには専門職員である学芸員の配置が必須なのである。

　このように博物館学的意識をもった博物館施設はもちろんのこと、アミューズメント的要素が強い博物館施設においても学芸員の存在は必要不可欠であることを提唱するものである。

6.　完成された郷土博物館 " 道の駅博物館 "

　昨今建設される美術館などは、自館のコレクションを持たずに貸しギャラリー的な感覚で展覧会を催していることが多く、入館者の数だけを重視し、経営目的が優先されている傾向が見受けられる。美術館も博物館も文化施設なのである。その四大機能は資料の収集・保存・調査研究・公開であり、営利目的ではないはずである。道の駅博物館はその理念に基づき地域の郷土の博物館でなければならない。道の駅に隣接、あるいは道の駅内にあるという性質からも郷土博物館としての機能が重視されるのであり、これらの施設の質を向上させることがひいては地域振興につながっていくと考えられる。したがってせっかくのこの文化施設を活用しないということは惜しまれるのである。

　また道の駅の博物館は博物館学的概念の強いものが含まれており、単なる休憩所としての道の駅というイメージを払拭させる力を持つものもある。もちろんもともと博物館意識をもって建設された館に道の駅が後付けされることもあることから、観光と博物館の面からの研究も必須となってくるのである。道の駅は当該地域の特産物を販売し、その地方の郷土料理を食することが出来る場所である。また、情報センターも設置され観光等の情報も得ることが可能である。

『建築設計資料　53 道の駅』[14] に、物館や美術館などの地域情報発信を主体とした施設は、地域振興や交流連携機能の見地から、道の駅の原点とある。また道の駅は諸機能を複合化して相乗的な機能発現を意図する機能複合体であるとして、その最終的目標は道路利用者である国民一人一人と地域が交流と連携の中で、自己実現などの心の豊かさ、賑わいを達成する場を創出することにあるとしている。道路利用者は、旅行の安全や快適さのみならず、旅行の過程において、自然、観光、特産品、味、歴史、芸術などの地域の様々な知識や体験を得ることにより自己の満足を増大することを望んでいる。

　さらに道の駅には、各市町村が地域情報を発信すべく、郷土歴史館、伝統工芸館といった様々な施設が併設されており、これらの施設には極めて興味深いものがあるが、知られていないものが多い。したがって利用者の関心に応えて、民俗、工芸、酒といった如くテーマ別に施設や情報のネットワークを構成していくことが有用であるとしている。

　『史跡整備と博物館』[15] の中で、古い町並みが保存されている全国の重要伝統的建造物群保存地区において、食文化はその地方の特色をあらわすものであり、その地方の郷土料理を提供する施設の充実、及びその地方の歴史・文化・芸術・民俗・風土等の情報伝達手段である郷土資料館の設置を提唱した。このような概念から道の駅博物館は郷土料理を提供し、特産品の土産物を購入することができ、さらに当該地域の歴史・文化の情報伝達の場としての郷土資料館として確立するならば、これこそ完成された郷土資料館となるのである。また、立地環境も駐車場の近くが好ましいと論じたが、この観点からも人々が集まる場所であるパーキングであり、休憩所である道の駅博物館は完成された郷土博物館と言えよう。したがって青木豊[16] も指摘するように、まず専門職員としての学芸員を置き、施設・展示・内容の充実を図り、資料の拡大に心がけ、地域振興に努め、道の駅博物館としての特色ある研究をする必要が求められる。道の駅の学芸員制度が確立されることにより、学芸員課程で資格を取った学生の就職の場もかなり拡張され、全国各地の生まれ育ったふるさとで活躍することも可能となってくるのである。このような学芸員がいることにより、訪れた観光客の知的欲求も満たされその地方の評価も上がり、道の駅のみならずその地方に再び訪れるリピート客の増加につながるものであろう。

道の駅が観光客を集めるために様々な催しを行ない、施設もかなり充実したものとなり、活気ある地域の交流の場となってきた。その情報伝達の内容は観光に力を入れるものであるが、道の駅博物館における歴史・文化・芸術等の学問的情報伝達を充実させることが、これからの時代には必要と考える。国民全体の知的欲求のレベルが上昇していることからも、博物館の質の向上を見直さなければならない。そのためにも観光地と博物館のあり方、地域文化の発掘調査、情報発信の場として発展させ、文化の伝承を担う学芸員制度の確立を提唱するものである。

おわりに

第Ⅰ章から第Ⅳ章を通して様々な野外博物館を論じてきたが、本章において、最も類似するエコミュージアムについて再度考察を加えた。第Ⅲ章で分類した野外博物館には加えなかったものの、町並み保存との区別がつきにくく、その概念は不明瞭となっているのが現状である。もともとリヴィエールが提唱したエコミュージアムは、地域社会の人々の生活を探求し、遺産を原地で保存、育成、展示して地域社会の発展に寄与することが目的であった。この目的は野外博物館の地域文化資源の保存と活用において共通するものである。また、エコミュージアムは住民主体の参加型運営を原則とし、行政と住民の両者からの管理運営となっている。この点は我が国の重要伝統的建造物群と共通するのである。

しかし、エコミュージアムの機能が、住民の鏡であり、地域の自然と人間の係わり合いを表現する場である点において、野外博物館の基本理念であるふるさとを確認できる場そのものであるが、テリトリー（境界領域）が広範囲に分散され、明確な範囲を特定するものではない。さらにコア（中核博物館）の機能は一般的な博物館とは違ったインフォメーション的要素が強いと言える。

つまり、リヴィエールのエコミュージアムは広いエリアでの点の散在を原地保存したものであり、点の一つが我が国の重要伝統的建造物群にあたるものである。その違いは、重要伝統的建造物群が面としての保存地域であることと言える。例えば秋田県の角館市といった広域で大きな構想の保存を考えれば、それはエコミュージアムとなり、その中に、重要伝統的建造物群の武家屋敷があ

り、石切り場があり、大杉があり、しだれ桜が保存されるのである。野外博物館としての必要要件である核となる博物館を置き、そこには収集、保存、展示、研究をつかさどる学芸員を配置することにより、エコミュージアムも野外博物館としての機能を果たす可能性は持ち得ると考える。しかし、現状は生態系エコミュージアムの出現も相俟って、我が国のエコミュージアムはリヴィエールの提唱したエコミュージアムとはより離れたものとなっている。したがって、今後エコミュージアムが野外博物館の分類に加わるのは難しいと言えよう。

　第2節では、原地保存型野外博物館の代表的事例であり、筆者がこれまで研究対象としてきた重要伝統的建造物群を取り上げて、第Ⅳ章では論ずることができなかった角度からの論及を行なった。これにより、第1節で述べたエコミュージアムとの概念的相違がより明確なものとなった。

　第3節で道の駅博物館の考察を試みた結果、それは今後郷土博物館としての機能を果たす可能性があることを提唱することができた。地方において博物館経営は鉄道の駅前にあってもあまり意味を持たない。それに替わるのが道の駅という「地点」なのである。博物館における必要要件である集客能力という観点からも、地域文化を情報発信する郷土（地域）博物館という観点からも道の駅がその立地条件として最も好ましく、理想的と思われる。今後道の駅博物館を充実させることにより、さらなる博物館の発展が望めるものと考えられる。

表V-2　全国道の駅博物館一覧表（★印　野外博物館）

	都道府県	道の駅名称	住　所	施設名
1	北海道	三笠	三笠市岡山 1056－1	農の館（農業資料館）
2	〃	スタープラザ芦別	芦別市北 4 条東 1－1	星の降る里百年記念館
3	〃	びふか	中川郡美深町字大手 307	チョウザメ館
4	〃	忠類（ちゅうるい）	中川郡幕別町忠類白銀町 384 番地 12	ナウマン象記念館
5	〃	足寄湖（あしょろこ）	足寄郡足寄町中矢 673－4	チーズ工房エーデルケーゼ館
6	〃	かみゆうべつ温泉チューリップの湯	紋別郡上湧別町字中湧別 3021－1	鉄道資料館・漫画美術館
7	〃	いわない	岩内郡岩内町字万代 47－4	木田金次郎美術館
8	〃	厚岸（あっけし）グルメパーク	厚岸郡厚岸町字住の江町 3－164	ミニ水族館
9	〃	よってけ！島牧	島牧郡島牧村字千走 11－1	島牧知ろう館
10	〃	オホーツク紋別	紋別市元紋別 11－6	オホーツク流氷科学センター GIZA
11	〃	おんねゆ温泉	北見市留辺蘂町松山 1－4	山の水族館・郷土館
12	〃	ルート 229 元和台（げんなだい）	爾志郡乙部町字元和 169	郷土文化保存伝習施設
13	〃	★ おびら鰊（にしん）番屋	留萌郡小平町字鬼鹿広富	旧花田家番屋
14	〃	おこっぺ	紋別郡興部町幸町	交通記念館「アニュウ」
15	〃	阿寒丹頂の里	釧路市阿寒町上阿寒舌辛原野	北緯43°美術館・炭鉱と鉄道館「雄鶴」
16	〃	上ノ国（かみのくに）もんじゅ	檜山郡上ノ国町字原歌 3	海の図書館
17	〃	なかさつない	河西郡中札内村大通南 7－14	ビーンズ邸（豆資料館）・開拓記念館
18	〃	樹海ロード日高	沙流郡日高町本町東 1－298	日高山脈館
19	〃	横綱の里ふくしま	松前郡福島町字福島 143－1	横綱千代の山・千代の富士記念館
20	〃	サラブレッドロード新冠（にいかっぷ）	新冠郡新冠町字中央町 1－20	レ・コード館
21	〃	田園の里うりゅう	雨竜郡雨竜町字満寿 28－3	雨竜沼自然館
22	〃	みたら室蘭	室蘭市祝津町 4－16－15	白鳥大橋記念館
23	〃	スペース・アップルよいち	余市郡余市町黒川町 6－4－1	余市宇宙記念館「スペース童夢」
24	〃	さるふつ公園	宗谷郡猿払村浜鬼志別 214－7	風雪の塔・農業資料館・日ロ友好記念館
25	〃	たきかわ	滝川市江部乙町東 11－13－3	道の駅ギャラリー
26	〃	★ だて歴史の杜	伊達市梅本町 57－1	伊達市開拓記念館・宮尾登美子文学記念館
27	〃	オーロラタウン 93 りくべつ	足寄郡陸別町大通り	関寛斎資料館
28	〃	むかわ四季の館	勇払郡むかわ町美幸 3－3－1	図書館
29	〃	★ あいおい	網走郡津別町字相生 83－1	相生鉄道公園
30	〃	しかおい	河東郡鹿追町東町 3－2	神田日勝記念館
31	〃	あしょろ銀河ホール 21	足寄郡足寄町北 1 条 1－3	松山千春ミニギャラリー
32	〃	サーモンパーク千歳	千歳市花園 2 丁目	千歳サケのふるさと館
33	〃	真狩フラワーセンター	虻田郡真狩村字光 8－3	細川たかし記念コーナー
34	青森県	しちのへ	上北郡七戸町字荒熊内 67－94	鷹山宇一記念美術館
35	〃	わきのさわ	むつ市脇野沢七引 201－5	ギャラリー
36	〃	かわうち湖	むつ市川内町福浦山 314	時実新子コーナー
37	〃	なみおか	青森市浪岡女鹿沢字野尻 2－3	こみせ横丁・ふくろう館
38	〃	浅虫温泉 ゆ～さ浅虫	青森市浅虫字螢谷 341－19	美術展示ギャラリー
39	〃	いかりがせき	平川市碇ヶ関掟石 13－1	御関所資料館

第Ⅴ章　野外博物館の展望　303

40	〃	★	いなかだて	南津軽郡田舎館村大字高樋字八幡10	埋蔵文化財センター・田舎舘村博物館(垂柳遺跡)
41	〃		みんまや	東津軽郡外ヶ浜町字三厩龍浜99	青函トンネル記念館
42	〃		みさわ	三沢市谷地頭4-298-652	先人記念館・六十九種草堂
43	岩手県		石鳥谷(いしどりや)	花巻市石鳥谷町中寺林第7地割17-3	南部杜氏伝承館・歴史民俗資料館・農業伝承館
44	〃		のだ	九戸郡野田村大字野田第31地割31-1	塩の道展示コーナー
45	〃		はやちね	花巻市大迫町内川目第10地割30-113	ヴィノテーク・オーストリア(オーストリーワインの博物館)
46	〃		石神の丘	岩手郡岩手町大字五日市10-121-20	石神の丘美術館
47	〃		雫石あねっこ	岩手郡雫石町橋場坂本118-10	日本ハーブ園
48	〃		厳美渓(げんびけい)	一関市厳美町字沖野々220-1	一関市博物館
49	宮城県		津山	登米市津山町横山字細屋24	郷土文化保存伝習館
50	〃		三本木	大崎市三本木字大豆坂63-13	亜炭記念館
51	秋田県		たかのす	北秋田市綴子字大堤道下62-1	大太鼓の館
52	〃		ふたつい	能代市二ツ井町小繋字中島109-10	二ツ井町歴史資料館
53	〃		かづの	鹿角市花輪字新田町11-4	祭り展示館・シネラマ館
54	〃		かみこあに	北秋田郡上小阿仁村小沢田字向川原66-1	生涯学習センター・(郷土資料館、図書館併設)
55	〃		なかせん　ドンパン節の里	大仙市長野字高畑95-1	こめこめプラザ(米資料展示コーナー等)
56	〃	★	てんのう	潟上市天王寺江川上谷地109-2	伝承館「八坂の館」・野外復元・潟の民俗展示室
57	〃		おおうち	由利本荘市岩谷町字西越36	出羽伝承館
58	〃	★	五城目	南秋田郡五城目町富津内下山内字上広ヶ野76-1	自然観察園
59	山形県		月山(がっさん)	鶴岡市越中山字名平3-1	アマゾン自然館・文化創造館
60	〃		寒河江(さがえ)	寒河江市大字八鍬字川原919-6	さくらんぼ会館
61	〃		いいで	西置賜郡飯豊町大字松原1898	飯豊町テーマ館
62	〃		とざわ	最上郡戸沢村大字蔵岡3008-1	民俗文化館
63	福島県		川俣	伊達郡川俣町大字鶴沢字東13-1	おりもの展示館
64	〃		安達(あだち)	二本松市下川崎字上平3-1	和紙伝承館
65	〃		喜多(きた)の郷	喜多方市松山町鳥見山字三町歩5598-1	蔵のまち四季彩館
66	〃		会津柳津	河沼郡柳津町大字柳津字下平乙179	齊藤清美術館
67	〃		尾瀬街道みしま宿	大沼郡三島町大字川井字天屋原610	会津桐タンス展示室・写真展示ギャラリー
68	栃木県		湯の香(か)しおばら	那須塩原市関谷442	郷土資料館
69	〃	★	明治の森・黒磯	那須塩原市青木27-2455	とちぎ明治の森記念館・旧青木家那須別邸
70	〃		東山道伊王野	那須郡那珂町大字伊王野459	伊王野まつり伝承館
71	〃		にしなすの	那須塩原市三島5-1	那須塩原市　那須野が原博物館

72	〃		思川	小山市大字下国府塚 25−1	小山評定館
73	群馬県		上野	多摩郡上野村大字勝山 118	森林科学館
74	〃	★	上州おにし	藤岡市譲原 1089−2	三波石のふるさと・遺跡館・学校保存
75	〃		水上町水紀行館	利根郡みなかみ町湯原 1681−1	淡水魚の水族館
76	〃		草津運動茶屋公園	吾妻郡草津町大字草津 2−1	ベルツ記念館・日独ロマンチック街道資料館
77	〃	★	月夜野矢瀬親水公園	利根郡みなかみ町月夜野	矢瀬遺跡史蹟整備
78	〃		みょうぎ	富岡市妙義町岳 322−7	妙義町立ふるさと美術館
79	〃		富広美術館	みどり市東町草木 86	富広美術館
80	埼玉県		おがわまち	比企郡小川町大字小川 1220	埼玉伝統工芸会館
81	〃		川口・あんぎょう	川口市安行領家 844−2	川口緑化センター
82	〃		大滝温泉	秩父市大字大滝 4277−2	歴史民俗資料館
83	〃	★	おかべ	深谷市岡 688−1	歴史コーナー・中宿遺跡史蹟整備
84	〃	★	龍勢会館	秩父市吉田久長 32	龍勢会館・井上伝蔵資料館・秩父事件街並み復元
85	〃		めぬま	熊谷市弥藤吾 720	にっぽん女性第一号資料ギャラリー
86	〃		きたかわべ	北埼玉郡北川辺町大字小野袋 1737	遊水池ギャラリー
87	千葉県		きょなん	安房郡鋸南町吉浜 516−1	菱川師宣記念館
88	〃		ふれあいパーク・きみつ	君津市笹子字椿 1766−3	片倉ダム記念館
89	〃		オライはすぬま	山武市蓮沼八の 4826	産業会館
90	〃		南房パラダイス	館山市藤原字平砂浦 1495 番地	フラワーパビリオン
91	新潟県	★	朝日	岩船郡朝日村大字猿沢 1215	日本玩具歴史館・またぎの家(奥三面移築民家)
92	〃		新潟ふるさと村	新潟市西区山田 2307−1	アピール館
93	〃		能生(のう)	糸魚川市大字能生小泊 3596−2	海の資料館「越山丸」
94	〃	★	関川	岩船郡関川村大字上関 1252−1	せきかわ歴史とみちの館・渡邉邸
95	〃		阿賀の里	東蒲原郡阿賀町石間 4301	阿賀野川文化資料館
96	〃		笹川流れ	岩船郡山北町大字桑川 8925−5	サンセットギャラリー
97	〃		越後出雲崎　天領の里	三島郡出雲崎町大字尼瀬 6−57	天領出雲崎時代館・出雲崎石油記念館
98	〃		胎内(たいない)	胎内市下赤谷 387	郷土文化伝習館
99	〃		良寛の里わしま	長岡市島崎 5713−2	良寛の里美術館・菊盛記念美術館・歴史民俗資料館
100	〃		まつだいふるさと会館	十日町市松代 3816	鍋立山トンネル資料展示
101	〃		クロス 10(テン)十日町	十日町市字宇都宮 71−26	展示ギャラリー
102	〃	★	漢字の里しただ	三条市大字庭月 451−1	諸橋轍次記念館・原地保存生家
103	〃		西山ふるさと公苑	柏崎市西山町坂田 717−4	田中角栄記念館・西遊館・西山ふるさと館
104	〃		芸能とトキの里	佐渡市吾潟 1839−1	能楽館
105	〃		親不知ピアパーク	糸魚川市大字外波 903−1	翡翠ふるさと館
106	富山県		細入(ほそいり)	富山市片掛 3−5	マルチギャラリー
107	〃		たいら	南砺市東中江 215	たいら郷土館・五箇山和紙の里
108	〃		うなづき	黒部市宇奈月町下立 687	宇奈月友学館
109	〃		カモンパーク新湊	射水市鏡宮 296	新湊博物館
110	〃		ウェーブパークなめりかわ	滑川市中川原 410	深層水分施設「アクアポケット」・ほたるいかミュージアム

111	石川県	とぎ海街道	羽咋郡志賀町富来領家町甲一3-5	岩壁の母資料展示室
112	〃	ころ柿の里しか	羽咋郡志賀町字末吉新保向10-2	地域の文化館
113	〃	一向一揆の里　せせらぎ	白山市出合町甲36	農村文化伝承館・一向一揆歴史館
114	〃	のとじま	七尾市能登島向田町122-14	石川県能登島ガラス美術館・能登島ガラス工房
115	〃	すず塩田村	珠洲市仁江町1字12-1	奥能登塩田村・揚浜館
116	福井県	九頭竜（くずりゅう）	大野市朝日26-30-1	青葉の笛資料館・穴馬民俗館・郷土資料館
117	〃	名田庄（なたしょう）	大飯郡おおい町名田庄納田終1094-1	暦会館
118	〃	みくに	坂井市三国町山岸67-3-1	らっきょ資料館
119	〃	若狭熊川宿	三方上中郡若狭町熊川11号犁頭1-1	四季彩館資料館
120	山梨県	花かげの郷まきおか	山梨市牧丘町室伏2120	牧丘郷土文化館
121	〃	富士川ふるさと工芸館	南巨摩郡身延町下山1578	富士川陶房、和紙と歌舞伎の館他
122	長野県	小坂田（おさかだ）公園	塩尻市大字塩尻町1090	自然博物館
123	〃	ほっとぱ～く・浅科	佐久市甲2177-1	郷土資料館
124	〃	アルプス安曇野ほりがねの里	安曇野市堀金烏川2696	臼井吉見文学館
125	〃	オアシスおぶせ	上高井郡小布施町大字大島601	千曲川ハイウェイミュージアム
126	〃	雷電くるみの里	東御市滋野乙4524-1	雷電展示室（江戸時代の天下無双の力士）
127	〃	木曽ならかわ	塩尻市大字木曽平沢2272-7	アートギャラリー
128	〃	信州新野千石平	下伊那郡阿南町新野2700	農村文化伝承センター
129	〃	★美ヶ原高原美術館	上田市武石上本入2085-70	野外美術館
130	岐阜県	ラステンほらど	関市洞戸菅谷539-3	ラステンほらど情報館
131	〃	白鳥（しらとり）	郡上市白鳥町長滝402-19	白山文化博物館
132	〃	ロック・ガーデンひちそう	加茂郡七宗町中麻生1176-3	日本最古の石博物館
133	〃	星のふる里ふじはし	揖斐郡揖斐川町東横山264-1	藤橋城・歴史民俗資料館
134	〃	★白川郷	大野郡白川村飯島411	道の駅白川郷合掌ミュージアム・本物の合掌造りを展示
135	〃	★富有柿の里いとぬき	本巣市上保18-2	古墳と柿の館
136	〃	織部の里もとす	本巣市山口676	織部展示館
137	〃	古今伝授の里やまと	郡上市大和町剣164	ギャラリー
138	〃	★日本昭和村	美濃加茂市山之上町2292-1	野外博物館
139	〃	和良	郡上市和良町宮地1155	和良歴史資料館
140	〃	賤母（しずも）	中津川市山口1-14	東山魁夷心の旅路館
141	〃	宙ドーム・神岡	飛騨市神岡町夕陽ヶ丘6	スーパーカミオカンデ展示室
142	静岡県	花の三聖苑伊豆松崎	加茂郡松崎町大沢20-1	大沢学舎・三聖堂会
143	〃	フォーレなかかわね茶茗館	榛原郡川根本町水川71-1	川根茶資料館
144	〃	天城越え	伊豆市湯ヶ島892-6	森林博物館・伊豆近代文学博物館
145	〃	奥大井音戯の郷	榛原郡川根本町千頭1217-2	音の体験ミュージアム
146	〃	開国下田みなと	下田市外ヶ岡1-1	ハーバーミュージアム
147	〃	伊豆のへそ	伊豆の国市田京195-2	伊豆ロケミュージアム
148	愛知県	伊良湖クリスタルポルト	田原市伊良湖町宮下3000-65	やしの実博物館
149	〃	どんぐりの里いなぶ	豊田市武節町針原22-1	古橋懐古館・郷土資料館「ちゅ～ま」
150	三重県	紀宝町ウミガメ公園	南牟婁郡宝町井田568-7	ウミガメ資料館・飼育棟
151	〃	奥伊勢木つつ木館	度会郡大紀町滝原870-37	大宮昆虫館
152	滋賀県	びわ湖大橋米プラザ	大津市今堅田3-1-1	ファーマーズテーブル

153	〃	★ 湖北みずとりステーション	東浅井郡湖北町大字今西1731-1	湖北野鳥センター・琵琶湖水鳥湿地センター
154	大阪府	ちはやあかさか	南河内郡千早赤阪村大字二河原辺7	村立郷土資料館
155	兵庫県	はが	穴栗市波賀町原149	防災資料館メイプルルート29
156	〃	R427かみ	多可郡多可町加美区鳥羽733-1	杉原紙研究所
157	〃	あおがき	丹波市青垣町西芦田541	丹波布伝承館
158	〃	みき	三木市福井2426番地先	金物展示館
159	〃	播磨いちのみや	穴栗市一宮町須行名510-1	郷土芸能展示室
160	〃	東浦ターミナルパーク	淡路市浦648	猫美術館
161	〃	★ 北はりまエコミュージアム	西脇市寺内字天神池517-1	田園空間博物館（地域まるごと博物館）
162	〃	但馬のまほろば	朝来市東町大月字北山92-6	埋蔵文化財センター
163	奈良県	吉野路大塔（おおとう）	五条市大塔町阪本225-6	大塔郷土館
164	〃	ふたかみパーク當麻（たいま）	葛城市新在家402-1	おもちゃ　資料館
165	〃	十津川郷	吉野郡十津川村小原225-1	むかし館
166	和歌山県	みなべうめ振興館	日高郡みなべ町谷口538-1	梅資料展示室
167	〃	紀州備長炭記念公園	田辺市秋津川1491-1	紀州備長炭発見館
168	〃	水の郷日高川龍游	田辺市龍神村福井511	木工館
169	鳥取県	ポート赤碕（あかさき）	東伯郡琴浦町別所255	韓国江原道交流記念碑・日韓友好交流資料館
170	島根県	大社ご縁広場	出雲市大社町修理免735-5	吉兆館
171	〃	広瀬・富田（とだ）城	安来市広瀬町帳775-1	歴史資料館
172	〃	湯の川	簸川郡斐川町大字学頭825-2	花卉展示ハウス
173	〃	シルクウェイにちはら	鹿足郡津和野町池村1997-4	シルク染め織り館
174	岡山県	あわくらんど	英田郡西粟倉村影石418	ギャラリー彩
175	〃	鯉が窪（こいがくぼ）	新見市哲西町矢田3585-1	文化伝習館
176	広島県	リストアステーション	庄原市総領町下領家1-3	光のドーム
177	〃	豊平どんぐり村	山県郡北広島町都志見2609	とよひらウィング
178	〃	アリストぬくまま	福山市沼隈町常石字岩端1805	山本瀧之助記念館
179	〃	ふぉレスト君田（きみた）	三次市君田町泉吉田311-3	はらみちを美術館
180	〃	クロスロードみつぎ	尾道市御調町大田33	図書館
181	山口県	阿武町（あぶちょう）	阿武郡阿武町大字奈古	発祥交流館
182	〃	萩往還公園	萩市大字椿鹿背ヶ坂1258	松陰記念館
183	〃	みとう	美祢郡美東町大字大田字近光5480-1	都市と農村交流の館
184	徳島県	どなり	阿波市土成町宮川内字平間28-2	もてなしの館
185	〃	もみじ川温泉	那賀郡那賀町大久保字西納野4-7	美術館
186	〃	温泉の里神山	名西郡神山町神領字西上角151-1	ギャラリー(2F)
187	〃	藍ランドうだつ	美馬市脇町大字脇町55	吉田邸
188	〃	第九の里	鳴門市大麻町桧字東山田53	賀川豊彦記念館・ドイツ館
189	香川県	瀬戸大橋記念公園	坂出市番の州緑町6-13	瀬戸大橋記念館・ブリッジシアター
190	〃	ことひき	観音寺市有明町3-37	世界のコイン資料館・観音寺市立郷土資料館
191	〃	小豆島ふるさと村	小豆郡小豆島町室生2084-1	手延そうめん館・小豆島町池田現代美術館
192	〃	空の夢もみの木パーク	仲多郡まんのう町追上424-1	二宮忠八飛行館

第Ⅴ章 野外博物館の展望 307

193	〃	滝宮(たきのみや)	綾歌郡綾川町滝宮 1578	綾川町うどん会館
194	〃	うたづ臨海公園	綾歌郡宇多津町浜一番丁4	宇多津町産業資料館
195	〃	大坂城残石記念公園	小豆郡土庄町小海甲909-1	大坂城残石資料館
196	愛媛県	瀬戸農業公園	西宇和郡伊方町塩成乙293	モデル温室
197	〃	★マイントピア別子	新居浜市立川町707-3	鉱山遺跡・産業遺産
198	〃	ふたみ	伊予市双海町高岸甲2326	夕日のミュージアム
199	〃	伊方きらら館	西宇和郡伊方町九町越	伊方原子力発電所ビジターズハウス
200	〃	虹の森公園まつの	北宇和郡松野町大字延野々1510-1	おさかな館
201	〃	小松オアシス	西条市小松町新屋敷乙22-29	石鎚展示館・石鎚写真美術館
202	〃	みま(コスモス館)	宇和島市三間町務田180-1	畦地梅太郎記念美術館・井関邦三郎記念館
203	高知県	四万十(しまんと)大正	高岡郡四万十町大正17-1	大正町郷土資料館
204	〃	ゆすはら	高岡郡梼原町太郎川3799-3	きつつき学習館
205	〃	美良布(びらふ)	香美市香北町美良布1211	アンパンマンミュージアム・詩とメルヘン絵本館・吉井勇記念館
206	〃	キラメッセ室戸	室戸市吉良川町丙890-11	鯨館鯨の郷
207	〃	土佐和紙工芸村	吾川郡いの町鹿敷1226	ギャラリーぽたにか
208	福岡県	うきは	うきは市浮羽町山北729-2	うきはの郷家宝資料館
209	長崎県	生月大橋(いきつきおおはし)	平戸市生月町南免4375-1	平戸市生月町博物館「島の館」
210	〃	みずなし本陣ふかえ	南島原市深江町丁6077	火山学習館
211	〃	彼杵の荘	東彼杵郡東彼杵町彼杵宿郷747-2	歴史民俗資料館
212	〃	遣唐使ふるさと館	五島市三井楽町濱ノ畔3150番地1	万葉シアター
213	熊本県	波野	阿蘇郡波野大字小地野1602	神楽館
214	〃	清和文楽邑	上益城郡山都町大平152	清和文楽館
215	〃	通潤橋	上益城郡山都町下市184-1	矢部町民俗資料館・資料館(通潤橋に関する資料館)
216	〃	★子守唄の里五木	球磨郡五木村甲2672-54	かやぶき古民家
217	大分県	宇目(うめ)	佐伯市宇目大字南田原2513-5	森の学園展示館
218	〃	竹田(たけた)	竹田市大字米納663-1	民工芸館
219	〃	耶馬(やば)トピア	中津市本耶馬渓町曽木2193-1	耶馬渓風物館
220	〃	やよい	佐伯市弥生大字上小倉898-1	番匠おさかな館(河川資料館)
221	〃	★鯛生金山	日田市中津江村合瀬3750	鉱山遺跡
222	佐賀県	★吉野ヶ里	神崎郡吉野ヶ里松隈1710-11	史跡整備(国営吉野ヶ里歴史公園)
223	宮崎県	北浦	延岡市北浦町古江3337-1	塩田・資料館
224	鹿児島県	★奄美大島住用	奄美市住用町大字石原478	マングローブ館
225	〃	おおすみ弥五郎伝説の里	曽於市大隈町岩川5718-1	弥五郎まつり館
226	沖縄県	ゆいゆい国頭(くにがみ)	国頭郡国頭村字奥間1605	民具及び小動物資料館
227	〃	かでな	中頭郡嘉手納町字屋良1026-3	学習展示室

註

1) 1995『鉄の歴史村』鉄の歴史村地域振興事業団

2) 落合知子 2006「重要伝統的建造物群に求められる博物館」『史跡整備と博物館』雄山閣

3) 新井重三 1995『「実践」エコミュージアム入門―21世紀のまちおこし』牧野出版

4) 落合知子 2007「エコミュージアムを考える」『全日本博物館学会ニュース』No.81、全日本博物館学会

5) 文化庁 2000『歴史的集落・町並みの保存』第一法規

6) 註5と同じ

7) 2007『道の駅　旅案内全国地図　平成19年度版』道路整備促進期成同盟会全国協議会

8) 落合知子 2008「道の駅博物館の研究」『全国大学博物館学講座協議会紀要』第10号、全国大学博物館学講座協議会

9) 註7と同じ

10) 落合知子 2005「廃校利用の収蔵展示施設」『全日本博物館学会ニュース』No.74、全日本博物館学会

11) 特定非営利活動法人 2007『北はりま田園空間博物館　まるごとガイド』北はりま田園空間博物館

12) 註11と同じ

13) 註2と同じ

14) 山形耕一 1995『建築設計資料　53道の駅』地域交流センター　建築思潮研究所編、建築資料研究社

15) 註2と同じ

16) 青木　豊 2008「道の駅と博物館―道の駅付属博物館に関する一考察―」『全国大学博物館学講座協議会紀要』第10号、全国大学博物館学講座協議会

終　章

　第Ⅰ章の野外博物館学史は、直截に我が国の博物館学史でもあり、この学史研究の中で用語としての「野外博物館」の使用は、明治45年に南方熊楠が白井光太郎に宛てた書簡がその濫觴であることを確認した。大博物学者であった南方の「野外博物館」とは、神林つまり神社の社叢そのものであった。南方自身は北欧に広がりをみせた野外博物館を実際に見ることはなかったが、北欧の野外博物館を日本の社叢と捉えた着眼は卓越した発想と言える。何故ならば、100年近く経った今、野外博物館を再考するならば、野外博物館の概念は取りも直さず南方の論じた自然そのものが基本となっているからである。

　また学史研究の中で「博物館学」の語の使用は、明治44年の黒板勝美によることを発見した。黒板は実際に北欧の野外博物館を見聞し、野外博物館についての学問的考察に先鞭をつけた。博物館学的著書として考えられる『西遊弐年欧米文明記』には、「野外博物館」そのものの訳語は見られないものの、スウエーデンのスカンセンやノルウェーのビグドーが詳述され、ローマは町全体が博物館や美術館であると論じた。まさに「町ぐるみ博物館」「屋根のない博物館」といった現代の野外博物館的思想も含まれていたのである。さらに特筆すべきは、博物館を伴わない史跡整備への批判と郷土保存を強く訴えたことである。

　棚橋源太郎に至っては「野外博物館」の訳語こそ見られないものの、野外博物館論はさらに充実したものとなっていった。史蹟名勝天然紀念物・歴史的建造物等は原地での保存が望ましく、また動植物もそれらが生息している原地で実際に観察すれば、その教育効果は比較にならないと論じた。さらに実見したスカンセンを理想の民俗園とし、強く魅了されたことはその文面からも容易に読み取ることができるのである。つまり、生活そのものを展示することにより、臨場感のある展示が可能になることを説いたのである。棚橋の考察において特記すべき事項は、スカンセンに複製展示が含まれていることを看破している点

である。ハセリウスによる二次資料展示の意図までは論じていないが、その博物館学的な洞察力はまさに「博物館学の父」たる所以であろう。

そして我が国の野外博物館建設を具現化させたのが澁澤敬三であった。小規模ながらも、「武蔵野民家」を我が国初の野外展示「オープンフィールドミュージアム」第一号展示物として実現させたのである。澁澤はその生涯、常民生活の史料収集と保存、さらに博物館の建設に尽力した。中でも澁澤が意図した野外博物館は単に建物を移築しただけのものではなく、スカンセンのように生活そのものを再現させようとしたのであった。さらには、福澤諭吉の博物館学的思想が非常に強いものであったことを提唱し、野外展示の記述を確認できたのは、学史に重点を置いた故と考える。

第Ⅱ章の野外博物館の成立過程を考察する中で、世界最古の野外博物館を設立したアートゥル・ハセリウスの複製展示の理念を明確にすることができたのは、現地調査による結果と言える。博物館学は机上の学問ではないことは言うまでもないが、特に野外博物館においてはその特性は顕著であり、全国津々浦々の地道な調査を積んだことにより、地域文化資源の保存と活用はそれらを野外博物館化することが最良の方策であることを提案することができた。さらにそれは単に保存するだけでは野外博物館には成り得ず、核となる情報発信を行なう博物館を設置して初めて野外博物館として完成することを提唱したのである。

また、世界の野外博物館を調査した結果、韓国の代表的野外博物館である韓国民俗村は、完成度の高い野外博物館であることを確認した。野外博物館は郷土博物館であり、当該地域の人々にとってはふるさとの確認が出来得る場であることが野外博物館の役割であると考える。韓国民俗村は韓国の人々の憩いの場であり、ふるさとを確認する場となっており、さらには教育諸活動が盛んに行なわれ、躍動感溢れる野外博物館になっていることからも完成度の高い野外博物館と言えるのである。

野外博物館の条件と教育性

第Ⅲ章では新井重三の理論の見直しを図った結果、野外にある多くの事象が野外博物館に成り得ることが明らかになり、それには核となる博物館が必要で

あることを提唱した。

　つまり、野外博物館は環境景観といった風土を移設・再現した野外展示空間を有するもので、自然系と人文系の両者を併せ持ち、総合博物館へと昇華したものでなければならないのである。それと同時に核となる博物館を有し、その核は野外展示と関連した、つまり野外展示を集約したものでなければならないという特質を持つものであることを論じた。

　さらに、野外博物館はその地域の文化・自然を併せ持った風土の核となり、その風土を形成する基盤要素である植物を展示に取り組めるのは唯一野外博物館のみであり、通常の博物館では成し得ない要件であることを論じた。青木豊が「史跡整備に於ける博物館の必要性」（2006『史跡整備と博物館』雄山閣）の中で、史跡整備を野外博物館として捉え、遺跡の時代・性格に関連する学術情報伝達を目的とする植栽の必要性を指摘している。つまり、野外博物館の基盤となる植栽展示空間は、その地域の風土の縮図であり、現代社会においてのふるさとを決定付ける最大の要因なのである。さらに植物のみならず、水や石の配置、動物を飼育展示することにより、野外全体により一層の動感、臨場感、実在感が加わることを述べた。

　従来の野外博物館の分類は現地保存型、移設収集型の二分類であったのに対し、筆者は新たに復元・建設型を分類基準に設定し、原地保存型、移設・収集型、復元・建設型の３つに分類を試みることで、より明確な野外博物館の把握を可能とした。その一方で、重要伝統的建造物群、湿原、文化的景観、世界遺産というように、自然空間と歴史空間をも野外博物館として取り入れ、いろいろな角度からの考察を試みることにより、野外に存在する多くの事象が野外博物館に成り得ることを提案したのである。これらは野外を展示空間とすることを共通の特色とし、そのもの自体が野外展示物であり、野外博物館を構成しているものである。そして今後も増加が見込まれるもので、この文化・自然遺産を保存活用するのは野外博物館しかないのである。さらにその核となる博物館の設置の必要性は言うまでもない。

　以上のように、新たな分類の確立と新規の文化財の活用を提案できたことが本研究の一番大きな成果と考える。

　また、野外博物館の教育活動の特性は、野外を利用した、野外であるが故に

可能となる教育諸活動であることを展開した。「野外博物館」は室内に持ち込めない資料や野外でなければならない資料を展示することができ、さらに室内ではできなかったことが野外では可能となることを述べた。したがって、ワークショップの幅も広がってくるであろう。例えば、土器作り、勾玉作りも野外で行なうことでより一層の臨場感と達成感を得ることができる。栗拾いや昆虫採集、飼育展示された動物たちとのふれあいを通じて、子どもたちの自然教育や情操教育も育むことが期待できる。何よりも"ふるさと"の発見が可能なのである。つまり、郷土の文化・風土・芸術・歴史をまるごと体験できるのが「野外博物館」であろう。したがって、今日の沈滞とも言える郷土博物館の活性化の第一歩は、野外博物館にすることであると考えるのである。

　世界で初めて開館した野外博物館であるスカンセンは、その設立目的が郷土の保存であった。120年経った今もハセリウスの理念は引き継がれ、地元の人々の憩いの場となっている。かつて黒板勝美が観たスカンセンと今も大きな差はなく、当時と同じ情景を保っていると考えられる。特別な催しを行なわなくても何度も訪れたい博物館、集客力の強い博物館である。北欧圏の博物館は共通して市民の中の博物館になっていると言えるのである。

野外博物館の展望

　我が国の野外博物館の概念は、古民家を全国から移設・収集した川崎市立民家園や大阪の日本民家集落博物館や犬山市に所在する博物館明治村等が一般的に代表とされているが、本書の論攷でも明確であるように、これらは必ずしも本来の生涯教育施設として完成された野外博物館の姿ではないと考えられる。

　今後の我が国における野外博物館は、完成された郷土博物館としての役割を果たすことが望まれる。広義の日本の文化を学び、狭義の地域文化をも学べる野外博物館をさらに充実したものとするならば、子どもたちの教育の内容の幅も広がるであろう。博学連携が叫ばれている社会において、その役割を果たすことが可能なのが野外博物館なのである。

　つまり、基本的な野外博物館は郷土博物館でなければならないのである。野外博物館イコール郷土博物館であり、郷土博物館は野外博物館でなければならないと考える。すなわち、展示及び教育諸活動の空間を野外に置く博物館こそ

が野外博物館なのであり、それに加えてガイダンス施設空間、核となる建物内の博物館が必要となる。さらに、この屋内での情報伝達と野外の展示が連動することが重要であり、連動して初めて野外博物館となるものと考えるのである。

野外の展示、教育諸活動空間を形成する屋外空間の構成物は、すべて地域文化資源であることに意義があり、換言すれば、植物、岩石、建築物、構築物、大型資料等のすべてがそれぞれ地域文化資源でなければならない。何故ならば、野外博物館は考古・歴史・民俗・信仰・芸能等といった資料の保存と活用に留まるものではなく、自然及び人文のあらゆる地域文化資源の保存と活用を展開する場なのである。したがってそれは郷土、則ちふるさとの縮図であらねばならないのである。郷土博物館が具備せねばならない郷土の資料、文化の保存と伝承・活用は当該地域の住民にとってはふるさとの確認なのである。

それ故に、前述した日本民家集落博物館や博物館明治村等では、郷土博物館が有さねばならない基本理念は薄れるのである。つまり、ふるさとの集約は野外博物館でしか出来得ないものと考え、完成された郷土博物館とは野外部を有する野外博物館であることが、我が国の郷土博物館の将来像と考えられるのである。

当然この場合の野外部は原地保存型であることが第一義であり、当該地域（郷土）を代表する風土的特質の地が占地の第一理由とならねばならない。次いでは、郷土の生活的・文化的核である神社や統廃合により廃校になった小学校・旧役場等を含めたエリアが野外博物館の地として好ましい。更に加えて第Ⅴ章で前述した「道の駅」と連携させることによって、博物館利用人口は増加するものと予想されるのである。

道の駅博物館の研究は野外博物館のみならず、博物館学としても新たな試みであり、さらなる今後の調査研究が必要とされる。この道の駅博物館こそが郷土博物館に成り得る要素を多く持つものであり、郷土博物館としての役割を果たす必要性があると考える。道の駅はその地域文化の情報発信の場という性質を持ち、その地域の特色ある博物館施設が設置されていることが多い。したがって地域に深く関わりのある密着した内容の展示が多く、文化の伝承、情報伝達の場として非常に価値の高いものと言える。このようなことから郷土博物館としての役割を充分果たし得る施設であり、内容の充実を図る必要が求められる

のである。

　この道の駅博物館を「もの」・「ひと」・「ば」の博物館を構成する基本要件に当て嵌めた場合、「ば」はすでに確保されている。それも郷土博物館に相対的にありがちな集客能力の乏しい「ば」ではなく、交流人口も期待できる優れた「ば」であることは確認した通りである。したがって、問題要件となるのは先ず、「ば」を運営する「ひと」であり、この専門知識を有する学芸員の必要性を説いた。次に「もの」に関しては、郷土資料館の設立理念と道の駅の設立理念は根底において共通することは明確にした通りで、当該理論に沿う「もの」即ち資料が必要であることを結論付けたのである。今後はさらに道の駅博物館の調査・分類を図り、博物館としての位置付けがなされ、学芸員の配置が求められるような理論構築をしなければならない。

　本著は、2009年雄山閣から上梓した『野外博物館の研究』に加筆し、2010年9月にお茶の水女子大学で鷹野光行教授を主査として、他4名の先生方から博士の審査を受けた論文である。今回改定増補版として雄山閣のご厚意により出版するものである。

初出一覧

第Ⅰ章

「野外博物館研究小史」『國學院大學博物館学紀要』第 30 輯　2005

第Ⅱ章

第 1 節　「日本人が範とした北欧の野外博物館」『國學院大學博物館学紀要』第 33 輯　2008

第 2 節　「野外博物館の歴史」『國學院大學博物館学紀要』第 31 輯　2006

第 3 節　「我が国最初の登録野外博物―宮崎自然博物館の成立とその社会的背景」『國學院雑誌』第 113 巻第 8 号　2012

第Ⅲ章

第 1 節　「野外博物館の概念」『全国大学博物館学講座協議会研究紀要』第 9 号　2006

第 2 節　『野外博物館の研究』雄山閣　2009

第 3 節　『野外博物館の研究』雄山閣　2009

第Ⅳ章

第 1 節　『野外博物館の研究』雄山閣　2009

第 2 節　「野外博物館研究―韓国民俗村・安東河回マウルの事例より―」『國學院大學博物館学紀要』第 29 輯　2004

第Ⅴ章

第 1 節　「エコミュージアムを考える」『全日本博物館学会ニュース』No. 81　2007

第 2 節　「重要伝統的建造物群に求められる博物館」『史跡整備と博物館』2006

第 3 節　「道の駅野外博物館の研究」『國學院大學博物館学紀要』第 32 輯　2007

終　章

新原稿

野外博物館関連文献目録

野外博物館

青木　豊 1993「野外博物館の現状と展望」『國學院雑誌』第 94 巻、第 3 号、國學院大學

浅野　清 1964「北欧の民家博物館」『民俗』第 28 号、日本民家集落博物館

網干善教 1992「野外博物館構想」『全国大学博物館学講座協議会研究紀要』第 2 号

新井重三 1956「野外博物館」『博物館学入門』理想社

新井重三 1964「学校岩石園（地学園）の計画と設置の研究」『博物館研究』第 37 巻、6・7 号合併号

新井重三 1979「地域における公立自然史博物館の建設と活動−エメラルドネックレスを例として−」『博物館学雑誌』第 3 巻、第 4 巻合併号　全日本博物館学会

新井重三 1982『史跡と自然の融合について』千葉市史跡整備基本構想委員会

新井重三 1983「野外博物館と総合博物館について」『史跡整備の方法』千葉県教育委員会

新井重三 1984「野外博物館の概念と分類」『コンセルボ』第 6 号、文化財保存計画協会

新井重三 1985「野外博物館と野外展示について」『千葉市史跡整備基本計画』千葉市

新井重三 1986「加曽利貝塚の総合野外博物館構想」『加曽利貝塚博物館 20 周年記念誌』加曽利貝塚博物館

新井重三 1986「野外博物館総説（試案）丹青研 MDM」『GAZETTE』第 1 巻、6 号、丹青総合研究所

新井重三 1989「野外博物館総論」『博物館学雑誌』第 14 巻、第 1 号

石原憲治 1977「ヨーロッパの野外ミュージアムの国際組織について」『民俗建築』第 72 号、日本民俗建築学会

伊藤延男 1978「これからの博物館−4−日本における野外博物館と町並み保存地区について」『博物館研究』第 13 巻、第 1 号

江水是仁 2006「屋外展示民家における来館者の観覧行動に関する研究」『日本建築学会計画系論文集』第 609 号、日本建築学会

江水是仁 2006「屋外展示民家における来館者の観覧行動に関する研究」『博物館学雑誌』第 32 巻、第 1 号

太田邦夫 1988『ヨーロッパの民家』丸善

太田邦夫 1993「座談会、野外博物館の今日的役割」『リトルワールド』第 54 号、
　野外民俗博物館リトルワールド

大貫良夫 1978「館長対談、野外博物館のビジョン」『月刊みんぱく』第 2 巻、10 号、
　国立民族学博物館

小川正賢 2000『「地域」の教育力を生かす総合的学習・河川流域の自然・風土・文
　化の野外博物館化』文部省科学研究費補助金研究成果報告書

落合知子 2000「古都鎌倉の文化財保護の現状と課題－世界遺産登録に向けて－」『國
　學院大學博物館学紀要』第 24 輯、國學院大學博物館学研究室

落合知子 2002「重要伝統的建造物群の調査報告（1）港町、島・山村集落の調査報
　告」『國學院大學博物館学紀要』第 26 輯、國學院大學博物館学研究室

落合知子 2004「世界遺産モン・サン・ミッシェルの一考察－フランスの博物館・
　美術館事情－」『國學院大學博物館学紀要』第 28 輯、國學院大學博物館学研究
　室

落合知子 2005「野外博物館研究－韓国民俗村・安東河回マウルの事例より－」『國
　學院大學博物館学紀要』第 29 輯、國學院大學博物館学研究室

落合知子 2006「野外博物館の概念」『全国大学博物館学講座協議会研究紀要』第 9 号、
　全国大学博物館学講座協議会

落合知子 2006「野外博物館研究小史」『國學院大學博物館学紀要』第 30 輯、國學
　院大學博物館学研究室

落合知子 2006「重要伝統的建造物群に求められる博物館」『史跡整備と博物館』雄
　山閣

落合知子 2007「野外博物館の歴史－我が国に「野外博物館」を初めて紹介した南
　方熊楠の野外博物館について－」『國學院大學博物館学紀要』第 31 輯　國學院
　大學博物館学研究室

落合知子 2008「道の駅野外博物館の研究」『國學院大學博物館学紀要』第 32 輯
　國學院大學博物館学研究室

落合知子 2009「日本人が範とした北欧の野外博物館」『國學院大學博物館學紀要』
　第 33 輯、國學院大學博物館学研究室

加藤有次 1971「野外博物館と文化財保護」『博物館研究』第 45 巻、第 1 号

菊池重朗 1976「野外博物館スカンセン－上－」『博物館研究』第 11 巻、第 9 号

菊池重朗 1976「野外博物館スカンセン－下－」『博物館研究』第 11 巻、第 11 号

木村英明 2006「北欧の野外博物館・大学博物館・船の博物館」『札幌大学学芸員課
　程年報』第 5 号、札幌大学

木場一夫 1948「自然研究と路傍博物館」『新科学教育の課題』明治図書出版

木場一夫 1949『新しい博物館』日本教育出版社

後藤守一 1931『欧米博物館の施設』帝室博物館

杉本尚次 1972「ヨーロッパの野外民家博物館訪問記」『季刊人類学』第3巻、第1号、講談社

杉本尚次 1977「市民のふるさとスカンセン」『季刊民族学』第1号、千里文化財団

杉本尚次 1978「野外歴史博物館」『世界博物館シリーズ』14、講談社

杉本尚次 1978「フィールドに息づく民家と村落の伝説」『世界の博物館シリーズ』No.14、講談社

杉本尚次 1979「ヨーロッパの民俗学・民族学博物館－1978年夏の訪問記録から－」『国立民族学博物館研究報告』第4巻、第3号、国立民族学博物館

杉本尚次 1980「ヨーロッパ民家の民族学的、地理学的研究－野外博物館の民家を中心として－」『国立民族学博物館報告』第5巻、第2号、国立民族学博物館

杉本尚次 1981『民家と民具、ふるさとの博物館』講談社

杉本尚次 1985「野外博物館の展示－ヨーロッパの事例を中心に－」『展示学』第2号、日本展示学会

杉本尚次 1986「ヨーロッパの野外博物館－その民族学的・地理学的研究－」『国立民族学博物館研究報告』第11巻、第1号、国立民族学博物館

杉本尚次 1986「ドイツの民家－野外博物館を中心に－」『人文地理学の視圏』大明堂

杉本尚次 1988「野外博物館のたのしみ」『アスティオン』第7号、TBSブリタニカ

杉本尚次 1989「野外博物館における展示の動向－アメリカ編－」『展示学』第8号、日本展示学会

杉本尚次 1991「産業遺跡の野外博物館」『月刊みんぱく』第15巻、第5号、国立民族学博物館

杉本尚次 1992『アメリカの伝統文化－野外博物館ガイド－』三省堂

杉本尚次 1993「韓国の伝統文化－民俗村を訪ねて－」『まちなみ』第17巻、1号、大阪建築士事務所協会

杉本尚次 1998「民家の保存・再生・活用－民家野外博物館を中心として（山村サミット報告）－」『民俗建築』第113号、日本民俗建築学会

杉本尚次 1999「野外博物館のパイオニア～ヨーロッパ民家の旅Ⅱ（3）」『千里眼』第66号、千里文化財団

杉本尚次 1999「スウェーデン南部紀行－ヨーロッパの民家の旅Ⅱ（4）」『千里眼』第67号、千里文化財団

野外博物館関連文献目録　319

杉本尚次 2000『世界の野外博物館　環境との共生をめざして』学芸出版社

杉本尚次 2000「ヨーロッパの野外博物館～その民俗学的・地理学的研究（第三報）」『関西学院史学』第 27 号、関西学院大学

杉本尚次 2004「北米における野外博物館の発達とその特色」『大阪人間科学大学紀要』第 3 号、大阪人間科学大学／大阪人間科学大学学術研究委員会

須山義幸 1974「ヨーロッパの野外民家博物館」『都市住宅』第 83 号、鹿島出版会

鷹野光行 1986「野外博物館の効用：遺跡を活用する視点から」『お茶の水女子大学人文科学紀要』第 37 巻、お茶の水女子大学

鷹野光行 2000「館種別博物館の役割と使命　野外博物館」『新版博物館学講座　第 3 巻　現代博物館論－現状と課題－』雄山閣

棚橋源太郎 1930「米國に於ける路傍博物館について」『教育研究』第 354 号、初等教育研究会

棚橋源太郎 1930「米國に於ける路傍博物館について」『博物館研究』第 3 巻、5 号、博物館事業促進会

棚橋源太郎 1930『眼に訴へる教育機関』寶文館

棚橋源太郎 1948「国立公園の戸外教育施設」『博物館研究』復興第 2 巻、1 号、日本博物館協会

棚橋源太郎 1949『博物館』三省堂

棚橋源太郎 1949『世界の博物館』大日本雄辯會講談社

棚橋源太郎 1957『博物館・美術館史』長谷川書房

棚橋源太郎 1959「自然園の教育利用について」『博物館研究』第 32 巻、4 号、日本博物館協会

鶴田総一郎 1960「日本の博物館の状況について」『博物館研究』Vol33

土井卓治 2000「野外博物館の成立」『岡山民俗』第 214 号、岡山民俗学会

鳥越憲三郎 1974「日本民家集落博物館開設への経緯」『民具マンスリー』第 7 巻、1 号、神奈川大学日本常民文化研究所

長倉三郎 1974「飛騨民俗村」『民具マンスリー』第 7 巻、1 号、神奈川大学日本常民文化研究所

中谷哲二 2002「天理にあった合掌造り民家－ある野外博物館的施設の軌跡－」『天理参考館報』第 15 号、天理大学附属天理参考館

中村泰三 1976「ソ連・東欧の野外博物館」『人文研究』28 巻、2 号、大阪市立大学文学部

日本建築学会 1976「野外博物館」『建築雑誌』第 91 巻（通号 1107）、日本建築学会

日本博物館協会 1978 『野外博物館総覧　1978』日本博物館協会

野村　崇 2000「館種別博物館機能論　野外博物館」『新版博物館学講座　第 4 巻　博物館機能論』雄山閣

濱田青陵 1922 『通論考古学』雄山閣

濱田青陵 1929 『博物館』ARS

藤島亥治郎 1978「野外博物館展示の家」『野外博物館総覧』日本博物館協会

藤山一雄 1939 『国立中央博物館時報』国立中央博物館

藤山一雄 1939 『満洲帝国国立中央博物館論叢』国立中央博物館

藤山一雄 1940 『満洲民族図録』国立中央博物館

藤山一雄 1940 『新博物館態勢』満日文化協会

藤山一雄 1942「小型地方博物館の組立て」『国立中央博物館時報』第 16 号、国立中央博物館

藤山一雄 1944「満州国立中央博物館態勢」『博物館研究』第 17 巻、第 14 号

古江亮仁 1974「日本民家園について」『民具マンスリー』第 7 巻、1 号　神奈川大学日本常民文化研究所

古江亮仁 1996 『日本民家園物語』多摩川新聞社

文化財保存計画協会 1984「特集　野外博物館」『コンセルボ』第 6 号、文化財保存計画協会

堀込憲二 1988「エメラルド・ネックレスとトレイルサイド・ミュージアム」『GAZETTE』第 3 巻、4・5 号、丹青総合研究所

三野紀雄 1999「第 6 章　総合博物館と野外博物館」『博物館学シリーズ 2　博物館資料論』樹村房

三輪修三 1999「館種別博物館の企画運営　野外博物館」『新版博物館学講座　第 12 巻、　博物館経営論』雄山閣

守屋　毅 1988「ニューイングランドの野外博物館」『季刊民族学』第 45 号、国立民族学博物館

矢島國雄 1991「野外博物館における民俗文化の保存と教育《スカンセンとプリマス・プランテーション》」『明治大学 MUSEOLOGIST』第 6 巻、明治大学学芸員養成課程

矢島國雄 1991「野外博物館の原点」『放送大学教材博物館学 II—博物館の仕事』放送大学教育振興会

矢野和之 1984「野外博物館のめざすもの」『コンセルボ』第 6 号、文化財保存計画協会

山本寿寿雄 1965「公園博物館における野外解説について〜自然研究路を中心とし

て～」『博物館研究』第 38 巻、12 号、日本博物館協会

エコミュージアム

足利亮太郎 2007「特別の歴史や環境のある「村」まるごと博物館の村」新評論
　　1974 「Ecomuseum（環境博物館）」『全科協ニュース』第 4 巻 8 号　全国科学
　　博物館協議会

淺野敏久 2005「エコミュージアムというボランティア」『Musa 博物館学芸員課程
　　年報』第 19 号　追手門学院大学博物館学研究室

淺野敏久 2005「地域を学ぶ場としてのエコミュージアム」『地理』第 50 巻、12 号（通
　　号 605）、古今書院

朝日町エコミュージアム研究会 1992『エコミュージアム：地球にやさしい朝日町
　　から』国際エコミュージアムシンポジウム実行委員会

天野　真 1997「天然記念物整備活用事業「杉沢の沢スギ」一設計者の立場から（天
　　然記念物の活用－エコ・ミュージアム事業）」『月刊文化財』第 408 号、第一法規

新井重三 1987「エコミュージアムとその思想」『丹青』第 6 巻、10 号、丹青総合
　　研究所

新井重三 1987「ECOMUSEUM（エコミュージアム）丹青研 MDM」『GAZETTE』
　　第 2 巻、3 号　丹青総合研究所

新井重三 1988「野外博物館に突然変異：エコミュージアム」『Museum Date』第 5 号、
　　丹青総合研究所

新井重三 1993「自然公園型エコミュージアム」『自然公園』第 514 号、国立公園協会

新井重三 1995『「実践」エコ・ミュージアム入門－21 世紀のまちおこし』牧野出版

池田　啓 1997「天然記念物保護の新たな展開－天然記念物エコ・ミュージアム事業」
　　『月刊文化財』第 408 号、第一法規

石川宏之 1997「博物館運営における行政の支援と住民の役割－ブレス・ブルギニョ
　　ン・エコミュゼの場合－」『明治大学 Museum Study』第 8 号、明治大学学芸員
　　養成課程

石川宏之 2000「エコミュージアムにおける社会的役割と住民参加のあり方に関す
　　る考察」『日本ミュージアム・マネージメント学会研究紀要』第 4 号、日本ミュー
　　ジアム・マネージメント学会

岩橋恵子 1995「フランスのエコミュージアム－協同体としての博物館運動」『月刊
　　社会教育』第 39 巻 9 号、国土社

大原一興 1999『エコミュージアムへの旅』鹿島出版会

大原一興 2004「エコミュージアムで地域を学ぶ」『建築とまちづくり』第 323 号、
　　新建築家技術者集団

大原一興 2004「エコミュージアムとまちづくり」『国づくりと研修』第 103 号、全国建設研修センター

大原一興 2006「都市におけるエコミュージアムの展望」『CEL』第 76 号、大阪ガスエネルギー・文化研究所

加藤有次 1994「ECOMUSEUM と博物館学の問題」『国府台』第 5 号、和洋女子大学文化資料館

加藤由美子 1997「エコミュージアム」『博物館の創造』第 1 巻、東京大学大学院教育学部研究科

金森俊行 1997「みさくぼ地域まるごと博物館計画」『月刊文化財』第 408 号、第一法規

金長信明 2000「フランス・ベルギーエコミュージアム見聞録」『沼南町史研究』第 6 号、沼南町教育委員会

神志那良雄 2000『科学・技術教育に対応した地域生涯学習システムの開発 - エコミュージアムとマルチメディアを活用して』文部省科学研究費補助金研究成果報告書

神田 優 2005「島が丸ごと博物館（ミュージアム）：持続可能な里海づくりにむけて」『Musa 博物館学芸員課程年報』第 19 号、追手門学院大学博物館学研究室

広域関東圏産業活性化センター 1994『エコミュージアムあしおの創造：足尾地域開発基本構想策定調査報告書』広域関東圏産業活性化センター

小松光一 1999『エコミュージアム 21 世紀の地域おこし』家の光協会

滋賀県湖北地域振興局地域振興課 2003『湖北エコミュージアム地域資源データファイル』滋賀県湖北地域振興局地域振興課

滋賀県政策調整部企画調整課 2004『湖国まるごとエコ・ミュージアムづくり』滋賀県政策調整部企画調整課

進士五十八 2000『川崎・多摩川エコミュージアム構想をモデルとした市民・企業・行政・専門家におけるパートナーシップ型地域づくりに関する調査研究』とうきゅう環境浄化財団

鷹野光行 2003「エコミュゼと生涯学習」『博物館実習報告』第 18 号、お茶の水女子大学学芸員課程

橘昌 信 1995「エコミュージアムと地域の活性化」『別府大学博物館研究報告 1994』第 16 号、別府大学博物館学課程

丹青研究所 1993『Ecomuseum：エコミュージアムの理念と海外事例報告』丹青研究所

丹青総合研究所 1992「フランスのエコミュージアム」『Museum Date』第 8 号、

丹青総合研究所

鶴田総一郎 1974「博物館も進化する－ Ecomuseum,Dynamuseum, Fragment Museum,and mini・museum －」『全科協ニュース』第 4 巻 6 号、全国科学博物館協議会

日本エコミュージアム研究会 1997『エコミュージアム・理念と活動－世界と日本の最新事例集－』牧野出版

農村環境整備センター 2000『北欧の農村地域におけるエコミュージアム調査報告書』農村環境整備センター

馬場憲一 1997「地域社会における文化遺産の保存と活用」『学芸研究紀要』第 13 集、東京都教育委員会

橋間友則 2007「エコミュージアムと「誌的な場所」」『東アジアのなかの日本文化に関する総合的な研究』東北芸術工科大学東北文化研究センター

橋本博文 2007「考古学からみた佐渡の魅力とエコミュージアム構想」『佐渡を世界遺産に』新潟日報事業社

福田珠己 1997「地域文化再生の場エコミュージアム - 新しい博物館づくりをめぐって」『地域文化を生きる』大明堂

福田珠己 2000「空間の表現、時間の表現－エコミュージアム再考のための覚書－」『博物館史研究』第 10 号、博物館史研究会

藤原道郎 1996「フランスのエコミュージアム」『徳島県立博物館研究報告』第 6 号、徳島県博物館

深見　聡 2007「旧中心市街地におけるエコミュージアムづくりの試み」『地域総合研究』第 34 巻、第 2 号、鹿児島国際大学附属地域総合研究所

松本まるごと博物館構想策定委員会　2000『松本まるごと博物館構想』松本市

三橋俊雄 2004『過疎化高齢化地域の活性化に向けたエコ・ミュージアム概念の構築と実践』文部科学省科学研究費補助金研究成果報告書

民族自然誌研究会　1999「特集　実践レポート　これまでになかった新しい博物館　エコミュージアム」『エコソフィア』第 4 号、（株）昭和堂

森　隆男 2005「エコミュージアム」『博物館学ハンドブック』関西大学出版部

森田勇造 1995「野外文化教育の展開－自然と文化と心の発見－」『楽しい学級経営』第 115 巻、明治図書出版

地域文化

愛沢伸雄 2007「戦争遺跡を活用した『地域まるごと博物館』構想」『月刊社会教育』第 51 巻、第 6 号、（通号 620）国土社

青木　豊 2008「道の駅と博物館－道の駅付属博物館に関する一考察」『全国大学博

物館学講座協議会研究紀要』第10号、全国大学博物館学講座協議会

伊藤正敏 1992「博物館と文化財保護」『和歌山市立博物館研究紀要』第7号、和歌山市立博物館

井上萬壽蔵 1960「観光施設としての博物館」『MOUSEION』第5号、立教大学社会教育講座

上田　耕 2006「知覧フィールドミュージアム事業の展開」『博物館研究』第41巻、第8号、日本博物館協会

植野浩三 2006「世界遺産と博物館の役割」『文化財学報』第23・24集、奈良大学文学部文化財学科

内山大介 2007「博物館における「郷土」・「地域」とその展示−「総合」という視角の系譜」『歴史民俗資料学研究』第12号、神奈川大学大学院歴史民俗資料学研究科

太田博太郎 1981『歴史的風土の保存』彰国社

荻野昌弘 2002『文化遺産の社会学　ルーブル美術館から原爆ドームまで』新曜社

尾上　薫 2007「房総フィールド・ミュージアムを活用した環境教育」『千葉工業大学プロジェクト研究年報』第4号、千葉工業大学附属総合研究所

加藤康子 1999『産業遺産「地域と市民の歴史」への旅』日本経済新聞社

角野幸博 1996「まちづくりと文化施設」『ミュージアムマネージメント』東京堂出版

神奈川大学日本常民文化研究所 1986「特集　地域博物館を考える」『民具マンスリー』第19巻、5号（通号221）、神奈川大学日本常民文化研究所

亀井伸雄 1975「歴史風土的景観について」『都市計画』第83号、日本都市計画学会

岸井隆幸 2005「景観法による環境保全の可能性」『月刊文化財』第503号、第一法規

木原敬吉 1982『歴史的環境』岩波書店

空間通信 2005『レトロの集客活性力　流通・文化施設・町おこし・観光・交通機関等からの検証』空間通信

工藤圭章 2002「歴史的文化遺産の保全と活用」『公園緑地』第63巻、第2号、日本公園緑地協会

黒田乃生 2006「文化財としての文化的景観の保護と博物館に期待する役割」『博物館研究』第41巻、第8号、日本博物館協会

古池晋禄 2006「公有化された歴史的建造物の整備をとりまく課題」『史跡整備と博物館』雄山閣

古池晋禄 2007「歴史的建造物の活用に関わる基本方針の選択傾向」『國學院大學博物館学紀要』第 31 輯、國學院大學博物館学研究室

後藤和民 1979「文化財と博物館　文化財保護と博物館」『博物館学講座第 4 巻　博物館と地域社会』雄山閣

後藤守一 1932「郷土博物館の施設」『博物館研究』第 5 巻、6 号、日本博物館協会

柴田敏隆 1979「文化財と博物館　自然保護と博物館」『博物館学講座　第 4 巻　博物館と地域社会』雄山閣

上越市創造行政研究所 2002『歴史的建造物の保存と活用に関する調査報告書 - 歴史的な建物と景観を活かしたまちづくりへ向けて -』上越市創造行政研究所

棚橋源太郎 1928「地方博物館問題」『期民』第 23 編、第 11 号、報徳会

棚橋源太郎 1930「郷土博物館問題」『博物館研究』第 3 巻、1 号、博物館事業促進会

棚橋源太郎 1931「瑞典の郷土博物館に就いて」『教育研究』第 370 号、初等教育研究会

棚橋源太郎 1931「郷土博物館問題」『郷土 - 研究と教育 -』第 6 号、刀江書院

棚橋源太郎 1932『郷土博物館』刀江書院

棚橋源太郎 1932「郷土博物館と社会教育」『博物館研究』第 5 巻、3 号、日本博物館協会

棚橋源太郎 1932「郷土博物館の本質と職能」『博物館研究』第 5 巻、4 号、日本博物館協会

棚橋源太郎 1932「郷土博物館に関する諸問題」『博物館研究』第 5 巻、8 号、日本博物館協会

棚橋源太郎 1933「公民教育と郷土博物館」『公民教育』第 3 巻、第 8 号、帝国公民教育協会

棚橋源太郎 1941「郷土博物館の諸問題」『博物館研究』第 14 巻、12 号、日本博物館協会

棚橋源太郎 1947「郷土博物館の将来」『教育と社会』第 4 巻、第 7 号、社会教育連合会

棚橋源太郎 1990『郷土博物館　博物館基本文献集　第 2 巻』大空社

鶴田総一郎 1984「郷土資料館の今日的意義と役割（公民館・図書館・博物館）」『社会教育』第 39 巻、5 号、全日本社会教育連合会

土屋敦夫 1992「歴史的まちなみの保存と都市景観」『都市問題研究』第 44 巻、1 号、都市問題研究会

中村賢二郎 1998「文化財建造物の景観保護について」『別府大学紀要』通号 40、

別府大学会

日本博物館協会 1942『郷土博物館に関する調査』日本博物館協会

日本博物館協会 1948「観光と文化観覧施設」『博物館研究』復興第 2 巻、第 3 号、日本博物館協会

博物館事業促進会 1928「米国地方的小博物館の設計」『博物館研究』第 1 巻、1 号、博物館事業促進会

馬場憲一 1998『地域文化政策の新視点』雄山閣

濱田浄人 2001「鉄の歴史村（島根県吉田村）：地域住民による価値の創出と伝承」『博物館学シリーズ 7』樹村房

藤井敏信也 1981「風土的建築と地域文化」『農村文化』第 22 号、農村文化研究所

藤島幸彦 2004「歴史教育・社会教育の実践　歴史的町並みの保存・再生と歴史を活かした町づくり」『日本史攷究と歴史教育の視座：村田安穂先生古稀記念論集』早稲田大学メディアミックス

不破正人 2005「伝統的環境保存への取り組み」『月刊文化財』第 503 号、第一法規

文化庁 2007「「美術館・博物館支援方策策定事業－まちに活きるミュージアム」調査結果」『文化庁月報』第 471 号、ぎょうせい

ベンチャー・リンク　2007「あの町この村商店や寺にゆかりの文化を展示　ひらの町ぐるみ博物館」『ベンチャー・リンク』第 21 巻、第 11 号、ベンチャー・リンク

曲田清維 2001『近代産業遺産を活用したまちづくり学習の研究』文部省科学研究費補助金研究成果報告書

益田兼房 2005「文化遺産の周辺環境保全の新しい課題」『月刊文化財』第 503 号、第一法規

宮原兎一 1967「郷土教育研究史序説」『東京教育大学教育学部紀要』第 13 号、東京教育大学教育学部

宮脇　勝 2005「イタリアの景観保全の 50 年」『月刊文化財』第 503 号、第一法規

柳田国男 1929「郷土館と農民生活の諸問題」『農村教育研究』第 2 巻、第 1 号、農村教育研究会

柳田国男 1930「海外の郷土博物館」『博物館研究』第 3 巻、1 号、博物館事業促進会

柳田国男 1933「郷土研究と郷土教育」『郷土教育』第 27 号、郷土教育連盟

史跡整備

青木　豊 2006「地域博物館・野外博物館としての史跡整備」『史跡整備と博物館』雄山閣

青木　豊 2008「史跡の活用とは何か」『國學院大學考古学資料館紀要』第 24 輯、國學院大學考古学資料館

網干善教 1992「遺跡の整備・活用について」『全国大学博物館学講座協議会研究紀要』第 2 号、全国大学博物館学講座協議会

荒木伸介 1988「史跡の整備と活用」『日本歴史』第 477 号、日本歴史学会

飯塚一雄 1982「全国産業遺跡の現状」『地理』第 27 巻、第 1 号、古今書院

石沢良昭 1995『講座文明と環境 12　文化遺産の保存と環境』朝倉書店

伊藤延男 1971「日本における文化財建造物の保護」『学術月報』第 24 巻、8 号、日本学術振興会

伊藤延男 1977「「歴史の道」の整備について」『月刊文化財』第 170 号、第一法規

伊藤延男 1979「伝統的建造物群」『文化財保護の実務』柏書房

伊藤延男 1991「世界文化遺産保護とユネスコ」『文部時報』通号 1374、ぎょうせい

伊藤延男 1999『歴史的建造物の保存・新建築学大系 50』彰国社

稲垣栄三 1955「文化財としての民家とその保存」『MUSEUM』第 47 号、東京国立博物館

稲垣栄三 1951「民家の保存について」『建築史研究』通号 6 号、彰国社

稲垣栄三 1973「集落・町並の価値と保存」『建築雑誌』第 88 巻、日本建築学会

稲垣栄三 1974「道路と文化財、そして文化財としての道路」『高速道路と自動車』第 17 巻、2 号、高速道路調査会

稲垣栄三 1982「歴史的環境保全の系譜と展望」『公害研究』第 12 巻、2 号、岩波書店

稲垣栄三 1984『文化遺産をどう受け継ぐか』三省堂

内田和伸 2003「遺跡の環境整備と歴史認識」『歴史評論』第 633 号、校倉書房

太田博太郎 1993「保存と復元」『建築雑誌』第 108 巻、日本建築学会

大貫英明 2006「整備の現状と制度史　2. 旧石器遺跡の整備」『史跡整備と博物館』雄山閣

大貫英明 2008「勝坂遺跡の保存と整備」『國學院大學考古学資料館紀要』第 24 輯、國學院大學考古学資料館

大橋竜太 2000「建築保存と野外建築博物館について」『年報』第 9 号、東京家政学院生活文化博物館

小笠原好彦 1994「遺跡保存とまちづくり」『明日への文化財』第 35 号、文化財保存全国協議会

岡田康博 1998「三内丸山遺跡の保存と整備」『資源環境対策』第 34 巻、7 号、公

害対策技術同友会

菊池　実 1996「戦争遺跡の調査・研究、そして保存・活用を考えるために」『明日への文化財』第 38 号、文化財保存全国協議会

黒板勝美 1911『西遊弐年欧米文明記』文會堂書店

黒板勝美 1912「博物館に就て」東京朝日新聞

黒板勝美 1912「史蹟遺物保存に関する意見書第九章保存法令と監督局及び博物館」史蹟雑誌第廿編第五号

黒板勝美 1913『郷土保存に就て』歴史地理第廿一巻第一号）

黒板勝美 1914「史蹟遺物保存に関する研究の概説」『史蹟名勝天然記念物』第 1 巻、）第 1 号　史蹟名勝天然記念物保存会

黒板勝美 1915「史蹟遺物保存に関する研究の概説」史蹟名勝天然記念物第 1 巻、第参号

黒板勝美 1917「史蹟遺物保存の實行機関保存思想の養成」大阪毎日新聞

黒板勝美 1936 「史蹟保存と考古学」『考古学雑誌』第 26 巻、8 号、日本考古学会

黒崎　直 1987「遺跡の保存と活用」『考古学研究』第 33 巻、第 4 号、考古学研究会

黒崎　直 2004「遺跡の整備と活用を考える」『遺跡学研究』第 1 号、日本遺跡学会

河野　靖 1995『文化遺産の保存と国際協力』風響社

児玉九一 1928「史蹟名勝天然記念物の保存と公園行政」『史蹟名勝天然記念物』第 3 巻、1 号、史蹟名勝天然記念物保存協会

1907「風景保存の議」『國華』208 号、國華社

後藤和民 1992「史跡整備と野外博物館－千葉市加曾利貝塚の保存・整備を中心にして－」『明治大学 MUSEOLOGIST』第 7 巻、明治大学学芸員養成課程

小林隆幸 1996「遺跡の整備と活用」『考古学と遺跡の保護』甘粕健先生退官記念論集刊行会

小林達雄 2001「史跡整備の主体性確立」『公園緑地』第 62 巻、第 4 号、日本公園緑地協会

斉藤　忠 1977「遺跡保存の歴史」『考古学研究』第 23 巻、第 3・4 号、考古学研究会

澤村　明 2006「縄文遺跡保存と活用のあり方」『文化経済学』第 5 巻、第 2 号、文化経済学会

七田忠昭 2006「国営公園としての史跡整備－佐賀県吉野ヶ里遺跡の例－」『史跡整備と博物館』雄山閣

七田忠昭 2008「佐賀県吉野ヶ里遺跡の整備・活用」『國學院大學考古学資料館紀要』

第 24 輯、國學院大學考古学資料館

新東晃一 2007「上野原遺跡と体験学習」『明日への文化財』第 58 号、文化財保存全国協議会

西村幸夫 1998「都市計画の目から見た遺跡と遺跡整備」『資源環境対策』第 34 巻、4 号　公害対策技術同友会

西山卯三 1973「保存論」『近代建築』第 27 巻、1 号、近代建築社

枡渕規彰 2006「史跡整備の制度と制度史」『史跡整備と博物館』雄山閣

福澤諭吉 1866（慶應 2 年）『西洋事情』福澤諭吉全集第 1 巻、岩波書店

丸山清志 2007「ハワイの遺跡保存・活用と埋蔵文化財」『MOUSEION』第 53 号、立教大学社会教育講座

村井　実 2006「遺跡・遺構の保存と展示法」『史跡整備と博物館』雄山閣

村串仁三郎 2007「日本鉱山史から見た夕張石炭産業遺産」『金属鉱山研究』第 83 号、金属鉱山研究会

山田大隆 2007「危機にある夕張石炭産業遺産をどう保存するか」『金属鉱山研究』第 83 号、金属鉱山研究会

吉岡宏高 2007「石炭博物館の再開に向けて」『金属鉱山研究』第 83 号、金属鉱山研究会

索　引

【あ】

アートゥル・ハセリウス　37, 76

アウト・ドア・ミュージアム　28

青木豊　15, 18, 58, 116, 129, 145, 299

秋芳洞　205

明智回想法センター　244

Association of European Open Air Museum
　126

『新しい博物館』　44, 109, 198, 229

アチックミューゼアム　46, 87

アチックミューゼアムソサエティ　47

網干善教　65

奄美の高倉　92, 217

新井重三　1, 12, 58, 64, 69, 114, 127, 135, 231,
　260, 263

「新井重三先生の博物館学思想」　58

安東河回マウル　137, 251

アンセル　ホール　44

アンリ・リヴィエール　58, 259

【い】

遺跡　167

移設・収集型野外博物館　134, 214

市ノ瀬ビジターセンター　200

移動講演会　38

伊藤健雄　227

井上伝蔵邸　291

岩橋千塚古墳群　184

石見銀山遺跡　177

【う】

宇佐戦争遺跡　175

【え】

映像展示　145

エコミュージアム　2, 58, 260

エコミュージアム整備事業　264

エコロジー　11

江戸東京たてもの園　157, 216

絵引　49

延喜式博物館　49

演示者　138

掩体壕　175

【お】

『欧米博物館の施設』　54

近江八幡の水郷　190

オープンエアー・ミュージアム（Open-air
　Museum）　13, 126

オープングラウンドミュージアム　88, 93

大熊町民俗伝承館　159

大宮郷の町並み復元　291

オセアニック・ガレリア　231

沖縄県琉球村　277

【か】

回想館　242

海浜生態圏　228

科学ハイキング　38

学校岩石園　62, 231

川越市立博物館　269

川崎市立日本民家園　97

川村竹治宛書簡　11

環境水族館アクアマリンふくしま　229

環境復元展示　146

韓国戦争記念館 175
韓国民俗村 245
岩石園 63, 231

【き】

紀伊風土記の丘 184
北はりま田園空間博物館 293
旧高市郡教育博物館 273
旧譲原小学校 289
郷土博物館 298
郷土保存 25
「郷土保存に就て」 26
京都府北桑田郡美山町北保存地区 195
近世野外博物館 56
近代遺産 176
近代野外博物館 56

【く】

釧路湿原 209
グスタフ・ヴィーゲラン 237
グリーンアドベンチャー 155
黒板勝美 15, 167, 221
「黒板勝美博士の博物館学思想」 15, 18
軍艦島 181

【け】

慶應義塾大学日吉キャンパスの戦跡遺構 174
景観論 9
慶州博物館 41
原位置論 135
現地教育 245
建築物移設博物館 214
原地保存型野外博物館 134, 167
現地保存型野外博物館 63

【こ】

小石川植物園 142, 221
公園博物館 45
公園的博物館 19
考古学園 34, 169
『考古游記』 53
鉱山遺跡 176
「鉱山遺跡の顕著な普遍的価値と保存管理に
　　関する専門家国際会議」 178
礦山學校 176
耕三寺博物館 235
戸外博物館 28
戸外文化財 32
戸外文化史博物館 34
国営吉野ヶ里歴史公園 171
国際博物館会議 126
国立公園センター 200
国立・国定公園 198
国立科学博物館附属自然教育園 156, 224
『国立中央博物館時報』 38
国立民族学博物館 88
古建築物の保存 24
小坂鉱山事務所 159
コスチュームスタッフ 137, 138, 144
後藤和民 41
後藤守一 54
子どもボランティア制度 158
木場一夫 12, 44, 109, 127, 198
個別映像 151
今和次郎 51, 56, 88

【さ】

栽培展示 141
坂本尚敏 232
さきたま風土記の丘 184

佐々木朝登 147
札幌仮博物場 224
佐渡金山遺跡 180
サファリパーク 224
参加型展示 152
産業遺産 176
産業遺産登録遺跡 179
三殿台遺跡 169
三殿台考古館 169
三州足助屋敷 275
山内生活伝承館 261

【し】

四国村 216
史跡 167
「史蹟遺物保存に関する意見書」 23
「史蹟遺物保存に関する研究の概説」 23
「史蹟遺物保存の實行機関保存思想の養成」
  24
史跡整備 22
『史跡整備と博物館』 299
「史跡整備に於ける博物館の必要性」 130,
  311
史跡保存 19, 167, 173
『史蹟名勝天然紀念物』 24
史蹟名勝天然紀念物保存法 173, 187
史跡矢瀬遺跡縄文ムラ 286
自然科学戸外博物館 30
自然観察路 63
七田忠昭 172
湿原 205
澁澤敬三 46, 87
澁澤史料館 48
標津湿原 208
島田牛稚 94

しもつけ風土記の丘 186
社叢 7, 100, 274
集落・民家博物館 240
重要伝統的建造物群 194, 264
重要伝統的建造物群保存地区一覧 277
重要文化的景観 187, 190
収集展示型野外博物館 63
将軍山古墳展示館 184
鍾乳洞 205
逍遙・体験博物館 134
城井1号掩体壕史跡公園 175
城邑民俗マウル 137
昭和日常博物館 244
植栽 130, 131, 141
植栽展示空間 132
食の博物館 277
植物園 141, 156, 219
『植物博物館及植物園の話』 219
植物群落 205, 224
縄文時遊館 160
白井光太郎 219
白井光太郎宛書簡 9, 10, 13, 14
白神山地 202
白神山地ビジターセンター 202
白川郷 266
白川村荻町重要伝統的建造物群保存地区
  197
知床世界遺産センター 204
神社合祀反対運動 7
『新博物館態勢』 37

【す】

水族館 226
「水族館における野外展示の構想」 227
ズーラシア 226

スカンジナビア民族学博物館　78
スカンセン　5, 17, 19, 29, 35, 41, 51, 52, 54, 61, 76, 100, 138, 154
杉本尚次　66, 81
『豆州内浦漁民史料』　48

【せ】

生活・環境博物館　60
『西航記』　176
生態系博物館　263
『西遊弐年欧米文明記』　15, 19, 167
世界遺産　178, 197, 201
『世界の博物館』　35
『世界の野外博物館』　66
関口欣也　97
石炭の歴史村　181
全国道の駅博物館一覧表　302
銭幣館　50
戦跡　167, 174
仙台市地底の森ミュージアム　211
Central Museum　228

【た】

第9技術研究所　174
体験型展示　152
高橋文太郎　87
立山博物館　239
田中啓文　50
棚橋源太郎　26, 101, 136, 168, 198
「多摩丘陵の農家　1955年細山」　97

【ち】

地学園　34, 65
地下博物館　32
千葉県立房総のむら　240

中宮展示館　199
町村戸外博物館　168
知覧フィールドミュージアム事業　194
知覧町知覧伝統的建造物群保存地区　194

【つ】

『通論考古学』　51
鶴田総一郎　55, 59, 101, 112

【て】

「泥炭地と植物」　210
テーマパーク　238
鉄の未来科学館　261
鉄の歴史村　261
鉄の歴史博物館　261
田園空間博物館　292
点景技法　82
天正金鑛　179
伝統的建造物群　264
伝統的建造物群保存地区制度　187, 265

【と】

東京大学大学院理学系研究科附属植物園　221
動植物園的博物館　19
動態(感)展示　136
動物園　224
動物飼育展示　136
動物展示　239
登録有形文化財制度　177
土俗博物館　41
土肥金山　179
富山県魚津埋没林　212
豊中市立民俗館　97
鳥越憲三郎　94

Trailside Museum 12, 44, 55, 63, 114, 127

【な】

中宿歴史公園 289

南木曾町博物館 269

滑川町エコミュージアムセンター 263

【に】

『日本及日本人』 10, 14

日本銀行貨幣博物館 50

日本実業史博物館 49

日本常民文化研究所 48

日本大正村 242

「日本の博物館の状況について」 55

『日本民家園の発端』 98

日本民家集落博物館 94

日本民族学会附属民族学博物館 87

【ね】

Nature Trail 63, 116

Nature Trails 228

【の】

登別伊達時代村 239

ノルウェー民俗博物館 83

ノルディカ博物館 78

【は】

Park Museum 55

ハイマート、シュッツ 25

白山国立公園 198

白山自然保護センター 199

『博物館』 51

『博物館映像展示論』 145

博物館エキステンション 37

博物館学 15

『博物館学入門』 61, 128

博物館的公園 19

「博物館に就て」 17, 23

『博物館・美術館史』 36

博物館明治村 158, 216

バサー博士 13

濱田耕作 51

バリアフリー 159, 219, 226

ハンス・アール 84

バンパス博士 12, 44, 127

【ひ】

ビグドー 17, 84

ビジターセンター 198, 263

ビュースタンド 147

【ふ】

フィールド・ミュージアム 60

Field Museum 228

Field Museum and Open Museum 63

フィールドミユゼウム 14

風景復元 151

復元・建設型野外博物館 135, 235

復原展示 35

福澤諭吉 176

福島市民家園 215

藤島亥治郎 56

藤山一雄 37

風土記の丘 181

ブナオ山観察舎 200

古江亮仁 98

フログネル彫刻公園 237

文化財保護法 173, 189, 190

文化的景観 187

索引　335

【ほ】

北海道開拓の村　137, 158
北海道大学農学部附属植物園　223
北方民族学博物館　79
北方民族資料室　224
ポー川史跡自然公園　208
ボランティア　157

【ま】

埋没林　205, 210
松村任三宛書簡　9, 10
「護りの博物館」　65
満州科学同好会　38
満州国国立中央博物館　38
「満州國立中央博物館態勢」　42
満州生物学会　38

【み】

道の駅おかべ　287
道の駅エコミュージアム　292
道の駅上州おにし　289
道の駅月夜野矢瀬親水公園　286
道の駅日本昭和村　284
道の駅野外博物館　280
道の駅博物館　280
道の駅博物館の分類　283
道の駅龍勢会館　290
みちのく民俗村　137, 141, 214
南方熊楠　6, 130
南方熊楠記念館　142
みなかみ町月夜野郷土歴史資料館　287
南山韓屋マウル　250
宮崎自然博物館　100
宮沢武　232
宮部金吾記念館　224

宮本記念財団　48
宮本常一　132
ミュージアムワークシート　153
ミユンヘン大學　17
民家野外博物館　56
民具　47, 49
民俗園　33
「民俗館設立の記」　94
民俗博物館　37

【む】

武蔵野民家　88
ムゼウス・クンデ　18

【も】

森田勇造　155
文部省史料館民具収蔵庫　88

【や】

野外水族博物館構想　226
野外土俗博物館　54
「野外博物館構想」　65
『野外博物館総覧』　56
「野外博物館」　61
「野外博物館総論」　12, 61, 129, 135
「野外博物館の現状と展望」　129
野外博物館の分類　64, 134
野外博物館分類表　134
野外美術館　236
野天のミューゼアム　19
柳田国男宛書簡　11
屋根裏の博物館　46

【ゆ】

譲原石器時代聚落跡　289

ユグ・ドヴァリーン　58

【よ】
ヨーロッパ・オープンエアー博物館協会　125
よこはま動物園ズーラシア　225
吉井義次　210
吉野ヶ里遺跡　171
ヨセミテ博物館　44

【り】
立体復元　146
龍河洞　208
龍河洞博物館　208

【れ】
歴史公園えさし藤原の郷　238
歴史的家屋博物館　31
歴史博物館　235

【ろ】
路傍博物館　12, 26, 42, 44, 63, 100, 127, 198
露天博物館　40

【わ】
ワークシート　153
ワークショップ　154

■著者略歴

落合 知子（おちあい　ともこ）

神奈川県川崎市麻生区在住
國學院大學文学部史学科卒業
國學院大學大学院文学研究科史学専攻考古学コース博士課程前期卒業
博士（学術）お茶の水女子大学
現　　在　長崎国際大学人間社会学部 教授・上海大学 兼職教授
著　　書　『野外博物館の研究』（雄山閣）、『博物館実習教本』（長崎国際大学）
　　　　　論文多数
共 編 著　『博物館と観光—社会資源としての博物館論—』（雄山閣）、『博物館実習教
　　　　　本増補版』（長崎国際大学）
共　　著　『人文系博物館展示論』『人文系博物館資料保存論』『人文系博物館教育論』
　　　　　『博物館学人物史上・下』『史跡整備と博物館』『神社博物館事典』『博物館
　　　　　学史研究事典』（雄山閣）、『観光考古学』（ニューサイエンス社）、『考古学
　　　　　入門下』（日本放送協会学園）、『人間の発達と博物館学の課題』『地域を活
　　　　　かす遺跡と博物館』（同成社）、『観光資源としての博物館』『考古学・博物
　　　　　館学の風景』『京都学研究と文化史の視座』（芙蓉書房出版）
受 賞 歴　加藤有次博士記念賞受賞
　　　　　ICOM UMAC AWARD2019 受賞

2009年 9 月25日　初版発行
2014年10月25日　改訂増補版発行
2019年 9 月25日　普及版発行　　　　　　　　　　《検印省略》

普及版　**野外博物館の研究**（やがいはくぶつかんのけんきゅう）

著　　者　落合知子
発行者　宮田哲男
発行所　株式会社 雄山閣
　　　　〒 102-0071　東京都千代田区富士見 2-6-9
　　　　Ｔ Ｅ Ｌ　03-3262-3231 ／ Ｆ Ａ Ｘ　03-3262-6938
　　　　Ｕ Ｒ Ｌ　http://www.yuzankaku.co.jp
　　　　e-mail　info@yuzankaku.co.jp
　　　　振　替：00130-5-1685
印刷・製本　株式会社 ティーケー出版印刷

©Tomoko Ochiai 2019　　　　　　ISBN978-4-639-02684-6 C3030
Printed in Japan　　　　　　　　N.D.C.069　336p　21cm